民法でみる
商法・会社法

金井高志

日本評論社

はしがき

1 本書のコンセプト

　本書は、2008年4月に出版した『民法でみる知的財産法』（第2版は2012年）と2011年7月に出版した『民法でみる法律学習法』の姉妹編である。『民法でみる知的財産法』の第2版の出版後において、本書の企画が始まったが、その後、約4年を経て、ようやく本書の刊行となったものである。

　最初の『民法でみる知的財産法』は、知的財産法が民法の特別法であることを理解してもらうために「民法の基礎理論からその応用として知的財産法を解説する」というコンセプトでまとめられたものである。また、第2冊目の『民法でみる法律学習法』は、論理的に物事を整理し、発表する技法であるロジカルシンキングを基にして、民法を中心とする法律の学習法と民法の基礎理論を解説する、というコンセプトでまとめられたものである。

　これらに対して、本書『民法でみる商法・会社法』は、現在、筆者が講義を担当している慶應義塾大学大学院法務研究科（法科大学院）における「現代契約実務」の講義などにおいて、民法との関係で解説をしている商法や会社法の内容、そして、筆者が法曹実務家として、日常的に商法や会社法に関する企業法務の実務に携わっている中で問題意識を持ち調査・研究をしていた内容などを基礎にして、執筆したものである。

　本書の執筆のコンセプトは二つある。まず、商法・会社法が民法の特別法であることの意味を明確に理解してもらうための情報を提供することである。商法・会社法が民法の特別法であることにつき、法学部生や法科大学院生であれば、当たり前のことと思っているが、どのような意味で特別法であるかがあまり理解されていない。そこで、本書では、第1章で詳しく説明をしているが、(i)民法の個々の規定を変更・補充するもの、(ii)企業活動の規制のために民法上の一般制度を特殊化した制度を規定するもの、そして(iii)民法にまったく存在しない制度を規定するもの、の三つの意味で特別法であることを解説し、また、「民法でみる」という視点から、商

法・会社法を対比することで、(i)と(ii)のケースを中心に、具体的に、商法・会社法が民法の特別法であることについて、それらの理念・特色を示しつつ、解説している。

　二つ目は、商法・会社法の理解のため、それらの理念や特色に関する基本的情報を提供することである。司法試験の民事系科目第2問（商法分野）に関する「司法試験の採点実感等に関する意見」を読むと、司法試験受験生に対して、会社法の基本的な規律についての基本的な理解が不十分な面が見られるなどのコメントがなされている。多くの法学部生や法科大学院生は、今まで、民法等と異なる商法・会社法の理念・特色に基づく規律をあまり考えずに、期末試験などで答案を書いてきていたと思われる。例えば、株式会社の重要な財産の取引行為に関する意思表示は、取締役会等の機関が会社の意思決定を行い（自然人における内心の効果意思の決定に相当）、その決定内容に基づき代表取締役がその取引行為に関する法律行為を行う（自然人の意思表示の表示行為に相当）という構造になっていることを理解していないことである。そこで、本書は、民法の基礎知識を用いて、商法・会社法における様々な制度を効率的に理解してもらい、また、学期末試験や司法試験の答案の作成にあたり必要となるキーワード（商法・会社法の理念・特色に関わる専門用語）を理解してもらうための基本的情報を提供する目的で執筆されている。

2　本書が対象とする読者

　本書の執筆にあたり留意したことは、法学部生のためには、筆者が企業法務の実務家として日々業務を行う中で、法学部卒業者として知っておくべきで、一般企業に就職した際に役に立つ、と考えられる事項を本書に織り込むことであり、また、法科大学院生（司法試験受験生）のためには、司法試験の受験勉強にあたり必ず理解しておいてもらいたい民法と商法・会社法の基礎事項（それらに関連する重要な専門用語）と、理解が不十分になりがちな基礎的な重要論点を織り込むことであった。本書は商法・会社法の論点を網羅するものではないが、織り込んだ重要論点については、論点に関する思考過程を丁寧に説明することを心掛けた。

　以上のようなことを考えながら、本書は執筆されたものであり、商法・会社法を勉強する法学部生と法科大学院生の皆さんが本書を手にしてくれれば、筆者として幸いである。

3　商法・会社法の学び方

　商法と会社法の学び方（民法の学び方については『民法でみる法律学習法』をみてもらいたい）として重要なことは、まず、第1章で詳しく説明をしているが、企業取引法・商取引法と企業組織法の区別を明確に頭に入れて考えることである。企業取引法・商取引法に関しては、商法・会社法の理念等を念頭に置きながら、民法の契約法の考え方を基礎に、成立要件、有効要件、効果帰属要件、効力発生要件、対抗要件の順に検討して学習すること、また、企業組織法の問題については、会社法の学習の際に、民事訴訟法のような手続法であることを意識し、どのような手続を履行することで、どのような組織的な行為が行われていくのかという視点を持ちつつ学習していくことが大切である。

　また、商法・会社法の勉強をする際には、民法の学び方と同様に、法律専門用語の定義の理解と記憶が大切であるが、商法・会社法においては、さらに、法律専門用語に加えて、日常用語ではないビジネス用語の理解が大切となる。商法・会社法の勉強の際には、ビジネス用語（例えば、ストックオプション、コールオプションなど）についても、インターネットで調べながら、理解をしてもらいたい。そのようにすることで法学部生や法科大学院生のみなさんが仕事を始めたときに、商法や会社法の勉強の成果が実際に活きてくるのである。本書では、重要な用語やポイントにつき、ゴシックの強調を入れているので、それらに注意しながら、本書を読み進めて、内容を理解してもらいたい。

4　おわりに

　本書の執筆には、多くの書籍・論文を参考にさせていただいている。本書のコンセプトに基づき本書をまとめるにあたり、教えられることが多かったものを参考文献として掲げている。参考にさせていただいた書籍・論文の著者の方々には厚く感謝したい。参考文献は、その部分に関してより詳しく勉強をしようとする読者のためであるので、より深い内容に興味を持った場合には参考にしてもらいたい。

　筆者の民法の研究・講義に関して、大学法学部および大学院法学研究科における筆者の指導教授であった慶應義塾大学法学部名誉教授新田敏先生にはお世話になったことが多くあり、この場を借りて、感謝を申し上げたい。

筆者の大学法学部の講義のかつての受講生であり、『民法でみる知的財産法』と『民法でみる法律学習法』に引き続き、筆者の商法・会社法に関する民法的視点からの考え方について出版を勧めてくれた日本評論社編集部の室橋真利子氏による出版の企画から約4年間の期間における協力なしには、本書の出版はなかったものである。また、筆者の法律事務所の元リーガルスタッフである山岸弘幸氏には、出版の企画当初の時期において、文献の収集、原稿案の作成などの協力を受けた。また、リーガルスタッフである関一磨氏には、文献の収集、原稿案の作成、文献の引用箇所の確認などにつき、本当に多くの協力を受け、また、原稿作成中での論点に関する学説の理解・整理のための議論の相手となってもらうことができた。本書を刊行できたのは、室橋氏、山岸氏、そして、関氏の3名の方の協力によるおかげである。この場を借りて、3名には厚く謝意を表したい。最後に、筆者がこのような本をまとめることができたのは、常に温かく見守ってくれていた両親のおかげである。筆者が本書を上梓するにあたり、最後まで見守っていてくれた母に、本書を捧げたい。

　本書の出版後、民法債権法の改正、また、商法や会社法の改正がなされるであろうが、本書をよりよいものとするために、読者の意見を聞きながら、本書を改訂していきたい。

　なお、筆者のブログ（So-netブログ：http://kanai-shoseki.blog.so-net.ne.jp/）において、本書に関する情報を提供する予定であるので、本書の内容についての質問や感想などについて、連絡をいただけると幸いである。

　　2016年8月

フランテック法律事務所代表　弁護士
武蔵野大学法学部法律学科教授
慶應義塾大学大学院法務研究科講師
金井　高志

●目　次●

はしがき……………………………………………………………………ⅰ

序　　民法から商法・会社法へ
　　　──民法の特別法として学習する意味 ………………………… 1

① 商法・会社法はいかに身近であるか
　　　──デパートをめぐって考えてみる ………………………… 3
　　(1) デパートで買い物をすると？　3
　　(2) デパートの仕入は？　4
　　(3) デパートの再編は？　4
　　(4) やはり商法・会社法は身近なものである　5
　　(5) 民法の基礎用語・概念の理解と商法・会社法　6
② 民法の三大原則 ………………………………………………………… 7
　　(1) その1　権利能力平等の原則
　　　　　──近代社会における主体に関する原則　8
　　(2) その2　所有権絶対の原則
　　　　　──近代社会における客体に関する原則　9
　　(3) その3　契約自由の原則
　　　　　──近代社会における取引に関する原則　10
　　(4) 過失責任の原則　12
③ 物権と債権の峻別論 ………………………………………………… 13
　　(1) 物権と債権　13
　　(2) 物権行為・債権行為・準物権行為　14
④ 契約の一生──民法の成立要件から対抗要件まで ……………… 15
　　(1) 契約の成立要件　16
　　(2) 契約の有効性　17
　　(3) 効果帰属要件　19
　　(4) 効力発生要件　20
　　(5) 対抗要件　21
　　(6) まとめ　24
⑤ 民法から商法・会社法へ──本書の学習方法 ……………………24
　　(1) 本書の構成　24
　　(2) ロジカルシンキングの視点　27

第❶章　商法・会社法とはなにか──その特性と民法との相違 ………30

❶ 商法の意義と会社法の意義 ………………………………………31
　(1)　形式的意義の商法　31
　(2)　実質的意義の商法　33
　(3)　形式的意義の会社法と実質的意義の会社法　34
❷ 商法・会社法における行為法と組織法 …………………………35
❸ 民法と商法・会社法の関係 ………………………………………36
　(1)　(i)民法の個々の規定を変更・補充するもの　37
　(2)　(ii)企業活動の規制のために民法上の一般制度を特殊化した制度を
　　　　規定するもの　37
　(3)　(iii)民法にまったく存在しない制度を規定するもの　38
❹ 商法（狭義の実質的意義の商法）の目的・特色 ………………38
　(1)　企業活動に関する特色
　　　　──企業取引法・商取引法としての商法の特色　38
　(2)　企業組織に関する特色──企業組織法としての商法の特色　43

第❷章　意思表示と契約の成立
　　　　──商法における意思表示規定と株式・社債の発行 ……47

❶ 商法・会社法における意思表示の基本的視点 …………………49
❷ 民法における意思表示と契約の成立 ……………………………50
　(1)　契約の成立　50
　(2)　意思表示の効力の発生時点と契約の成立　51
❸ 商人間の意思表示と契約の成立 …………………………………54
　(1)　はじめに　54
　(2)　対話者間における契約の申込み　54
　(3)　隔地者間における契約の申込み　57
❹ 申込みを受けた者が商人である場合の諾否通知義務 …………59
❺ 株式・社債の発行（取得）と契約の成立 ………………………60
　(1)　株式の発行（取得）　60
　(2)　社債の発行（取得）　63

第❸章　無効と取消し
　　　　──会社の意思表示の内部的な問題と外部的な問題 ……66

❶ 無効と取消し ………………………………………………………68

(1) 契約の有効要件　　68
　　　(2) 無効と取消し　　69
　② 会社の意思表示の内部的問題 …………………………………………72
　　　(1) 株主総会決議の無効・取消し　　72
　　　(2) 会社法における取締役会決議の無効　　78
　③ 会社の意思表示の外部的な表示に関する問題 …………………79
　　　(1) 会社による意思表示の外部的な表示の問題と民法における
　　　　 相対的無効　　79
　　　(2) 会社法における相対的無効　　80

第❹章　代理・代表——顕名における原則と例外の逆転等 …………89

　① 代理とは ……………………………………………………………………91
　② 法律行為の要件論における代理の位置づけ …………………………91
　　　(1) 代理の種類——任意代理と法定代理　　91
　　　(2) 法律行為の要件における位置づけ　　92
　③ 代理の要件と代理権授与行為の性質 ……………………………92
　　　(1) 代理の要件　　92
　　　(2) 代理権授与行為の性質　　93
　　　(3) 代理（他人効）の根拠——代理権説と顕名説　　94
　④ 商事代理 ……………………………………………………………………94
　　　(1) 商法 504 条本文と代理の他人効　　94
　　　(2) 商法 504 条ただし書と代理の他人効　　95
　　　(3) 処分授権　　96
　⑤ 代理と代表 ………………………………………………………………98
　　　(1) 代表制度と代理制度の関係　　98
　　　(2) 会社法における代表権　　98
　⑥ 表見代理と表見代表 ………………………………………………… 100
　　　(1) 表見代理　　100
　　　(2) 表見代表　　101
　　　(3) 名板貸とは　　102
　⑦ 代理権濫用と代表権濫用 ………………………………………… 103
　　　(1) 代理権濫用　　103
　　　(2) 代表権濫用　　104
　　　(3) 心裡留保説への批判——信義則説　　107
　⑧ 通常の「過失」と取引安全の保護における「過失」 ………… 108
　　　(1) 取引安全の保護——権利外観法理・禁反言の原則　　109

(2) 取引安全の保護における「過失」の内容　109

第❺章　会社の所有と所有権——株主の地位・株式の性質　112

❶ 所有と経営の分離　113
　(1) 所有権とは　114
　(2) 「所有と経営の分離」および「会社の所有者」の意味　115
❷ 株主の地位　115
　(1) 社員権説　116
　(2) 株式債権説　117
　(3) 民法における株式の扱い　118
❸ 株式の共有　119
　(1) 株式の準共有　119
　(2) 民法における共有　120
　(3) 株式の準共有と会社法106条　121
❹ 株式質　123
　(1) 株式質と民法における権利質　123
　(2) 株券不発行会社の株式の質入れ　123
　(3) 株券発行会社の株式の質入れ　125

第❻章　株式譲渡と債権譲渡——「譲渡」をめぐる問題　128

❶ 株式と債権　130
❷ 株式譲渡自由の原則と債権譲渡自由の原則　131
　(1) 株式譲渡自由の原則と債権譲渡自由の原則の規定　131
　(2) 株式譲渡自由の原則　131
　(3) 債権譲渡自由の原則　131
　(4) 株式譲渡自由の原則と債権譲渡自由の原則の関係　132
❸ 株式譲渡・債権譲渡に対する制約　134
　(1) 問題の所在　134
　(2) 債権譲渡と株式譲渡の法的性質　134
　(3) 指名債権の譲渡禁止特約　135
　(4) 譲渡禁止株式と譲渡制限株式　137
❹ 株式譲渡・債権譲渡の対抗要件　139
　(1) 債権譲渡の対抗要件　139
　(2) 株式譲渡の対抗要件　140

第❼章　債権・債務等の移転と組織再編
　　　　──特定承継と包括承継との比較……………………………………… 143

① 特定承継・包括承継と組織再編………………………………… 145
　⑴　民法における特定承継・包括承継　145
　⑵　組織再編　145
② 民法における特定承継による財産の移転……………………… 146
　⑴　物権の移転　146
　⑵　債権の移転──債権譲渡　146
　⑶　債務の移転──債務引受　147
　⑷　契約上の地位の移転　149
③ 民法における包括承継による財産の移転……………………… 150
　⑴　相続　150
　⑵　包括遺贈　151
④ 商法・会社法における特定承継──事業譲渡・営業譲渡……… 152
　⑴　事業譲渡と営業譲渡　152
　⑵　事業譲渡・営業譲渡契約と特定承継　153
　⑶　事業譲渡・営業譲渡の効果と権利・義務取得手続　153
⑤ 会社法における包括承継………………………………………… 154
　⑴　合併　154
　⑵　会社分割　158
⑥ まとめ …………………………………………………………… 162

第❽章　売買契約──新株予約権と商事売買における瑕疵担保責任…… 165

① 売買契約とは……………………………………………………… 167
　⑴　売買契約の意義　167
　⑵　売買契約と特別法　167
② 売買の一方の予約とコールオプション・プットオプション
　　………………………………………………………………… 168
　⑴　民法における売買の一方の予約　168
　⑵　コール・オプションとプット・オプション　169
③ 新株予約権と株式買取請求権…………………………………… 173
　⑴　新株予約権と「売買の一方の予約」　173
　⑵　株式買取請求権　175
④ 売買の目的物の瑕疵担保責任…………………………………… 178

(1)　瑕疵担保責任とは　　178
　(2)　民法・商法の売買の目的物の瑕疵担保責任　　178
　(3)　民法の売買の目的物の瑕疵担保責任　　178
　(4)　商法の売買の目的物の瑕疵担保責任　　182

第❾章　委任と取締役──善管注意義務・忠実義務と報酬 …………… 186

❶　善管注意義務と忠実義務………………………………………… 188
　(1)　委任契約における善管注意義務　　188
　(2)　債務不履行における善管注意義務との関係　　189
　(3)　抽象的過失と具体的過失　　191
　(4)　善管注意義務と忠実義務の関係　　191

❷　忠実義務と競業取引・利益相反取引…………………………… 193

❸　取締役の地位と無償委任………………………………………… 194

❹　取締役の解任決議と委任契約の任意解除権…………………… 195
　(1)　民法における委任契約の一方的解消　　196
　(2)　取締役の解任　　196
　(3)　損害賠償請求　　196

❺　委任に関係する商法・会社法上の制度………………………… 197
　(1)　代理商　　197
　(2)　仲立人　　198
　(3)　取次ぎ　　199

第❿章　組合と営利企業の形態
　　　　──無限責任・有限責任と営利企業の機関構造 …………… 201

❶　組合から株式会社への論理……………………………………… 203
　(1)　企業形態と営利企業　　203
　(2)　社団と組合　　205
　(3)　組合の「無限責任」と株式会社の「有限責任」　　205

❷　出資者の無限責任形態の営利企業……………………………… 207
　(1)　民法上の組合　　207
　(2)　合名会社　　210

❸　出資者の有限責任形態の営利企業……………………………… 213
　(1)　会社法に規定される有限責任形態の営利企業　　213
　(2)　特別法に規定される有限責任形態の営利企業
　　　　──有限責任事業組合　　219
　(3)　商法に規定される有限責任形態の営利企業──匿名組合　　219

- ④ 無限責任・有限責任の出資者が併存する営利企業 ················ 221
  - (1) 会社法に規定される企業形態——合資会社　221
  - (2) 特別法に規定される企業形態——投資事業有限責任組合　223

第⓫章　取締役の責任
　　　　——民法上の不法行為・使用者責任との関係 ················ 226

- ① 代表者の行為についての損害賠償責任 ························· 228
  - (1) 民法715条の使用者責任と
        会社法350条の会社の損害賠償責任の関係　228
  - (2) 民法における不法行為　228
  - (3) 代表者の行為についての損害賠償責任と使用者責任　232
- ② 取締役の第三者に対する責任と不法行為責任との関係 ········· 234
  - (1) はじめに　234
  - (2) 対第三者責任の法的性質・要件　235
  - (3) 任務懈怠　236
  - (4) 任務懈怠における悪意・重過失　237
  - (5) 損害賠償の範囲　239
- ③ 取締役の第三者に対する責任と債務（契約）不履行責任との関係
    ·· 242
  - (1) はじめに　242
  - (2) 民法における「契約の第三者保護効」の議論　242
  - (3) 契約の第三者保護効と対第三者責任との関係　243

事項索引 ··· 246

●略記（文献等）●

淺木	淺木愼一『商法学通論Ⅰ』（信山社出版、初版、2010）
淡路・総論	淡路剛久『債権総論』（有斐閣、2002）
池田・各論	池田真朗『新標準講義民法債権各論』（慶應義塾大学出版会、第2版、2013）
池田・総論	池田真朗『新標準講義民法債権総論』（慶應義塾大学出版会、第2版、2013）
石井	石井照久『商法総則』（弘文堂、新版、1979）
泉田	泉田栄一『会社法論』（信山社、2009）
石田・大系1〜2	石田穣『民法大系1 民法総則』（信山社、2014）、同『――2 物権法』（2008）
一問一答・平成26年改正	坂本三郎編著『一問一答 平成26年改正会社法』（商事法務、2015）
内田・民法Ⅰ	内田貴『民法Ⅰ総則・物権総論』（東京大学出版会、第4版、2008）
江頭	江頭憲治郎『株式会社法』（有斐閣、第6版、2015）
江頭・取引	江頭憲治郎『商取引法』（弘文堂、第7版、2013）
近江・講義ⅠⅡⅣ〜Ⅵ	近江幸治『民法講義Ⅰ〔民法総則〕』（成文堂、第6版補訂版、2012）、同『――Ⅱ〔物権法〕』（第3版、2006）、同『――Ⅳ〔債権法総論〕』（第3版補訂版、2009）、同『――Ⅴ〔契約法〕』（第3版、1998）、同『――Ⅵ〔事務管理・不当利得・不法行為〕』（第2版、2007）
大隅・総則	大隅健一郎『商法総則』（有斐閣、新版、1978）
大隅ほか・概説	大隅健一郎＝今井宏＝小林量『新会社法概説』（有斐閣、第2版、2010）
大村・総則	大村敦志『基本民法Ⅰ』（有斐閣、第3版、2007）
大村・物権	大村敦志『新基本民法2 物権編』（有斐閣、2015）
奥田	奥田昌道『債権総論』（悠々社、増補版、1992）
於保	於保不二雄『債権総論』（有斐閣、1959）
会社法百選	江頭憲治郎＝岩原紳作＝神作裕之＝藤田友敬編『会社法判例百選』（別冊ジュリ205号）（有斐閣、第2版、2012）

笠井=片山	笠井修=片山直也『債権各論Ⅰ〔契約・事務管理・不当利得〕』（弘文堂、2008）
笠井ほか・契約法	笠井修=鹿野菜穂子=滝沢昌彦=野澤正充『はじめての契約法』（有斐閣、第2版、2006）
加藤・大系ⅢⅣⅤ	加藤雅信『新民法大系Ⅲ債権総論』（有斐閣、2005）、同『――Ⅳ契約法』（2007）、同『――Ⅴ事務管理・不当利得・不法行為』（第2版、2005）
金井・学習	金井高志『民法でみる法律学習法』（日本評論社、2011）
金井・知財	金井高志『民法でみる知的財産法』（日本評論社、第2版、2012）
神田	神田秀樹『会社法』（弘文堂、第18版、2016）
岸田	岸田雅雄『ゼミナール企業取引法入門』（日本経済新聞社、1996）
北居=高田	北居功=高田晴仁編『民法とつながる商法総則・商行為法』（商事法務、2013）
北沢	北沢正啓『会社法』（青林書林、第6版、2001）
基本コンメ(1)(2)(3)	奥島孝康=落合誠一=浜田道代編『新基本法コンメンタール会社法1』（日本評論社、2010）（第2版、2016）、同『――2』（第2版、2016）、同『――3』（第2版、2015）
木俣	木俣由美『民法がわかると会社法はもっと面白い！』（第一法規、2011）
来栖	来栖三郎『契約法』（有斐閣、1974）
鴻	鴻常夫『商法総則』（弘文堂、全訂第4版補正2版、1994）
河本	河本一郎『現代会社法』（商事法務、新訂第9版、2004）
後藤・契約法	後藤巻則『契約法講義』（弘文堂、第3版、2013）
近藤	近藤光男『商法総則・商行為法』（有斐閣、第6版、2013）
近藤ほか	近藤光男=志谷匡史=石田眞得=釜田薫子『基礎から学べる会社法』（弘文堂、第4版、2016）
コンメ(1)	江頭憲治郎編『会社法コンメンタール1 総則・設立(1)』（商事法務、2008）
コンメ(3)	山下友信編『会社法コンメンタール3 株式(1)』（商事法務、2013）

コンメ(4)	山下友信編『会社法コンメンタール 4 株式(2)』(商事法務、2009)
コンメ(5)	神田秀樹編『会社法コンメンタール 5 株式(3)』(商事法務、2013)
コンメ(7)	岩原紳作編『会社法コンメンタール 7 機関(1)』(商事法務、2013)
コンメ(8)	落合誠一編『会社法コンメンタール 8 機関(2)』(商事法務、2009)
コンメ(9)	岩原紳作編『会社法コンメンタール 9 機関(3)』(商事法務、2014)
コンメ(12)	落合誠一編『会社法コンメンタール 12 定款の変更・事業の譲渡等・解散・清算(1)』(商事法務、2009)
コンメ(16)	江頭憲治郎編『会社法コンメンタール 16 社債』(商事法務、2010)
コンメ(17)	森本滋編『会社法コンメンタール 17 組織変更・合併・会社分割・株式交換等(1)』(商事法務、2010)
コンメ(18)	森本滋編『会社法コンメンタール 18 組織変更，合併，会社分割，株式交換等(2)』(商事法務、2010)
酒井	酒井太郎『会社法を学ぶ』(有斐閣、2016)
佐久間 I	佐久間毅『民法の基礎 I 総則』(有斐閣、第 3 版補訂、2009)
潮見・改正	潮見佳男『民法(債権関係)改正法案の概要』(金融財政事情研究会、2015)
潮見・契約各論 I	
	潮見佳男『契約各論 I――総論・財産権移転型契約・信用供与型契約』(信山社、2002)
潮見・債権各論 I	
	潮見佳男『債権各論 I 契約法・事務管理・不当利得〔ライブラリ法学基本講義〕』(新世社、第 2 版、2009)
潮見・債権各論 II	
	潮見佳男『債権各論 II 不法行為〔ライブラリ法学基本講義〕』(新世社、第 2 版、2009)
潮見・総論 I	潮見佳男『債権総論 I――債権関係・契約規範・履行障害』(信山社、第 2 版、2003)
潮見・総論 II	潮見佳男『債権総論 II――債権保全・回収・保証・帰属変更』(信山社、第 2 版、2001)

潮見・不法行為Ⅱ	潮見佳男『不法行為法Ⅱ』(信山社、第2版、2011)
潮見＝片木	潮見佳男＝片木晴彦編『民・商法の溝をよむ〔新・総合特集シリーズ4〕』(別冊法セ223号)(日本評論社、2013)
四宮＝能見	四宮和夫＝能見善久『法律学講座双書 民法総則』(弘文堂、第8版、2010)
柴田	柴田和史『新会社法詳解』(商事法務、第2版、2015)
重判	平成○年度重判
詳解ⅠⅤ	民法(債権法)改正検討委員会編著『詳解・債権法改正の基本方針Ⅰ』(商事法務、2009)、同『――Ⅴ』(商事法務、2009)
新会社	相澤哲編著『立案担当者による新・会社法の解説』(商事法務、2006)
新注民(4)	於保不二雄＝奥田昌道編『新版 注釈民法(4)総則(4)』(有斐閣、2015)
新注民(10)	奥田昌道編『新版 注釈民法(10)Ⅰ債権(1)債権の目的・効力(1)』(2003)
新注民(10)-2	奥田昌道編『新版 注釈民法(10)Ⅱ債権(1)債権の目的・効力(2)』(有斐閣、2011)
新注民(14)	柚木馨＝高木多喜男編『新版 注釈民法(14)債権(5)』(有斐閣、1993)
新注民(16)	幾代通＝広中俊雄編『新版 注釈民法(16)債権(7)』(有斐閣、1987)
新注民(17)	鈴木禄彌編『新版 注釈民法(17)債権(8)』(有斐閣、1993)
関	関俊彦『商法総論総則』(有斐閣、第2版、2006)
髙鳥	髙鳥正夫『商法総則商行為法』(慶應通信、1976)
高橋ほか	高橋美加＝笠原武朗＝久保大作＝久保田安彦『会社法』(弘文堂、2016)
龍田	龍田節『会社法大要』(有斐閣、2007)
逐条(1)～(4)	酒巻俊雄＝龍田節編『逐条解説会社法第1巻』(中央経済社、2008)、同2巻(2008)、同3巻(2009)、同4巻(2008)
注民(8)	林良平編『注釈民法(8)物権(3)』(有斐閣、1965)
注民(11)	西村信雄編『注釈民法(11)債権(2)』(有斐閣、1965)
椿＝中舎・条文にない	椿寿夫＝中舎寛樹編『解説 新 条文にない民法』90－94頁

	（日本評論社、2010）
椿＝新美・関連でみるⅠⅡ	
	椿寿夫＝新美育文編『解説 関連でみる民法ⅠⅡ』104 － 111頁（日本評論社、2007）
道垣内	道垣内弘人『担保物権法』（有斐閣、第3版、2008）
中田	中田裕康『債権総論』（岩波書店、第3版、2014）
野澤・債権法ⅠⅡ	
	野澤正充『契約法〔セカンドステージ債権法Ⅰ〕』（日本評論社、2009）、同『債権総論〔セカンドステージ債権法Ⅱ〕』（2009）
蓮井＝森	蓮井良憲＝森淳二郎編著『商法総則（新商法広義1上）』（法律文化社、第4版、2006）
平出	平出慶道『商法Ⅲ（商行為法）』（青林書院、1988）
平野・契約	平野裕之『契約法』（信山社、第3版、2007）
平野・総則	平野裕之『民法講義シリーズ1 民法総則』（日本評論社、第3版、2011）
平野・総論	平野裕之『債権総論』（信山社、2005）
平野・担物	平野裕之『担保物権法』（信山社、第2版、2009）
藤田＝北村・プライマリー	
	藤田勝利＝北村雅史編『プライマリー商法総則・商行為法』〔釜田薫子〕（法律文化社、第3版、2010）
舟橋	舟橋諄一『物権法』（有斐閣、1960）
松尾＝古積	松尾弘＝古積健三郎『物権・担保物権法』（弘文堂、第2版、2008）
松尾ほか・ハイブリッド3	
	松尾弘ほか『ハイブリッド民法3 債権総論』（法律文化社、2007）
宮島	宮島司『会社法概説』（弘文堂、第3版、2002）
宮島・エッセンス	
	宮島司『新会社法エッセンス』（弘文堂、第4版補訂、2015）
民法改正案	「民法の一部を改正する法律案」（2015〔平成27〕年3月31日提出）
森田	森田章『上場会社法入門』（有斐閣、第2版、2010）
森本	森本滋編『商法総則講義』（成文堂、第3版、2007）
森本編・商行為	森本滋編『商行為法講義』（成文堂、第3版、2009）

弥永・総則・商行為	弥永真生『リーガルマインド 商法総則・商行為法』(有斐閣、第2版補訂版、2006)
山野目	山野目章夫『物権法』(日本評論社、第5版、2012)
米倉・プレップ	米倉明『プレップ民法』(弘文堂、第4版増補版、2009)
リークエ	伊藤靖史=大杉謙一=田中亘=松井秀征『リーガルクエスト会社法』(有斐閣、第3版、2015)
渡辺=野澤	渡辺達德=野澤正充『債権総論〔弘文堂NOKIA3〕』(弘文堂、2007)

序
民法から商法・会社法へ
民法の特別法として学習する意味

Introduction

商法・会社法は身近な存在である

　多くの法学部では、民法の学習が進んだ後に、商法や会社法の勉強を始めることになりますが、その際に、「商法や会社法は大学を卒業して社会人になってから、かかわってくるもので、商法や会社法は日常生活にはかかわっていない」と思っていませんか。しかし、じつは**私たちは日常生活において、無意識のうちに商法・会社法にかかわっている**のです。

　皆さんが日々の生活の中でかかわりを持つことになる相手は、その多くが商法・会社法が対象としている**商人**（自己の名をもって商行為をすることを業とする者）です。朝起きて、電気をつけ、ガスをつける、通学のために電車に乗る——電力会社、ガス会社、鉄道会社はすべて会社であり、商法で定められている商人です。通学途中で、コンビニで買い物をする——コンビニもまた商人です。このように、**経済活動の主体はほとんどが商人**なのです。会社法により会社は設立されており、また、商人の行う行為は商行為（営利活動に関する行為のうち、商法および特別法で商行為と規定されている行為）となり、商法・会社法によって、民法と異なる特別の法的な効果が生じることになります。

　このように、**商法や会社法が皆さんにとって身近な存在であることを認識してもらい、その学習は日常生活に直結する**、ということをまずは理解してほしいと思います。

「商法・会社法は民法の特別法である」ということが意味すること

　本書を手にとって下さった皆さんは、「商法・会社法は民法の特別法である」ということを理解していると思います。それでは、**商法・会社法はどのように民法の特別法になっているのでしょうか**——具体的に理解して

いて、説明できる人はそれほど多くないように思います。それは、商法・会社法の講義の中で、民法の基礎理論が扱われることがなかなかないため、皆さんの頭の中で、**商法・会社法と民法とはまったく別の科目であるという意識が働いてしまう**ことに、原因があるように思われます。

そもそも、「商法・会社法は民法の特別法である」ということは、商法と会社法が、商法・会社法の理念、制度趣旨および目的に従い、民法上の制度を修正したり、補充したりすることを意味するものです。すなわち、商法・会社法の規定には、

(i) 民法の個々の規定を変更・補充するもの
(ii) 企業活動の規制のために民法上の一般制度を特殊化した制度を規定するもの
(iii) 民法にまったく存在しない制度を規定するもの

——の3種類があり、これが、商法・会社法が民法の特別法であるということの意味なのです。まず、**この点が意識されているのといないのとでは、商法・会社法を学習する効率が大きく違ってきますので**、頭に入れておきましょう。このことを頭に入れつつ、民法と商法・会社法について、それらの理念・制度趣旨や目的の違いを意識しながら学習をすることで、商法・会社法の理解は容易になり、知識の定着も早くなります。

身近であるはずの商法・会社法を民法との関係性から学習する

この序では、まず皆さんに商法・会社法が身近なものであることを認識してもらい、商法・会社法の基礎になる民法、特にその中の財産法の基礎理論である、民法の三大原則、物権・債権の峻別論、民法における契約に関する一般理論を解説したいと思います。この序の内容をきちんと理解したうえで、各論的な問題を扱う第2章以下で、民法の基礎知識の応用編となる、特別法としての商法・会社法の勉強に進んでください。

また、本書は、一般法である民法の基礎理論からその特別法である商法や会社法を説明していきますが、個別の問題を検討するにあたっては、ロジカルシンキングの手法を用いています。ロジカルシンキングとは、論理的に物事を考えることを意味するもので、法律を論理的に整理して勉強するための方法です。ロジカルシンキングは、法律の学習だけでなく、日常生活や会社での仕事やプレゼンテーション等をするうえでも必須となるスキルです。この序の末で、ロジカルシンキングについて簡単に説明しますので、ぜひ習得するようにしましょう。

❶ 商法・会社法はいかに身近であるか
—— デパートをめぐって考えてみる

(1) デパートで買い物をすると？

　私たちは、日々の生活の中で、様々な物を購入したり、貸し借りをするが、その際に、じつは、商法・会社法が問題となっている。

　例えば、皆さんが、東京の日本橋の三越百貨店本店に行き、洋服を買うとしよう。この場合、三越百貨店（株式会社三越伊勢丹＝法人）と皆さん（客＝自然人）との間で**売買契約が締結**される。この売買契約の締結について考えてみると、三越百貨店を運営する株式会社三越伊勢丹は**法人**であって、通常、三越百貨店自身が直接販売行為をすることはできない。そこで、法人の意思表示については、**代表取締役などが法人を代表して行う**ことになっている。そして、三越百貨店の代表者（社長＝代表取締役）や店長（＝支配人）は当然に会社を代表（会349条4項）あるいは代理（商21条、会11条）する権限を持っているため、これらの者と直接契約を締結した場合には、当然、**三越百貨店と客の間に契約が成立**することになる。

　しかしながら、客である皆さんは、三越百貨店の**店員と取引をしている**。この場合に、客である皆さんと三越百貨店との間に契約が成立するか否かを検討するにあたっては、商法・会社法を考える必要がある。

　客である皆さんと取引をした店員に、三越百貨店が売買契約についての代理権を与えていれば、皆さんとの売買契約の効果は三越百貨店に帰属することになる。その一方で、店員に代理権がなければ、その売買契約は無効（厳密には、三越百貨店に効果が帰属しないという未確定的無効・不確定的無効というもの）となってしまう。しかし、これでは、大量の取引を行う三越百貨店としては、店員にいちいち個別に代理権を付与する手続をしなければならず、そのような手続をしていない場合があれば、売買契約が無効となり、**取引の安全が大きく害される**ことになる。

　そこで、商法は、**店舗において店員が売買を行った場合には、その店員にはその売買の権限があるものとしている**（商26条、会15条）。皆さんは意識していないかもしれないが、商法や会社法にこのような条文があるおかげで、**店員に代理権があるか否かを気にすることなく安心して百貨店で買い物をすることができる**のである。

　このようにして締結された売買契約について、客である皆さんが商品を受け取り、三越百貨店が代金を受け取れば、そこで売買契約の履行関係は

終了する。しかし、その後に商品に欠陥があったなどのトラブルが生じた場合には、その**売買契約の効果**が具体的に問題となる。

このような売買契約において、民法の売買の契約の規定が適用されることは当然である（民555条〜585条）。しかし、三越百貨店は株式会社であるから、商人（商4条1項、会5条）であり、また、このような取引は商行為でもあるため、**取引の両当事者に商法の規定が民法の規定に優先して適用**される（商501条1項・3項1項）。そこで、例えば三越百貨店から客に対する代金支払請求権の時効は、民法の10年ではなく、商法の5年となり、また、遅延利息等については民法の年率5％ではなく、商法の年率6％が適用されることになる。

以上のようなデパートでの洋服の売買をとってみても、商法・会社法が私たちの日常に密接に関連性を有していることを理解することができる。

(2) デパートの仕入は？

皆さんが(1)で購入した洋服は、通常、デパートが製造しているものではなく、デパートは洋服をどこかから仕入れている。次に、皆さんの生活とは直接の関係はないが、**デパートとその仕入先である卸売商（卸売業者）との取引**について考えてみよう。

デパートと卸売商の間の売買契約（**継続的売買契約**）については、基本となる契約（「売買基本契約書」）が締結され、その基本契約に基づき個別の商品に関する個別の売買契約（「個別売買契約書」）が締結される仕組みとなっている。洋服を販売する行為や仕入れる行為は典型的な商行為とされており、商法は、商行為をすることを業とする者を商人と定義し、原則として商人の取引について適用されることが想定されている。そこで、この場合、この個別の商品の仕入のための売買契約がいつどのように成立するか（商508条）、また、商品の納入を受けたデパートにどのような検査通知義務（商526条）が課されるかなどについて、商法が適用されることになる。

(3) デパートの再編は？

約10年前に、流通業界におけるデパートの再編があった。2007年には、関西地域の皆さんには有名な株式会社阪急百貨店と株式会社阪神百貨店の経営統合がなされた。この経営統合は少し複雑で、まず、阪急百貨店が、既存のA会社とB会社との間でA会社をB会社の完全子会社（発行済株式の総数を他の会社に保有されている会社）とする仕組みである**株式交換**の手続により、阪神百貨店の全株式を取得し子会社とし、この手続と同日付

で阪急百貨店は、その百貨店事業につき、A会社がその事業の全部または一部を新設するB会社に承継させる仕組みである**新設分割**の手続をして、新たな株式会社阪急百貨店を設立し、元の阪急百貨店は商号変更を行い、エイチ・ツー・オー リテイリング株式会社とした。その結果として、阪神百貨店（株式交換により子会社となった会社）と阪急百貨店（新設分割により設立された会社）が事業会社として、**持株会社**（株式等を保有することにより他会社の事業活動を支配することを主な事業とする会社）となったエイチ・ツー・オー リテイリングの傘下に入ることとなった。また、同じ年には、株式会社大丸と株式会社松坂屋ホールディングスも、既存の会社が自らは完全子会社となって完全親会社（他の会社の発行済株式の総数を保有する会社）を設立する仕組みである**株式移転**の手続により経営統合がなされ、共同持株会社であるJ.フロントリテイリング株式会社が設立された。

そして、2008年には、関東地域の皆さんになじみのある株式会社三越と株式会社伊勢丹が、**株式移転**の手続により経営統合し、共同持株会社である株式会社三越伊勢丹ホールディングスが設立された。さらに2011年には、2008年の株式移転によって三越伊勢丹ホールディングスの子会社となっていた三越と伊勢丹について、三越を存続会社、伊勢丹を消滅会社とする**吸収合併**がなされ、存続会社である三越の商号を株式会社三越伊勢丹とする**商号変更**が行われた。その経緯は複雑であるが、約10年前には、このような**新設分割や株式交換、株式移転などによって持株会社が作られ、持株会社の子会社間での合併などの例が多くみられた**のである。

以上のようなデパートの再編について、当時、新聞記事では経営統合という用語が多く使用されていた。ただ、一言で経営統合といっても、エイチ・ツー・オー リテイリングのケースは、株式交換の手続が用いられ、また、J.フロントリテイリングと三越伊勢丹ホールディングスのケースでは、株式移転の手続が用いられているように、会社法上の異なる手続で行われている。

(4) やはり商法・会社法は身近なものである

このようにみてくると、皆さんの日常生活おいて、**多くのことが商法・会社法に関連している**ということが理解できるはずである。皆さんは、あまり意識していないかもしれないが、資本主義経済社会においては、商法・会社法が極めて大きな役割を果たしている。このように、本当に身近なところに、民法の特別法である商法・会社法が適用されている世界があるのである。

そして、新聞を読めば、商法や会社法に関係する企業の合併、株主代表訴訟などの記事を目にすることがあるはずで、これらの記事は商法や会社法の知識がなくてもある程度は理解できるように、一般人向けに書かれている。当然のことながら、大学で勉強する商法・会社法の知識があれば、それらをより深く、正確に理解することができることになる。そして、皆さんが法曹、司法書士、行政書士などの法律の専門家を目指すのであればもちろん、一般企業に就職をし、仕事を行ううえでも、**商法・会社法の基本的な重要事項を理解しておくことは非常に大切**なことなのである。

(5) 民法の基礎用語・概念の理解と商法・会社法

これから学んでゆく商法・会社法は民法の特別法であり、このような商法・会社法が民法の特別法であるという意味は、前述のとおり、商法・会社法の規定には大まかに分けると以下の3種類がある、ということになる。

(i) 民法の個々の規定を変更・補充するもの
(ii) 企業活動の規制のために民法上の一般制度を特殊化した制度を規定するもの
(iii) 民法にまったく存在しない制度を規定するもの

上で説明したデパート関係の事例で具体例を考えてみよう。デパートと卸売業者の間の売買契約についていえば、主に商人間で締結される商事売買に関する規定の大部分は、商事の特殊性に対応するために民法の一般原則を変更する特別規定を定めており、また、デパートで買い物をした事例についていえば、時効が5年となる商法の定め、遅延利息等について年率6％となる商法の定めは、民法の時効と遅延損害金等の年率を変更する特別規定となっている。これらは上記の(i)カテゴリーに該当することになる。

繰り返しになるが、多くの学生は、商法・会社法を勉強する際、民法とは別の法律として勉強しているように見受けられる。そして、商法・会社法が上で説明をした意味で民法の特別法であるということについて、意識をしていないようにも見受けられる。商法・会社法を勉強する際には、これらの3種類の規定があるということを頭に入れておくと商法・会社法の理解が進みやすいはずである。そして、特に(i)民法の個々の規定を変更・補充するものと(ii)企業活動の規制のために民法上の一般制度を特殊化した制度を規定するものを考えれば、民法の用語・概念や基本的事項を正確に理解していることが商法・会社法の理解の大前提である、ということを理解してもらえるであろう。したがって、民法を一通り勉強している皆さんであれば、民法を正確に理解し、商法・会社法を勉強する際にも民法の基

礎理論を前提にすると、商法・会社法は格段に理解しやすくなる。民法をツールとして使わない手はないのである。

それでは、商法・会社法の基本的な重要事項を学ぶ前に、以下で、民法の基礎的事項を復習しておくことにしよう。

② 民法の三大原則

本書は、民法の財産法の基本から商法・会社法を考えるので、そもそも、民法の基礎である**民法の三大原則は何なのか**ということから考えていきたい。

まず、民法の基本原理（近代私法の基本原理）には、**権利能力平等の原則**、**所有権絶対の原則**、そして**契約自由の原則**がある。この三大原則は、**主体論**、**客体論**、そして**取引論**（契約論）の三つにより構成されている。契約関係についての問題を考える際には、この三つの視点で考えると、問題点の見落としがなくなるので、**問題分析の重要なツール**となる。なお、この三大原則に加えて、**過失責任の原則**（過失責任主義）が挙げられることもあり、この場合には、**四大原則**といわれる。また、権利能力平等の原則と過失責任の原則を入れ替えて、三大原則とされることもある。

これら原則の目的・機能の根本は、**資本主義の発展の法的保障**にある。取引の相手方に法的人格がなければ、契約を締結してもその効果が帰属しないため契約が無意味となるし、また、取引客体の処分の自由や取引の自由が認められていなければ、財産の移転が起こらず、資本主義の市場経済は成り立ちえない。そして、商法・会社法は市場経済を支えるうえで不可欠な法令であるから、商法・会社法を考えるうえでも、民法の三大原則を念頭に置くことは大切なことである。

そこで、大まかに民法の三大原則と会社法・商法の関係を考えてみよう。まず、権利能力平等の原則について、営利法人である会社を対象とする会社法は、権利能力平等の原則から派生した発展的制度である法人制度において重要な位置を占めるものである。そして、所有権絶対の原則は、有体物である「物」に関するものであるが、会社法においては、「物」とは異なる、株式会社における株主の地位である社員権などの財産権についても、株券制度のように「物」に近づけるという流通のための法的仕組みが構築されている。また、契約自由の原則について、商法は、企業の自由な営利活動を促進するという観点から、民法における契約自由の原則と比較して、より契約自由の原則を尊重しようとしている。このように**商法・会社法は**、

民法の三大原則の展開的な法律であることから、民法の三大原則を理解しておくことが、商法・会社法の勉強の基礎となるのである。

(1) その1　権利能力平等の原則——近代社会における主体に関する原則
(a) 権利能力平等の原則の内容

まず一つ目は**権利能力平等の原則**である。これは、人間は誰でも出生によって当然に権利能力を取得し、すべての自然人は、国籍、階級、職業、年齢、性別による差別なく、等しく権利義務の主体となる資格（権利能力）を有するという、原則である。民法3条1項では、「私権の享有は、出生に始まる」と規定されており、この規定の前提には権利能力平等の原則がある。この「権利能力平等の原則」は、ほかに**法的人格の平等の原則**または**人格自由の原則**ともいわれる。

今日、すべての人間が生まれた瞬間から権利の帰属主体（法の主体）として認められていることを疑問に思わないかもしれないが、かつては、人間の中に権利の帰属主体として認められない者（奴隷）が存在していた（例えば、日本民法典に影響を与えたフランスでは、1794年～1802年に一度奴隷制度を廃止し、その後、復活され、最終的には1848年に廃止された）。奴隷は、権利の帰属主体ではなく、権利の客体、すなわち「物」として捉えられていた。そのような法制度をやめ、およそすべての人間は権利の帰属主体（法の主体）であることが承認されることになったのである。これが「権利能力平等の原則」なのである。

(b) 権利能力平等の原則の発展——法人制度

権利・義務の主体となり、また、その名で契約などをして権利を取得し、義務を負担することができる法的人格として、自然人以外に、**法人**（法律により法的人格が認められた人という意味）が認められている。もし、法人という制度がなければ、契約はすべて自然人が行うべきもので、契約によって取得し、負担する権利・義務はその自然人に帰属することになる。しかし、それでは、権利義務関係が複雑となるため、大規模な団体的な活動は不可能である。

そこで、自然人に関する制度とは別に法人制度を作り上げ、その名で契約を行い、その法人に権利・義務を帰属させることができるようにして、法律関係を簡明にできるようにしている。**法人制度がなければ、社会における大規模な団体的な活動は行われず、社会の発展は期待できなかったの**である。

このような法人制度に関して、2006（平成18）年の民法改正前において

は、民法に公益法人に関する規定があったが、法改正後は、民法に各種の法人に共通する一般原則が規定されるにとどめられた。そして、非営利（公益法人を含む）の法人に関する規定は、主に、**一般法人法**（「一般社団法人及び一般財団法人に関する法律」〔平成18年法律48号〕）に置かれることになり、営利法人に関する規定は、**会社法**に置かれることとなった。

改正後の民法は、33条1項で「法人は、この法律（注：民法）その他の法律の規定によらなければ、成立しない」と規定する。これは、**法人法定主義**（または**法律準拠主義**）であり、すべての法人に共通する原則を規定したものである。「その他の法律」とは、一般法人法、会社法、労働組合法などである。前述のように会社法は、権利能力平等の原則から派生した発展的制度である法人制度における重要な位置を占めるものであり、会社法を勉強する際には、常に、**会社法が権利能力平等の原則から派生した発展的制度**であることを念頭に置いてもらいたい。

(2) その2 所有権絶対の原則――近代社会における客体に関する原則
(a) 所有権絶対の原則の内容

二つ目は、**所有権絶対の原則**（私的所有権絶対の原則・所有権不可侵の原則）である。この原則は、歴史的には、土地所有権につき、同一の土地に君主Aの上級所有権とその家臣Bの下級所有権、さらに、その家臣Cの下級所有権……といったように所有権が重畳的に成立するような封建的拘束を受けないことを確認する意義を持つ。近代の資本主義経済の発展にとって、封建的拘束のような制約を受ける所有権では自由闊達な取引を阻害することから、すべての財産が原則として自由に取引することができなければならない。そこで、近代的所有権は何らの拘束を受けず、何人に対しても主張できる物の支配権であるという所有権絶対の原則が認められている。

この点、民法206条では「所有者は、法令の制限内において、自由にその所有物の使用、収益及び処分をする権利を有する」と定められている。具体的にいえば、パソコンの所有権を有する者は、それを自分で使用することができ（「使用」）、また、他人にそれを貸与することで賃料を得ることができる（「収益」）。また、所有者は、パソコンを解体すること（「事実的処分」）、さらに、他人に売却することもできる（「法律的処分」）。そしてまた、資本主義経済の下では、所有権に限らず、すべての財産が自由な取引の客体となることが保障されている。そこで、所有権絶対の原則は、所有権に限らず、**自由競争の結果得られた財産は国家によって尊重され、侵**

されることがないという考え方につながり、**私的財産権絶対の原則**（**私的財産権尊重の原則・財産権保障の原則**）といわれることもある。

(b) 所有権絶対の原則の派生的内容

　以上のように、資本主義経済の下では、所有権に限らず、すべての財産があらゆる取引の客体となることが保障されている。前述のように所有権絶対の原則は、有体物である「物」に関するものであり、「有体物」の取引・契約を中心に民法の規定も作られているが、商法・会社法においては、物とは異なり権利そのものである債権、そして株式会社における株主の地位である社員権などの財産権についても、**流通のために様々な法的な仕組みが構築**されてきている。例えば、債権を証券化して流通しやすくする必要性から、商法（第2編商行為・第1章総則）の中に**有価証券**に関する規定が置かれ（商516条2項・517条以下）、手形法や小切手法においてその証券化（手形債権や小切手債権として証券化）が規定され、また、社員権の流通については、**株券制度**として会社法において規定がなされている。

　さらに、現代社会では、手形法が制定された時代とは比較にならないほど取引の数が増加するなどの事情が生じ、債権の発生と譲渡に手形という紙を必要とする手形法制度にも限界が生じてきたことから、2007年には、従前の指名債権譲渡や手形に関する法制度のデメリットを排除し、安全円滑な債権の流通を確保するために、**電子記録債権法が制定**されている。また、2009年1月からは、金融商品取引業者・金融商品取引所（例えば、東京証券取引所や大阪証券取引所）を通じて株式の移転が行われる場合に、当事者が株券を交付するやり方では、迅速な決済ができないことから、**社債、株式等の振替に関する法律**により、上場会社の株式に係る株券がすべて廃止され、従前、株券の存在を前提として行われてきた株主権の管理は、証券保管振替機構および証券会社等の金融機関に開設された口座により電子的に行われることになっている。

(3) その3　契約自由の原則——近代社会における取引に関する原則

(a) 契約自由の原則の内容

　そして、三つ目は、**契約自由の原則**（私的自治の原則の主要な一部）である。この原則は、封建社会における封建的拘束を否定することにその基礎がある。封建社会においては、私人間の契約は、様々な身分的な拘束の下に、経済外的要素による制約が課されていたのであり、自由な契約関係の構築は保障されていなかったのである。また、すべての人に、平等に取引する資格を認め（権利能力平等の原則）、すべての財産を自由に取引できる

ようにしても（所有権絶対の原則）、経済社会の発展を図るには十分ではない。

　そこで、契約自由の原則は、封建的な束縛を撤廃するということを基礎に持ちつつ、資本主義経済の発展のためには、私人が契約を自由に行うことができるようにすることが要請されるという点から必要とされている。この点から理解できるように、契約自由の原則は、当初は、資本主義経済に関係する商人間の取引分野、すなわち**商法の分野において要請されていた原則であったものであり、それが後に民法に取り入れられたものである**（**民法の商化**といわれる歴史的事実の一つ）。

　以上のように、封建的な身分的拘束からの自由、そして、資本主義社会における経済発展のために、個人が自由意思に基づいて自律的に契約関係を中心とする法律関係を形成することができる、という契約自由の原則が認められているのである。その反面、自由な活動の結果、自分が被った損害や損失は、自分自身で負担しなければならない（**自己責任の原理・自己責任の原則**。このルールは第10章で説明する企業の出資者の無限責任につながるものである）。

　現行民法典には、契約自由の原則を明確に宣言する規定は存在しない。しかし、立法者はこれを当然の前提と考えていた。民法175条（物権法定主義）では、物権については制限しているが、債権についてはまったく触れていないことから、この原則は、民法175条の反対解釈として認められる。また、民法91条は、「法律行為の当事者が法令中の公の秩序に関しない規定と異なる意思を表示したときは、その意思に従う」と定めており、これは、強行規定（公序に関する規定）に違反しない限り、法律行為の当事者が自由に法律行為をすることができるという趣旨であり、この点からも、契約自由の原則が認められているということができる（なお、民法改正案521条においては契約自由の原則が規定されている）。

　契約自由の原則は、私人に当事者間の権利義務関係を規律するルールの定立を自ら行わせるというものであるから、**債権法の規定の多くは任意規定**として規定されることになる。いいかえれば、債権法の規定は、任意規定として、契約当事者において適用を排除する合意をすれば、排除されるし、契約当事者が明確に排除の合意をせず、契約当事者の意思が不明確な場合には、**補充規定**として、契約当事者の権利義務関係を規律する意味を持つことになる。

　この契約自由の原則の具体的内容についてみてみると、四つに分けるこ

とができる。①契約をするかしないか（**契約締結の自由**）、②誰と契約をするか（**相手方選択の自由**）、③どのような方式でするか（**契約方式の自由**）、そして、④どのような内容の契約をするか（**契約内容の自由**）、が個人の自由に委ねられているというものである（民法改正案521条の内容としては、①「契約締結の自由」と④「契約内容の自由」の原則が明文化されている）。

なお、**契約自由の原則と私的自治の原則（意思自治の原則・個人意思自治の原則）の異同**が問題とされることがある。私的自治の原則は、一般的には、身分的拘束関係に支配されていた封建社会を市民革命により打破することにより成立した近代社会において、各個人が自分の意思に基づいてのみ権利を取得し、義務を負うものであるという原則、いいかえれば、自分の意思によって自由に法律関係を形成できるという原則である。そこで、個人の権利・義務関係全体にかかる原則が私的自治の原則であり、主に経済活動における債権・債務の形成にかかる原則が契約自由の原則であることになり、契約自由の原則は私的自治の原則の主要な部分ということになる。

(b) 契約自由の原則の尊重

企業の営利活動は、冷静に利害を計算したうえで行動する経済人の行為であり、また、規制を嫌い自由な行動を求める傾向を持つ。商人が、営利を追求しようとすれば、その制約となる法規制を嫌って自ら自由に決定し、行動することができるように要求することは当然のことである。このような理論的な理由から、商法においては民法以上に、契約自由の原則が要請されている。そして、過去の歴史をみても、商人が規制の多い一般法に従うことを嫌ってより自由な商人法を要求したことから商法の分野において認められていた契約自由の原則が、その後、民法の一般原則に取り入れられたという経緯がある（「民法の商化」といわれる歴史的事実の一つ）。

このように、理論的にまた歴史的に、現代社会においては、**民法と商法の双方の分野において契約自由の原則が基本原則**とされているのであって、契約自由の原則の採用という点では、民法分野と商法分野において差は存在しない。しかし、その尊重の程度として、**商法においては、民法と比較して、より契約自由の原則を尊重しようとする傾向がみられる**ことに注意しておかなければならない。

(4) 過失責任の原則

以上の権利能力平等の原則、所有権絶対の原則、そして、契約自由の原則が、通常、民法の三大原則といわれるものであるが、前述したように、

これに**過失責任の原則**、すなわち、自由な活動の結果、過失によって他人に損害を与えた場合には、その賠償をしなければならない、逆にいえば、過失もないのに損害賠償責任を負わされることはないという原則が加わって、民法の四大原則といわれることもある。「**過失なければ責任なし**」という法諺（法格言）は、この原則を示すものである。自分の意思によって自由に法律関係を形成できるという私的自治の原則を強調すれば、本人に何らかの意思的帰責事由がない結果について責任を負わせることはできないということになる。また、資本主義経済社会の発展のためには行動の予見可能性を保障し、予見可能な損害についてのみ損害賠償責任を負わせるということで、経済活動を行う個人・法人を不測の損害賠償責任から解放するという政策的な理由もある。そこで、この「過失責任の原則」は、**私的自治の原則（契約自由の原則）を裏から支える派生的な原則として、また、その内容の裏面として位置づけられる**ものである。

このように過失責任原則は民法の四大原則の一つに位置づけられるが、商法では、企業活動が活発に行われるためには取引当事者の期待していた経済上の効果の実現が確保されていなければならないとして、**過失責任の原則を超えて、契約の相手方の責任を加重する場合**がある。例えば、旅館や飲食店などの場屋の営業者は、場屋には多数の人間が頻繁に出入りし、客自身がその所持品の安全を守ることが困難であることなどから、客から寄託を受けた物品の滅失または毀損につき、不可抗力により生じたことを証明しなければ、損害賠償責任を免れないとして（商594条1項）、厳格な責任を負わされている（**レセプツム責任**といわれる）。

③ 物権と債権の峻別論

(1) **物権と債権**

❶(2)の「所有権絶対の原則」と(3)「契約自由の原則」の関係で、もう一つきちんと理解しておいてほしい基礎理論は、**物権と債権の峻別**である。民法の起草者は、「物権」と「債権」を何のために区別するのかを必ずしも明確には説明していないが、ドイツ民法の影響と考えられ、民法典は、このような物権と債権を法典体系の柱として構成されている。そして、所有権絶対の原則は物権に関わる原則、契約自由の原則は債権に関わる原則であるということができる。

このように、「物権」と「債権」の区分は、民法典の基礎であり、また、民法の三大原則である所有権絶対の原則と契約自由の原則に直結するもの

である。読者は、物権と債権の内容と区別を当然のものとしてあまり意識して理解していないかもしれないが、極めて重要な概念上の区別である。そこで、これらの内容をここで確認しておこう。

まず、**物権**とは、一定の物（有体物）に対する支配権あるいは、一定の物（有体物）について直接に利益を享受しうる権利である。ここでの「支配権」は、排他性（対世性）・絶対性を有するものであるとされている。他方、**債権**とは、特定の「人」に対して特定の行為を請求する権利である。債権者と債務者の間の相対権であり、債務者以外の第三者に影響を及ぼすことはない。このように物権と債権は民法体系では異なる内容のものとされており、典型的な物権の効力の例として、所有物を所有者以外の者が勝手に使用している場合、物に対する排他的支配権として、所有者はその物の返還や使用の停止を求めることができる。他方、典型的な債権の効力の例として、パソコンの売買契約において、買主は売主だけに対して「パソコン」を引き渡せと言える特定の人に対する権利である債権を持つだけであり、売主が他の者にそのパソコンを売ってしまったとしても、最初の買主は、第2の買主にパソコンを引き渡せとは請求できない。この両者を対比すると、物権と債権が峻別されていることがわかる。ただ、**賃借権の物権化**といわれる現象があることからもわかるように、**峻別が完全に貫徹されているものではない**。しかし、物権と債権の峻別は、民法の一般理論を理解するにあたっての根本原理となると同時に、商法・会社法上、株式譲渡契約や事業譲渡契約などで問題となる債権行為と準物権行為の区別の前提概念として重要な概念である。

(2) **物権行為・債権行為・準物権行為**
(a) **物権行為・債権行為**

物権と債権の差異がわかったところで、次に、物権行為と債権行為の意義を考えてみる。

まず、**債権行為**とは、債権債務の発生を目的とする法律行為である。履行義務関係を生じさせ、その履行が問題となり、債務不履行が問題となるものである。例えば、貸主が「借主の使用収益を妨げない」という受任義務などを負う使用貸借契約や受任者が事務処理義務などを負う委任契約などである。これに対して、**物権行為**とは、物権の変動を直接目的とする法律行為である。すなわち、物権行為とは債権債務を発生させるものではなく、物権の変動（物権の発生、変更、移転、および消滅、すなわち「処分」）を直接に生じさせることを目的とする行為で、履行義務関係を残さないも

のである。例えば、所有権移転行為、地上権設定行為、抵当権設定行為などである。物権行為には履行義務関係が存在しないので、その行為がなされなければ、債務不履行はまったく問題とならない。

これらの債権行為や物権行為が契約によりなされるとき、それらは、**債権契約**や**物権契約**といわれる。ただ、物権行為のなかには、物権の放棄のように単独行為により行われるものもあるので、物権行為が必ずしも物権契約というわけではない。

(b) 準物権行為

準物権行為とは、物権以外の財産権の変動を直接目的とする行為である。民法上、例えば、債権譲渡、債務免除、免責的債務引受、代物弁済契約などがそれである。準物権行為の典型例である債権譲渡について様々な論点があるが、そもそも、それらの論点の理解の前提として、債権譲渡が債権行為ではなく、物権行為に近い準物権行為として位置づけられていることを理解していない学生が多いので、学習のうえで留意しておくことが必要である。そして、商法・会社法の対象となる株式の譲渡や事業・営業の譲渡も、「物権以外の財産権の変動」であることから、準物権行為の例になる。**商法・会社法における権利の譲渡の問題はほとんどが準物権行為の問題となる**ので、一層留意してほしい。そして、物権行為と同様に、準物権行為が契約によりなされるときは、**準物権契約**といわれるが、準物権行為のなかには債務免除・債権放棄のように単独行為で行われるものもあるので、準物権行為が必ずしも準物権契約というわけではない。なお、以上で説明をした物権行為と準物権行為をあわせて処分行為（法律的処分行為）という。

この物権行為、債権行為および準物権行為は重要な概念なので、ここできちんと覚えておいてもらいたい。

④ 契約の一生――民法の成立要件から対抗要件まで

そもそも「契約自由の原則」が、商法から民法に取り入れられていったことからも明らかなように、商法・会社法を理解するうえでは、「契約自由の原則」の下における契約の一生の理解が必須である。契約自由の原則の下で、民法上、契約がどのように成立して、どのように履行がなされて契約が終了するのかについて、民法典の体系に従い、民法総則、物権法、債権総論、債権各論と、個別に勉強をしていたのでは、契約の時系列に沿った全体像がみえてこない。そこで、時系列に沿って、契約の成立から債

権債務関係が履行されて終了するまでの「契約の一生」で問題となる条件（要件）を整理しておくことが必要である。ここでいう契約とは、債権行為としての契約を考えてもらえばいい。物権行為と準物権行為としての契約は履行行為として問題となり、債権行為として成立要件などがきちんと整っている場合には、物権行為や準物権行為独自の成立要件などの検討をする必要はほとんどないからである。

前述のように、契約自由の原則は、①契約をするかしないか（締結の自由）、②誰と契約をするか（相手方選択の自由）、③どのような方式であるか（契約方式の自由）、そして、④どのような内容の契約をするか（契約内容の自由）を内容とする。

このような契約自由の原則の下で、時系列に沿って、「契約の一生」を契約の成立から債権債務関係が履行されて終了するまでに問題となる条件（要件）を整理してみよう。このような契約成立要件から対抗要件までの要件を理解するには、日常生活における典型的な契約である「売買契約」の締結を想定しながら、読み進めると理解しやすい。

(1) 契約の成立要件
(a) 一般的成立要件——申込みと承諾

契約の成立の一般的要件は、**当事者の存在**と、法律行為を構成する**意思表示の存在**である。当事者の存在の問題は通常問題とならないことから、一般的成立要件として重要なのは、法律行為を構成する意思表示の存在、特に、契約という法律行為に関しては意思表示の合致の存在ということになる。

現行民法において、契約の成立に関する規定は民法第3編第2章にあるが、申込みと承諾の合致・一致によって契約が成立することを明確に規定している条文はない。しかし、第3編第2章第1款が「契約の成立」という表題になっていることから、民法521条以下では、申込みと承諾の合致・一致によって契約が成立することが当然の前提とされている（なお、民法改正案では、522条1項で契約の成立についての規定を置いている）。

さらに、**申込みと承諾という意思表示の合致・一致が、客観的なものなのか主観的なものなのか**、ということについても、条文上規定されてはいない。現在いろいろな有力学説が出てきてはいるものの、一般的な考え方では、原則として、契約は両当事者がその締結に向けた最終的・確定的な意思を外部に表示し、その表示されたものが客観的に合致することによって成立する、と理解されている。つまり、契約の成否は、あくまでも**表示**

行為の客観的意味によって判断されるべきであるということになる。
(b) 特別成立要件

　民法は、意思表示の合致だけで契約が成立するという諾成契約を原則としているから、契約成立の要件としては、当事者の合意（(a)一般的成立要件）があれば足りる。極めて例外的な場合であるが、以上のような一般的成立要件では足りず、成立要件として他の要件が追加されて成立する契約類型もある。この要件を**特別成立要件**といい、このような契約類型の一つとして要物契約がある。**要物契約**とは、契約の成立に当事者の合意のほか、「物」の引渡しなどの給付を必要とする契約である。例えば、目的物の授受（民587条）が必要とされる消費貸借契約や、目的物の交付が必要とされる質権設定契約がある（民344条）。なお、要物契約と理解されている契約類型に関して、民法上の条文において「効力を生ずる」と規定されている場合でも、理論上「成立する」と理解する（効力要件ではなく成立要件と理解する）べきものがあることには留意しておく必要がある。

　また、特別成立要件が必要となる他の契約類型として、要式契約がある。**要式契約**とは、当事者の合意だけでなく、契約書の作成等の一定の方式が契約の成立要件とされる契約である。例えば、保証契約（民446条2項）、事業用借地権設定契約（借地借家23条3項）、定期借家契約（借地借家38条1項）、任意後見契約（任意後見契約に関する法律3条）がある。

(2) 契約の有効性

(a) 契約の成否と有効要件の区別

　契約が成立したとして、次に検討しなければならないのは、その契約が有効なのか無効なのかということである（**契約の有効性**）。この契約の有効要件の問題に関しては、当事者（主体）に関する有効要件（意思能力と行為能力）、そして、法律行為に関する有効要件の問題に分けることができる。

　ここできちんと理解しなければいけないことは、契約の成立の問題と契約の有効・無効の問題は、まったく別問題であるということである。契約の成否、すなわち、検討対象となる契約の存否をきちんと確定しなければ、そもそも契約の有効・無効に関して検討する余地がないということである。

　ここで理解すべき契約の成立と有効性の区別の点については、**刑法の考え方**を思い出してもらうとよく頭に入ると思う。刑法において犯罪の成否を検討する場合には、まず、構成要件該当性という定型的・外形的な判断を行う。次に、構成要件該当性があれば違法性は推定されるので、その後に違法性阻却事由があるかないかという、違法性の問題について検討する

ことになる。このような検討順序については、刑法の教科書はこれを刑法体系として記載しているので、誤解している人はほとんどいない。このような**刑法の構成要件論**と**違法性論の論理構造**と**パラレル**に考えれば、民法においても契約が成立しているか否かという外形的な判断に基づいてなされる問題と、契約が有効か無効かという実質的な判断に基づく問題についての判断とが、別々に行われるということが理解しやすい。

(b) 客観的有効要件と主観的有効要件

この契約の有効要件の問題に関しては、**客観的有効要件**と**主観的有効要件**の問題に分けることができる。なお、ドイツ語などからの翻訳によって「客観」とされている言葉は、客体・対象という意味で理解すればわかりやすい場合が多く、また、「主観」とされている言葉は、主体という意味で理解すればわかりやすい場合が多いので、自分の頭の中で言い換えてみてほしい。

(ア) 客観的有効要件

通説的な見解では以下の四つになる。

① 内容が不確定でないこと（内容の確定性）
② 内容が実現不能でないこと（内容の実現可能性）
③ 内容が強行法規に反しないこと（内容の適法性）（民91条）
④ 内容が公序良俗に反しないこと（内容の社会的妥当性）（民90条）

まず、①**内容の確定性**が要件とされるのは、その内容が不明確であり、これに対応した法律効果を認めようがない場合には、契約（法律行為）として無意味なものとして無効とする他ないからである。また、②**内容の実現可能性**については、実現不可能な事項を内容とする契約（法律行為）は、それに関する法律効果は認めようがなく、国家の強制力をもっても実現しようがないから、契約（法律行為）としては無意味なものとして無効とせざるをえない。また、③**内容の適法性**が要件とされることに関しては、前述のように、民法は契約自由の原則を認めているが、それは無制限に認められるわけではない。そこには法秩序の許容する限界・範囲というものがあるので（民91条）、この限界・範囲を超える契約（法律行為）には、そのままの法律効果を認めることができない。さらに、④**内容の社会的妥当性**については、法律があらゆる事態を想定することはできないので、ある契約（法律行為）の内容が、著しく社会的妥当性を欠くような場合には、それが法律の明文の規定に違反しないからといって有効な契約（法律行為）として取り扱うことは許されないと考えなければならない。民法90条は、

そのための一般条項として、「公の秩序又は善良の風俗に反する事項を目的とする法律行為は、無効とする」としているのである。

(イ) 主観的有効要件

また、契約（法律行為）の構成分子である意思表示に関して、意思の不存在（欠缺）・瑕疵がないことに関しての主観的有効要件は、以下の四つになる。

① **心理留保**につき相手方が悪意または善意有過失でないこと
（民93条）
② **虚偽表示**でないこと（民94条）
③ **錯誤**による意思表示でないこと（民95条）
④ **詐欺・強迫**による意思表示でないこと（民96条）

繰り返し述べてきたとおり、民法は、私的な法律関係の形成について当事者の自由な意思に委ねている（契約自由の原則）。しかし、契約の当事者に、表示行為に対応する内心の効果意思がない場合（**意思の不存在〔欠缺〕**）や表示行為に対応する内心の効果意思はあるが、内心の効果意思を形成する際の動機に他人の詐欺・強迫が作用したために、意思表示の効力を維持するのが適当ではない場合（**瑕疵ある意思表示**）には、契約（法律行為）の有効性を否定する、とされているのである。これらが主観的有効要件の問題である。

以上のような契約の有効要件については、民法総則の教科書の「法律行為」の部分を読むと、細かく説明されている。この契約（法律行為）の有効性の問題は極めて重要な問題なので、よく理解をしておくことが必要である（なお、民法改正案において錯誤の法律効果は「無効」から「取消し」とされている）。

(ウ) 「有効」と「無効」の使い分け

そして、契約が有効に成立した場合に発生する権利の具体的な効果・内容のことを**効力**と一般に呼んでいる。ただ、有効や無効について、「効力がある」、また、「効力がない」と表現することもあるので、勉強するときには、常に、有効・無効や効力という用語が**文脈の中でどのような意味で用いられているか**を明確に意識することが必要である。

(3) 効果帰属要件

契約が成立し、その契約が有効であると判断された場合に、次に効果帰属要件と効力発生要件について検討しなければならない。

前に述べた成立要件と有効要件は、契約（法律行為）についていかなる

場合でも必ず検討が必要な要件であるのに対して、効果帰属要件と効力発生要件は、代理人によって契約を締結したり、契約に条件・期限が付されていたりするときなど、特別な場合に問題となる要件である。ただ、商法・会社法においては、会社代表者が会社を代表して法律行為を行うことから**効果帰属要件は常に問題となる**ので、勉強の際には常に意識しておくことが必要である。

効果帰属要件という言葉はあまり聞き慣れないかもしれないが、**効果帰属要件**とは、法律行為の効果が人に帰属し、または、物に及ぶために必要な一定の要件である。典型的なものは、**代理権**である。他人物売買において所有権者から他人物売買の買主への直接の所有権移転について問題となる、いわゆる処分授権(自己の名における行為によって他人効を生じさせることができる権限)も効果帰属要件に分類されるが、これは商法・会社法でも問屋制度で使用される概念であり、第4章で説明をするため、ここでは、一般的な代理権について説明する。

民法上、他人が本人の代理人と称して行った契約の効果が、本人に帰属するためには、行為者が本人との関係で代理権を有していることが必要である。言い換えれば、他人の代理人として契約をした者にその代理権がなかった場合には、特に表見代理の成立が認められるときを除き、その契約の効果は、本人に帰属しない。

この場合、前述した有効要件を欠いた場合の効果とは厳密に区別せずに、無権代理行為は「無効」であるといわれる場合もある。しかし、民法113条は「本人に対してその効力を生じない」と規定しているのだから、「無効」とは区別し、本人に効力が生じない、という意味で効果不帰属と表現するべきである(なお、効果帰属要件を欠く場合は**未確定的無効**または**不確定的無効**といわれることがある)。

(4) **効力発生要件**

契約が有効に成立すれば、債権は有効に発生し、その債権の効果・内容は効力と呼ばれるが、通常、この効力は、債権が有効に成立すれば(その契約が代理人による場合には、さらに効果帰属要件が充足されていれば)、その時に発生する。しかし、この効力の発生が一定の要件にかからしめられることがある。これを**効力発生要件**と呼ぶ。そして、当事者の意思によるものか、法律上要求されるものかという観点から、「条件・期限」と「法定条件」に分けることができる。

条件・期限は、当事者の意思によって、法律行為の効力の発生・消滅な

いしその時期が左右されるものである。まず**期限**とは、法律行為の効力の発生・消滅または債務の履行を、将来到来することの確実な事実の生起にかからしめる付款（法律行為の際に表意者が特に付加した特約のこと）である（民135条）。また、**条件**とは、法律行為の効力の発生または消滅を、将来の不確定な事実にかからしめる付款である（民127条）。このうち、期限には、事実の到来時期が確定している期限である**確定期限**と、到来するのは確実だが、いつ到来するのかはわからない期限である**不確定期限**があり、条件には、その条件の成就により法律行為の効力が発生するものである**停止条件**と、その条件の成就により効力が消滅するものである**解除条件**がある。

　以上のような当事者の意思に基づく条件・期限に対して、**法定条件**は有効に成立した法律行為がその本来の効果を生ずるために法が特に一定の要件を要求する場合である。例えば、農地の売買における知事等の許可（農地3条・5条）、遺言における遺言者の死亡（民985条）や受遺者の生存（民994条）が挙げられる。また、会社法では、原始定款は公証人の認証によって効力を生じるものとされており（会30条）、また、社債権者集会の決議については裁判所の認可（会734条）で効力が発生するとされている。また、商法では事業の譲渡人の免責は登記しなければ効力が生じないとされている（商22条）。

　なお、有効要件と効力発生要件は、必ずしも民法全体で用語の使い分けが貫徹されていないが、一応、民法上用語の違いがある。有効要件の民法90条や民法93条などでは、「無効とする」と規定され、効力発生要件の民法127条などでは「効力を生ずる」と規定されており、「無効」と「効力」という形で使い分けられている。

(5) 対抗要件

　対抗要件は、契約当事者以外の者との関係の問題で、物権行為・準物権行為で問題となるものであることから、契約当事者間での問題である成立要件から効力発生要件の問題とは**異なるレベルの問題**である。

(a) 民法上の意思主義と対抗要件主義

　民法は権利移転の原則として、**意思主義**と**対抗要件主義**をとっている。すなわち、物権・債権ともに、移転の合意のみによって契約当事者間では権利が移転するが、それを第三者に対抗するためには対抗要件という一定の手続を必要とするという考え方である。民法176条は、「物権の設定及び移転は、当事者の意思表示のみによって、その効力を生ずる」と規定し、

物権変動については意思主義をとることを明言している。また、指名債権譲渡については、明文規定はないが、同様に意思主義をとっていることに争いはない。この点については、債権総論の教科書では、「債権変動については物権変動と同じように考えることができる」という程度の記述しかないのが普通であるので、理解し損ねているかもしれないので注意が必要である。

意思主義をとった場合、当事者間ではその移転の効果が発生するとしても、それがそのまま世の中の当事者以外の他の人々に対しても主張することができるわけではない。契約（法律行為）の効果は、そもそも物権・債権の説明で述べたように、相対的なもので、当事者以外の者を拘束するわけではないし、何も知らない第三者にまでそのまま契約内容を主張できるはずもないのである。

(b) 民法における対抗要件と動産債権譲渡特例法における対抗要件

以上のような意思主義を前提として、民法上は、財産権が変動した場合のために、物権の変動に関しては、対抗要件として、**不動産**の場合は**登記**（民 177 条）、**動産**の場合は**引渡し**（民 178 条）、そして、**指名債権譲渡**に関しては、**確定日付ある証書による通知・承諾**（民 467 条）が定められている。これらが民法上の対抗要件を備えるための原則的手続であるが、現在は、動産および債権の譲渡の対抗要件に関して民法の特別法が制定されている。いわゆる**動産債権譲渡特例法**（「動産及び債権の譲渡の対抗要件に関する民法の特例等に関する法律」）である。

この法律は、民法における動産の場合の民法 178 条、および、民法における指名債権譲渡の場合の民法 467 条の特例として、登記による対抗要件制度を定めるものである。まず、動産に関しては、法人が行う動産譲渡に関して、動産譲渡登記がなされたときは、その動産について民法 178 条の引渡しがあったものとみなされる（動産債権譲渡特例法 3 条 1 項）。また、指名債権の譲渡に関しては、法人が行う金銭債権の譲渡等につき、債権譲渡登記がなされたときは、その指名債権について民法 467 条の規定による確定日付のある証書による通知があったものとみなされる（同法 4 条 1 項）。このように動産と指名債権の譲渡に関して民法の特例法があるので注意しておくことが必要である。

そして、会社法においては、例えば、株式の譲渡や事業譲渡に含まれている個別の財産の譲渡につき、民法で対抗要件が問題となるのと同様に、対抗要件が問題となるものである。

なお、ここで注意しておいてもらいたいことは、契約当事者以外の第三者との関係で、これらの対抗要件が問題となるという場合には、**財産権の変動の問題として物権行為か準物権行為が存在していることが前提**となっているということである。例えば、委任や準委任契約は、財産権の変動を問題としない契約であることから、これらの契約においては債権行為のみが問題となり、物権行為や準物権行為が存在しないため、契約当事者以外の者に対する対抗要件は問題とならないのである。

(c)　対抗要件の機能

　対抗要件には、大きく分けて四つの機能があると考えられているので、ここで整理をしておく。

　一つ目は、**複数の権利変動における優劣決定機能**である。すなわち、両立しえない同一の権利の取得を主張する者が複数現われたときに（二重譲渡のケースが典型例）、そのいずれかが権利者になり、他の者は権利者になりえないということを決定するという機能である。このような両立しえない権利の帰属をめぐって争うケースが典型的な対抗要件の問題である。

　二つ目は、**権利制限に関する優劣決定機能**である。すなわち、甲・乙という権利が両立しうる場合で、甲は乙という権利の存在により制約を受けるというときに、乙の権利につき対抗要件が備えられた限りで、その後に甲を取得した者はそれに拘束されるということをもたらす機能である。例えば、抵当不動産の譲受人に対する関係での抵当権設定登記のケースや賃借不動産の新所有者に対する賃借人の賃借権登記・引渡しのケース（民605条、借地借家10条1項・31条1項など）がある。

　三つ目は、**権利（資格）保護要件としての機能**である。これは、民法におけるいわゆる第三者保護の規定の適用にあたって、当該第三者が保護されるために登記を必要とする場合の対抗要件の機能である。典型的な例としては、民法545条1項ただし書の「第三者」として保護されるためには対抗要件が必要とされるというものである。

　最後は、**権利行使要件としての機能**である。これは、新権利者としての権利行使に対抗要件が必要とされる場合を意味する。もっとも、権利行使要件と分類するのではなく権利（資格）保護要件の一類型として説明されることもある。その代表的なものは、民法467条1項における債権譲渡の債務者に対する対抗要件である。これは、一般には「対抗要件」と呼ばれるが、実質は、債権の譲受人が新債権者として債務者に対して債権を行使するための要件にすぎず、民法467条2項の要件まで満たして初めて、債

務者以外の第三者に対抗するための対抗要件（優劣決定機能を持つ対抗要件）となるものである。

(6) まとめ

　以上が、契約の成立要件から対抗要件までのまとめである。次頁の図表は以上をまとめたものとなっているので参照してもらいたい。商法・会社法においても、商事売買契約、株式譲渡契約、事業譲渡契約などで、これらの要件を検討しなければならない。その際には、以上のような民法の基本的な事項を基礎にして、商法・会社法における商事売買契約などの内容を検討・理解してもらいたい。

⑤ 民法から商法・会社法へ——本書の学習方法

(1) 本書の構成

　❷〜❹において民法の基礎理論を説明したが、第1章以下において、民法の基礎と関連付けて学ぶ商法・会社法の基礎的な重要事項は、以下のとおりとなる。

　まず、第1章では、商法・会社法の法体系の概略を説明する。そして、民法と商法・会社法がどのような関係にあるかを詳細に検討する。民法と商法・会社法の根本的な差は、民法は一般的な私人間の関係を規律するのに対して、**商法は原則として企業の経済活動を規律する**ものである、というところにあるため、民法で想定している取引と商法・会社法で想定している**取引の特色の違い**について、それぞれを対比して考えることが有益である。

　次に第2章から第4章では、民法の総則の知識を基礎に、民法総則分野における民法と商法・会社法の基礎的な重要事項の比較をする。

　まず、第2章においては、法律行為（契約）の成立要件の問題として、**意思表示と契約の成立**について検討する。具体的には、民法における意思表示の基礎理論と会社法における意思表示理論の修正の内容を説明し、また、民法における契約の成立の基礎理論を説明し、商法における商事契約の契約成立や株式引受契約・社債契約と意思表示理論との関係などにつき検討する。

　第3章においては、法律行為（契約）の有効要件の問題として、**無効・取消し**について検討する。具体的には、無効と取消しが法律効果として別個に定められている意義を明らかにし、商法・会社法における無効・取消しについて、商法・会社法の基本理念である法的確実主義、画一的取扱主

法律行為（契約）の要件と対抗要件

(1) 法律行為の成立要件（この要件については法律行為の成立、効果発生を主張する者が立証責任を負う）＝積極的要件
  (a) 一般的成立要件　①当事者の存在、②法律行為を構成する意思表示の存在
  (b) 特別成立要件（法律行為によっては一般的成立要件では足りず、成立要件として追加される他の要件が必要）
      例：金銭消費貸借契約における目的物の交付（民法 587 条）〔要物契約〕
　　　　　質権設定契約における目的物の交付（民法 344 条・345 条）〔要物契約〕
　　　　　保証契約における書面の作成（民法 446 条）〔要式契約〕

(2) 有効要件（この要件については法律効果の発生を否定する者が有効要件の不存在〔不充足〕につき立証責任を負う）＝消極的要件
  (a) 当事者に関して　①意思能力、②行為能力（民法 5 条・9 条・13 条・17 条）
  (b) 法律行為の内容に関して（客観的有効要件）
      ① 内容が不確定でないこと（内容の確定性）
      ② 内容が実現不能でないこと（内容の実現可能性）
      ③ 内容が強行法規に反しないこと（内容の適法性）（民法 91 条）
      ④ 内容が公序良俗に反しないこと（内容の社会的妥当性）（民法 90 条）
  (c) 法律行為の構成分子たる意思表示に関して（主観的有効要件）
      ① 心裡留保につき相手方が悪意または善意有過失でないこと（民法 93 条）
      ② 虚偽表示でないこと（民法 94 条）
      ③ 錯誤による意思表示でないこと（民法 95 条）
      ④ 詐欺・強迫による意思表示でないこと（民法 96 条）
(3) 効果帰属要件　　　①代理権、②処分権（処分授権）
(4) 効力発生要件　　　①条件・期限、②法定条件
(5) 対抗要件（物権行為と準物権行為で問題）
      ① 狭義の対抗要件（典型的な二重譲渡のケース等）
      ② 権利（資格）保護要件
      ③ 権利行使要件

図2　契約の成立要件から対抗要件の関係図

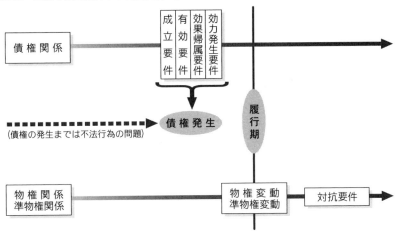

＊物権変動・準物権変動のために必ず物権行為・準物権行為がなければならないというものではない
　（通説としての物権行為の独自性は否定されている）。

義、また取引安全の保護の観点から、民法における無効・取消しとどのような違いがあるかにつき考えてみる。

そして、第4章においては、法律行為（契約）の効果帰属要件の問題として、**代理・代表**について検討する。具体的には、代理において他人の行為が本人に効果帰属する法的根拠を明らかにしたうえで、代理と代表の違い、商事代理と民法上の代理との関係性、代表権濫用と代理権濫用に関する議論について考えてみる。

民法総則の次は、第5章において、物権・担保物権の知識を基礎に、物権法・担保物権法分野における民法と商法・会社法の基礎的な重要事項の比較をする。具体的には、物に対する所有権の権利関係との比較で、「会社の所有者」といわれる**会社の株主の権利関係**を検討し、また、**株式の共有**の問題を検討する。また、債権に関する担保物権である債権質との対比で、**株式に関する質権**について考えてみることにする。

続いて、第6章から第7章では、債権総論分野の知識を基礎に、債権総論分野における民法と商法・会社法の基礎的な重要事項の比較をする。

まず、第6章では、債権総論分野の重要概念である債権譲渡に関する知識を踏まえて、**会社法における株式譲渡**を債権譲渡との比較の観点から検討する。両者の比較は、「株式は債権である」とする株式債権説の考え方も踏まえ、債権譲渡自由の原則と株式譲渡自由の原則の関係、譲渡禁止特約付債権と譲渡制限株式との違い、および譲渡における対抗要件制度の違いにつき考えてみる。

そして、第7章では、会社法において事業譲渡、合併、会社分割、株式交換および株式移転という組織再編行為の手続が定められているが、これらの**組織再編行為**のうちの事業譲渡、合併および会社分割につき、民法における物権、債権、債務などの承継の観点から検討する。具体的には、組織再編行為を「特定承継」と「包括承継」という観点から分類し、権利移転や対抗要件等の問題を民法の承継に関する制度と比較して検討する。

最後に、第8章から第11章においては、債権各論分野の知識を基礎に、債権各論分野における民法と商法・会社法の基礎的な重要事項の比較をする。

まず、第8章では、双務契約の基本形である**売買契約**について検討する。具体的には、民法上、売買の一方の予約や売買の瑕疵担保責任の規定があるが、商法・会社法上の、売買の一方の予約の延長線上の問題としての新株予約権や株式買取請求権の法的性質、また、商事売買における瑕疵担保

責任の内容について考えてみる。

そして、第9章では、民法の典型契約の一つである委任契約に関して、会社法における取締役の義務の問題として**善管注意義務や忠実義務の内容**を検討する。特に、委任契約でいわれる善管注意義務の正確な内容の理解のために、会社法355条の忠実義務について「民法644条に定める善管義務を敷衍し」たものとする判例につき、その具体的な意味について検討する。また、委任契約の無償性の原則と取締役の報酬の関係や委任契約の任意解除権と取締役の解任決議の関係についても検討する。

さらに、第10章では、民法の典型契約である組合を基礎に、**会社法における法人の種類**について説明する。具体的には、出資者の負う責任が無限責任か有限責任かという観点が、会社法における法人や民法上の組合において想定されている意思決定・業務執行機関の仕組みとどのような関係となっているかにつき考えてみることにする。

本書の最終章である第11章では、不法行為法の課題として、まず、会社の代表者の行為について、会社法における会社の損害賠償責任と民法における使用者責任との関係について検討する。次に、**取締役の第三者に対する責任**の問題を検討する。特に判例は、取締役の第三者に対する責任を不法行為責任ではなく、第三者保護の観点で定められた法定責任としているため、不法行為責任との違いを検討する。

(2) ロジカルシンキングの視点

また、本書は、一般法である民法の基礎理論から、その特別法である商法や会社法を説明するが、個別の問題を検討するにあたり、**ロジカルシンキング**の手法を用いている。このロジカルシンキングは、いろいろな事項を適切に整理して発表するための技術である。これについては、本書の姉妹編『民法でみる法律学習――知識を整理するためのロジカルシンキング――』において詳細な説明をしているので参考にしてもらいたい。

ロジカルシンキングの手法には、まず、設定された課題に答えるために自分の頭の中で整理して考える手法として、ゼロベース思考・フレームワーク思考・オプション思考の三つの思考方法がある。

　ゼロベース思考：固定観念や既成概念などを捨てて白紙で考えること
　フレームワーク思考：①　対象とする課題につき、全体の枠組み（フレームワーク）を使用して、そのなかで様々な事項・要素を考え出していくこと
　　　　　　　　　　②　すでに提示されている様々な事項・要素につき、全体像を俯

瞰し、全体の枠組みをふまえて、最適の視点や切り口で切断し、分解・分類すること
オプション思考：一つの選択肢ではなく、常に複数の選択肢を考えること

　これらの思考方法のうち、法律学の学習段階においては、ゼロベース思考とオプション思考を使うことは少なく、**重要なのはフレームワーク思考**である。そして、このフレームワーク思考においては、思考のための全体の枠組みを作るにあたり、その枠組みに漏れや重なり合いがないようにすること（このような状況を MECE〔ミシー・ミッシー〕という）がポイントになる。

　そして、このような MECE を前提として三つの図表作成の手法が用いられる。これには、ロジックツリー手法・マトリックス手法・プロセス手法の三つの手法がある。

ロジックツリー手法：問題となっている要素をツリー状に関連づけて、階層化・構造化すること（いわゆる「樹形図」を作成する手法）
マトリックス手法：縦軸と横軸の二つの軸により問題となっている要素を整理し体系化するもの
プロセス手法：時間軸を明確に意識して、問題となっている要素を工程・過程・時系列ごとに整理すること

　本書で商法・会社法の内容を説明するにあたり、ロジカルシンキングの思考方法・図表作成手法を使用して図表を作成している。ロジカルシンキングの手法は法律学の理解をするためには極めて有用なツールであり、本書を読み進める際に、ロジカルシンキングの手法がどのように使用されているかを意識しておくと、民法や会社法・商法の学習が進みやすくなるものである。

【参考文献】
契約の成立から消滅までの解説について　　平野・総則205-209頁＊契約の成立要件から対抗要件までの内容が簡略にまとめられている。／米倉・プレップ＊第1章「売買の交渉から契約の成立、その履行終了まで」で契約の全体像が示されている。米倉教授は、本書につき、民法の勉強についての初学者を対象としている、と「はしがき」で述べられているが、本書は、民法の勉強がある程度進んでいる学生にも読んでもらいたい内容が多く含まれている名著である。／笠井ほか・契約法、後藤・契約法＊これらの二つの書籍は、従来の教科書の体系とは異なり、契約の成立から終了までを民法の法典の体系とは別に構成し、説明しているものであり、極めて参考になる。
契約の成立要件などの解説について　　米倉明「民法講義──総則　法律行為(7)(8)」法

教 50 号 69 頁以下、51 号 14 頁以下（1984）＊契約理論を理解するために必要な法律行為に関する一般理論が学生向けにきめ細かく説明されている。契約理論の本質を理解するために必ず読んでもらいたい文献である。

効果帰属要件について　　四宮＝能見 258 頁

対抗要件について　　池田真朗「対抗要件と権利保護要件・権利行使要件」法教 178 号 65 頁以下（1995）〔池田真朗ほか『マルチラテラル民法』（有斐閣、2002）に所収〕／滝沢聿代「物権変動と対抗要件（その 1）〜（その 3）」法教 227 号 65 頁以下、228 号 91 頁以下、229 号 92 頁以下（1999）

民法と商法・会社法が一般法・特別法の関係にあることについて　　大隅・総則 41-44 頁／高鳥 8-9 頁／岸田 50-52 頁

第1章
商法・会社法とはなにか
その特性と民法との相違

Introduction

　民法の基礎的な理解を前提に、第2章以下では、民法と商法・会社法の関係を具体的に説明していきますが、そのためには、そもそも『商法』とは何なのか、という理解が不可欠です。なぜなら、商法・会社法上の各制度を基本法である民法と比較する際には、この『商法』の基本的な特性によって、民法とはどのように違うのか、が明確になってくるからです。

　まず、商法は、商法典そのものを意味する**形式的意義の商法**と、その商法典とともにこれと同質の法規定を含めた概念である**実質的意義の商法**に分けることができ、実質的意義の商法は、企業活動に関する規則である**企業取引法・商取引法（行為法）**と、企業組織に関する法規である**企業組織法（組織法）**に分類することができます。そして、会社法も同様に、会社法典そのものを意味する**形式的意義の会社法**と、その会社法典とともにこれと同質の法規定を含めた概念である**実質的意義の会社法**に分けることができます。

　企業取引法・商取引法は、企業活動は自由かつ迅速性が要求され、また、特定の私人間の法律行為の問題であるために当事者間の契約自由の原則が重視されます。そこで、行為法たる企業取引法・商取引法は、**任意法規であることが原則**とされています。他方、**企業組織法**は、組織運営に関する手続的な事項に関係するものであり、取引一般の利害や株主の利益保護の観点から、**強行法規であることが原則**とされています。任意法規と強行法規の違いは、**定款や契約において法規と異なる内容の定め・合意が可能か**、という問題に関わります。これは商法・会社法の学習をするうえでも、実務においても重要な問題です。商法をグルーピングすることで、この問題について正確な理解をしましょう。

　次に、商法・会社法全体につき、どのように民法の特別法であるかにつ

いて具体的にみてみましょう。これは、序でも言及しましたが、商法・会社法の規定には、(i)民法の個々の規定を変更・補充するもの、(ii)企業活動の規制のために民法上の一般制度を特殊化した制度を規定するもの、そして、(iii)民法にまったく存在しない制度を規定するもの、の３種類があります。この３種類について、本章では詳しく説明します。

そして、商法・会社法全体を貫く基本理念・目的・特色を具体的にみてみることにしましょう。商法・会社法の基本理念・目的・特色も、次のように、行為法としての「企業取引法・商取引法」と、組織法である「企業組織法」で分けて考えることが有益です。

企業取引法・商取引法	企業組織法
(a) 営利性	(a) 資本の集中
(b) 簡易迅速性（簡易迅速主義）	(b) 労力の補充
(c) 非個人性（個性の喪失）	(c) 危険の分散と限定
(d) 定型性・画一的取扱主義	(d) 企業の維持・強化
(e) 取引安全の保護	(e) 法的確実主義・法的安定性
(ｱ) 公示主義	(f) 開示主義
(ｲ) 外観主義	
(f) 責任加重主義	
(g) 責任の限定（責任制限）	

本章で説明を行うこれらの基本理念などを正確に理解しておくことで、法学部生や法科大学院生の皆さんが商法・会社法を理解することが容易になります。それでは、商法・会社法の勉強をスタートしましょう。

① 商法の意義と会社法の意義

(1) 形式的意義の商法

商法とは何かといえば、明治32年法律第48号として制定された法律で、第1編「総則」から始まり、第2編「商行為」、第3編「海商」を規定する商法典ということになる。

まず、第1編「総則」（1条〜32条）は、商法の適用について定め、ついで、営業の主体たる商人の概念を定義し、さらに、その商人に営業に関する公示制度である商業登記、営業の物的・人的施設に関する商号、商業

帳簿、商業使用人、および代理商（特定の商人のために継続的にその営業の部類に属する取引の代理または媒介をする独立の商人）について規定している。

次に、第2編「商行為」（501条〜683条）は、まず、商行為の概念を定め、ついで、その商行為に適用される若干の通則、商人の営業取引の典型である商事売買、商人の営業のための特殊な制度である交互計算・匿名組合、および特殊な営業である仲立営業・問屋営業・運送取扱営業・運送営業・保険営業について規定している。

最後に、第3編「海商」（684条〜851条）は、船舶および船舶所有者ならびに海上において船舶によって行われる取引の典型である海上運送およびこれらと関連する船員・海難救助・保険・船舶債権者について規定している。海商に関しては、一般的な商法の教科書には詳細な記載はなく、聞きなれない読者もいるであろう。商法第3編「海商」は海商法とも呼ばれ、海上企業（商行為をなす目的をもって船舶を航海の用に供する者）は海を舞台として船舶を用いて事業を行うため、一般企業と異なる種々の特異性を有することから、当然のことながら、この特異性に対応するために民法・商法の一般的規定を補充・変更する規定が必要とされ、商法の中でも特別の部門をなしている。商法の海商法に関する条文については、1884年のロエスレル草案（ロエスレルは旧商法典を起草したドイツの法学者）に基づく旧商法第2編の規定が先駆けとなり、それに代わり制定施行された新商法の規定が、現行法である。現在に至るまで、条約の批准に伴い国際海上物品運送法等の特別法が制定された以外には、1899（明治32）年の商法典制定以来、ほとんど見直しがされていない。しかし、この間、海上運送のほかに航空運送も普及し、多様な物品が多数の関係者を経由して日常的に輸送されており、国民生活に大きな影響を持つ輸送のあり方は、約1世紀前と比べて一変している。このようなことから、現在、商法の運送および海商法関係の改正の動きがある。

これらの、第1編「総則」、第2編「商行為」、そして第3編「海商」からなる商法典は、**形式的意義における商法（狭義の形式的意義の商法）** と呼ばれる。

しかしながら、この商法典以外にもこれと同質の法典が存在しており、これらを含めた商法の意義が考えられる。例えば、手形法・小切手法という法律は、商法典には含まれていない別個の法律である。かつては、商法典の第4編に手形・小切手に関する条文が置かれていたが、手形・小切手に関するジュネーブ統一条約が批准・公布された結果として、1933（昭和

8)年、この条約を国内法化した手形法・小切手法が制定されるに伴い、商法第4編の手形・小切手に関する条文が削除された。また、会社法も商法と同質の法律である。2005（平成17）年改正前までは商法第2編に会社に関する規定が置かれていたが、同年に会社法が制定されたため、商法第2編が削除されるなど商法も改正された。なお、その際に、商法の商法総則の規定のうち、会社に適用される規定は会社法総則に移され、商法総則は会社以外の個人に適用されることとされた。そして、商法第2編が削除されたことにより、第3編商行為が第2編に繰り上げられている。

　このような手形法・小切手法や会社法の規定は、それぞれの立法政策から形式的には商法典には置かれないことになったが、本来的には商法典に置かれていてもおかしくない規定である。ほかに、商法典の周囲には本来的には商法典に含まれてもおかしくない法律として、商業登記法・社債、株式等の振替に関する法律・担保付社債信託法・金融商品取引法などの法律がある。このように考えると、商法典に規定されているものだけではなく、形式的には商法典に含まれていないが、その周囲に存在する複数の法律の集合体につき、**広義の形式的意義の商法**と呼ぶことができる。

　このように形式的意義の商法について、広く解すると、次に、およそどの範囲の法律を商事に関する法として把握すべきか、という実質論を検討することが重要になってくる。そこで、形式的意義の商法の範囲を踏まえて、実質的な意義の商法を考えなければならない。

(2) **実質的意義の商法**

　実質的意義の商法とは、商法として統一的体系的に把握されるべき特殊な法領域を意味する。実質的意義の商法という概念を認めると、次に、商法の性質を明らかにし、これらの法規定の内容を統一的に理解するために、どのような性格づけをすることが適切であるかを検討する必要がある。

　基本的に、商法は民法と同じく私法の一部を形成する法規定であるので、民法などの他の私法の分野とどのような差異・特徴があるのかが問題となり、これは実質的意義の商法の内容の問題として議論がなされてきている。

　現在の通説といわれるのは、**企業法説**である。この説では、商法の対象を企業を中心とする生活関係すなわち企業関係とし、したがって商法とは、企業を対象として、企業に関係する経済主体の私的利益の調整を目的とし、それらの経済主体間の権利義務秩序を規整する法規の総体、すなわち、**企業関係に特有な法規の総体**であるとしている。そして、企業の主体および形態、企業の成立・再編・消滅、企業の運営・管理、資金調達、企業会計、

企業活動を規整するものとされている。ここでの**企業**とは、経済学的概念ではなく、法律的概念として、営利行為を継続的かつ計画的に行う独立した経済主体であるとされ、資本に対する利回り計算（資本的計算）の下に財産的収益の増殖を目指すところに特色があるものとされている。

そして、企業に関する私法の法規定のすべてが商法に属するのではなく、そのうち特に企業に特有な事項に対応するもののみを企業関係に特有な法規とし、それが商法に含まれるとされている。このような法規定は、**狭義の実質的意義の商法**と呼ぶことができ、その主要部分は商法典と会社法典の中に存するということができる。さらに近時は、企業関係に特有な公法の法規定、具体的には、公法である訴訟法、刑法、行政法などの法規定の一部も、実質的意義の商法に含めて考えられている。このように公法の法規定も含める場合、このような実質的意義の商法を**広義の実質的意義の商法**ということができる。

実質的意義の商法としては以上のように説明されるが、次に❷で詳しく説明するように、実質的意義の商法は、**企業取引法・商取引法**（行為法とも呼ばれうる。企業活動に関する部門の法規）と**企業組織法**（組織法とも呼ばれうる。企業組織に関する部門の法規）に分かれ、前者の中心は**商行為法**（商法第2編）であり、後者の中心は**会社法**である。

(3) 形式的意義の会社法と実質的意義の会社法

会社法も、(1)(2)で説明をした商法の場合と同様に会社法典（2005年に制定され2006〔平成18〕年に施行された制定法）そのものを意味する形式的意義の商法と、その会社法典とともにこれと同質の法規定を含めた概念である実質的意義の商法に分けることができる。

まず、**形式的意義の会社法**である会社法典についていえば、会社に関する私法の法規定のすべてを含むものではないが（例として、担保付社債信託法や商業登記法）、同時に、その中には公法の法規定（罰則や訴訟手続の規定）を含んでいるものである。

次に、**実質的意義の会社法**であるが、これも商法と同様に、狭義の実質的意義の会社法と広義の実質的意義の会社法に分けられている。会社をめぐる利害関係者の利害調整のための法規定の中には、民法を含めた私法の法規定のほかにも、会社に関する罰則規定、訴訟手続、非訟手続などの公法の法規定もある。そこで、会社をめぐる利害関係者の利害調整のための法規定のうち、私法の法規定のみを指す場合が**狭義の実質的意義の会社法**であり、また、私法の法規定と公法の法規定の両方を含める場合が**広義の**

実質的意義の会社法である。このように、実質的意義の会社法の範囲と形式的意義の会社法の範囲は異なるが、会社に関する基本的な私法の法規定の大部分は会社法典に規定されていることから、これらは重要な部分においては一致しているということができる。

② 商法・会社法における行為法と組織法

　商法・会社法の特色については、企業活動に関する面と企業組織に関する面とに分けて議論がなされている。そこで、商法や会社法の規定を、企業活動に関するものと企業組織に関するものに大きく分類し、前者の商取引自体に関する法規定を**企業取引法・商取引法**（行為法）と呼び、また、後者の商取引の手段または基礎となる企業組織に関する法規定を**企業組織法**（組織法）と呼ぶことがある。一般的にみると、企業関係におけるこれらの二つの側面に基づく法規定は、それぞれの支配原理を異にするものであるため、商法・会社法のそれぞれの規定にも対照的な相違があるということができる。

　企業取引法・商取引法の分野については、企業活動には自由かつ迅速性が要求され、また、特定の私人相互間の法律行為の問題であり、基本的にはそれらの者の利害のみにとどまることから、これらに関する商法・会社法の規定の適用については、当事者による契約自由の原則が貫徹されるべきである。そこで、これらに関する商法・会社法の規定もまた、**任意法規であることが原則**であると考えられる。

　これに対して、**企業組織法**の分野については、企業活動の基礎をなす企業組織は、通常、企業と取引をする第三者すなわち取引社会一般の利害に関係し、また、企業組織に関する法規定は、組織運営に関する手続的事項に関係する。そこで、手続法は**強行法規であることが原則**であることから、これらに関する会社法の規定もまた、強行法規であることが原則であると考えられる。例えば、株式会社にあっては、株主の数が多く、かつ会社に関する事項の決定はすべて多数決によるもので、少数株主の利益の保護を図らざるをえないものであることから、その内部関係に関する会社法の規定は強行法規である。

　ただ、企業組織法の分野であっても、持分会社として規定されている合名会社、合資会社および合同会社にあっては、社員の数が少なく、その内部関係は組合的規律の要素が強く、各種機関の地位と社員たる地位とは一体として未分化の状態である。そこで、会社に関する重要事項の決定は、

総社員の同意によることが原則であるし（全員一致原則・定款の変更につき会637条）、それらの内部関係の決定は、社員の自治に委ねうる。これらのことから、その内部関係に関する会社法の規定は任意法規であるとされている。

このように、企業取引法・商取引法と企業組織法の区別は、任意法規と強行法規の区分と正確に一致するものではないが、企業活動に関する法規は原則として、任意規定であり、他方、企業組織に関する法規は原則として強行法規であるという、おおまかな傾向を示すものとして、役立つものである。

③ 民法と商法・会社法の関係

商法・会社法は民法とともに私法の領域に属する。民法は、広く社会生活・経済生活一般を対象とし、その私法的関係の一般面について規律するものであるのに対し、商法・会社法はそのうちの企業活動関係を対象とし、その企業活動関係の特殊面について規律するものであるから、商法・会社法は一般法たる民法に対し特別法の関係に立っている。そして、企業活動における私的利益の調整、すなわち、個々の企業活動における権利義務の発生・変更・消滅は、必ずしも商法・会社法のみによって行われるものではなく、**民法が適用されることも少なくない**。例えば、商法・会社法は、権利能力、行為能力、法律行為などの私法上の基本概念についてはまったく規定することなく、民法上の一般概念を基礎としているから、**企業活動一般の規制については原則的に一般私法である民法の原則が支配**する。しかし、民法の規制だけでは不十分または不適正な事項に関しては、**商法・会社法が民法に優先して規制**する。このような商法・会社法の規定は、序においても簡単に説明をしたように、民法に対する関係から、次の3種類に分けることができる。

 (i) 民法の個々の規定を変更・補充するもの
 (ii) 企業活動の規制のために民法上の一般制度を特殊化した制度を規定するもの
 (iii) 民法にまったく存在しない制度を規定するもの

以上のような3種類の場合において、民法との対比で問題となる商法・会社法の特徴の現われ方には、商法・会社法の分野ごとにかなりの差異がある。例えば、法人に関して、民法第1編第3章（民法と直接関係する法人法としては、2006年に「一般社団法人及び一般財団法人に関する法律」〔一般

法人法〕が制定されている）は、会社法を含む法人法の通則であると位置づけられ、民法の法人規定と会社法とは一般法と特別法の関係にはあるが、会社法は会社という法人の組織形態を規律する体系的に完結した法分野であるため、その法人規定と会社法の関係性は稀薄である。これに対して、商行為法（商法第2編）は、民法の特則を定める行為法の分野のもので、商取引について特別の規定がない限り、民法が適用されることから、関係性の強い特別法と一般法の関係にある。このように、商法・会社法は、分野ごとに民法との距離が異なっており、**民法と商法・会社法との関係については、それぞれの分野ごとに、かなりの差異がある**ことに留意しておかなければならない。

(1) (i)**民法の個々の規定を変更・補充するもの**

これは商事の特殊性に応じるために、民法の一般原則を変更したり（民法に対する**例外的規定の創設**）、また、民法のある種の規定の不完全な点を補充しようとしたり（民法に対する**補充的規定の創設**）するものである。

前者の例外的規定の例としては、商法第2編「商行為」中の総則の規定で、民事法定利率は年5％である（民404条）ことに対して、商事法定利率は年6％であること（商514条）、また、一般民事債権の消滅時効は10年であるのに対して（民167条1項）、商事債権の消滅時効は5年であることが挙げられる（商522条）。また、商事債権の担保のために設定された質権については、民法において禁止される流質契約（債務不履行の場合に質権者が質物の所有権を取得し、またはこれを任意に売却する方法で優先弁済に充てる契約）が許されていること（商515条）、商事代理の規定（商504条）や商事売買の規定（商524条～528条）の大部分なども同様である。

後者の補充的規定の例としては、船舶の属具（船舶に付属する器具）について従物（民87条1項）と推定する規定（商685条）や有価証券に関する規定（商518条・519条など）が挙げられる。

(2) (ii)**企業活動の規制のために民法上の一般制度を特殊化した制度を規定するもの**

これは民法が一般的な規定を有するにすぎないことから、商法・会社法がこれを特に制度化して商法・会社法に取り込もうとするものである。例えば、商業使用人制度（商20条・21条、会10条・11条）および代理商制度（商27条～31条、会16条～20条）は、民法の代理制度を特殊化したものといえる。そして、自己の名（名義）をもって他人のために物品の売買をすることを業とする者についての問屋制度（商551条）は、委任・準委

任契約を特殊化したもので、また、運送営業（商569条）・倉庫営業（商597条）の制度は、請負契約・寄託契約を企業に関して特殊化したものといえる。商法・会社法はこれらの特殊化した制度について詳細に規定するが、その基礎となる制度一般については民法の規定が適用される。

(3) (ⅲ)民法にまったく存在しない制度を規定するもの

　これは企業活動取引の特殊性から必要とされる取引を制度化するものである。例えば、商業登記（商8条）、商号（商11条、会6条）、商業帳簿（商19条2項）および名板貸（商14条、会9条）の制度などである。この場合は、民法の一般的制度や規定が存在しないので、民法の規定を補充して適用することができず、商法・会社法自体の観点から制度の趣旨に従って解釈することになる。

❹　商法（狭義の実質的意義の商法）の目的・特色

　序の契約自由の原則の説明でも述べたように、商法（❹の部分においては、特に断らない限り、商法典と会社法典における規定を中心とする狭義の実質的意義の商法を意味する）は、企業の営利活動の促進という観点から、民法と比較しても、より契約自由の原則を尊重しようとする傾向がみられる。例えば、民法では流質契約が禁止される（民349条）のと異なり、すでに説明をしたが、商行為から生じた債権を担保するための質権契約について、商法第2編は流質契約禁止規定の不適用を定めている（商515条）。

　このように、民法と比較して、契約自由の原則がより要請される商法の特色は、企業活動に関する特色、すなわち、**企業取引法・商取引法としての商法の特色**、そして、企業組織に関する特色、すなわち**企業組織法としての商法の特色**に分けて整理されるのが通常であり、以下のようなものを挙げることができる（なお、以下のものを表にしたものが、イントロダクションに掲げてある）。

(1) 企業活動に関する特色——企業取引法・商取引法としての商法の特色
(a)　営利性

　経済活動によって利益を得る（少なくとも収入と支出のバランスがとれること）という**営利性**（広義の営利性）は企業の本質であり、企業の活動はすべて営利活動を目的とする（第10章を参照）。一般私法上の行為がたとえ実際上、営利の目的をもってなされるものとしても、それが個別的・偶然的であるのとは異なる。そのために、商法では、企業活動につき、**一般的に有償**と認め、かつ、民法と比較して高い報酬・対価を定めている。例

えば、商人が営業の範囲内において他人のためにある行為をしたとき、その商人は当然に報酬請求権を有する（商人の行為の有償性の原則〔商512条〕）。この規定は、企業活動の営利性を直接的に表現しているものといえ、また、民法が委任契約について、委任を受ける行為は高尚な知的労務の提供で名誉な行為であるとの認識の下、無償を原則としていること（無償委任の原則。民648条1項）と対照的であるといえる。また、他の例としては、商人間で消費貸借がなされ、または商人が営業の範囲内で金銭の立替をするときは、当然、法定利息の請求権を有し（商513条）、また、商行為により生じた債務の法定利率は、民法上のものより引き上げられ年6分とされている（商514条）ことなどを挙げることができる。

(b) 簡易迅速性（簡易迅速主義）

　企業活動においては、営利活動の性質上当然に、多人数を相手として、反復的・継続的に、また集団的に、大量の取引が行われる。このような企業活動が円滑に行われるためには、その活動が**簡易迅速**になされる必要がある。例えば、代理行為の方式に関する民法の顕名主義（民99条1項）に対する非顕名主義を定める商行為の代理（商504条）や承諾期間の定めのない契約の申込みについて早期にその効力を失わせること（商507条・508条）などを商法典第2編商行為の総則は定めている。また、民法では原則として隔地者間でなされる契約の申込みに対して、他方の当事者が承諾をしない限り契約は成立しないが（民526条1項）、商人が平常取引を行っている者から営業の部類に属する契約の申込みを受けた場合には、遅滞なく諾否の通知を発しなければならず、これを怠ったときは契約が成立したものとみなされており、この契約の申込みに対する諾否通知義務（商509条）の規定は簡易迅速性の表れであるといえる。

　ほかにも、商事売買では、買主がその目的物の受領を拒み、または受領することができないとき、売主は引渡義務を免れるために、その物を供託し、または相当の期間を定めて催告した後に競売に付することができるという売主の供託権・自助売却権が、取引迅速性の確保という観点から認められている（商524条1項）。また、確定期売買の解除（商525条）、買主が遅滞なく目的物の検査を行う義務および直ちに瑕疵通知を行う義務（商526条）などの商事売買の規定、各種の債権の短期消滅時効（商522条など）などに関する規定も、この簡易迅速性の要請に応ずるものである。さらに、民法の相殺に対して、反復的に行われる取引において対向的な債権債務を帳消しにする交互計算制度（商529条以下）も設けられており、簡

易迅速性の表れであるといえる。

(c) 非個人性（個性の喪失）

　企業活動は営利を目的として、反復的・継続的に、また集団的に大量に行われるから、**取引の相手方の個性や給付内容の個性を特に問題とすることが少ない**。商法はこの点に注目し、いくつかの制度を設けている。

　例えば、一般的な民法の代理制度において付与される代理権の内容は、個々の代理権授与契約によって定められる個性的なものでありうるが、商法における支配人、代表社員、代表取締役、代表執行役の代理権・代表権は、一定の地位に就く者について、原則的に包括的な代理権・代表権の存在が擬制される（代理権と代表権の包括性・不可制限性。商21条1項、会11条1項・349条4項・420条3項・599条4項）。また、代理人の履行義務（商504条ただし書）や問屋の履行担保義務（問屋が、委託者のために行った売買につき、相手方がその債務を履行しないときは、別段の特約または慣習がない限り、法定の特別責任として、委託者に対し自ら履行をする責任を負うという履行担保義務〔商553条〕）などが設けられている。そして、企業活動において生じる債権は有価証券化される傾向が強く、商法の領域において有価証券制度が高度に発達しているのは、債権の個性喪失の表れであるといえる（有価証券とは、私法上の財産権を表象する証券で、その権利の移転・行使が証券によってなされるべきものをいい、手形、小切手および株券などが挙げられる）。

(d) 定型性・画一的取扱主義

　継続的・反復的に、また集団的に大量な取引が行われる企業活動では、簡易迅速性が要請され、その結果、取引の個性喪失の特色が生み出されるとともに、集団的な法律関係の**画一的な処理**が要請されることになり、行為の内容・効果が**定型化**されるに至る。個性の喪失の表れとして、一定の地位に就く者の代理権・代表権の存在・内容が原則として、包括的・不可制限的なものであると前述したが、これは定型性・画一的取扱主義の表れともいうことができる。そして、企業取引の簡明な処理の必要性に応えるために、契約には定型的な内容を記載・記録した書面・電磁的方法が用いられることが要請されるが、このような書面・電磁的記録主義が採られている例として、株式や社債の申込証制度（会59条・203条・677条）があり、また、多数の契約条件を個別の契約ごとに定めないで定型化した契約条項である、普通取引約款が利用されていること（なお、民法改正案では、定型約款についての規定を置いている）なども定型性・画一的取扱主義の表れと

いえる。
(e) 取引安全の保護
　企業活動が広く多人数を相手として継続的・反復的に、また集団的に行われることにより、簡易迅速性が求められることになるが、そこでは取引相手方である**第三者の保護**が求められることになる。そのために、商法は、公示主義と外観主義を採っている。
(ア) 公示主義
　取引が安全に行われるためには、取引の相手方の能力・権限・資力などの様々な事項を確認しなければならないが、大量の取引が行われるにあたり、取引の当事者がいちいちこれらを調査しなければならないとすれば、取引が簡易迅速に行われなくなり、企業活動の活発性が阻害される。そこで、商法は、取引上重要な事項を一般に周知させるための特別の手続を定め、取引の相手方に対してその履行を要求している。これが**公示主義**である。

　公示主義の典型的な具体例としては、商業登記制度（商8条以下）を挙げることができる。ここでは法定の事項は登記することが要求され、登記の後でなければ、これをもって善意の第三者に対抗することができない（商9条1項）。会社法においては、設立、合併、会社分割、解散、会社代表その他多数の事項が登記事項とされている（会907条以下）。また、会社は定款をもって法が許容するいくつかの公告方法を定めることができる（定款に定めがなければ官報に掲載する方法が公告方法とされる〔会939条〕）。さらに、株式会社にあっては、会社が定めた公告方法によって、定期的に計算書類の公告をなすことが要求されている（会440条）。

　ほかにも、株式会社の定款、株主名簿、新株予約権原簿、株主総会議事録、計算書類等の備置およびこれらを閲覧等に供することが要求されている（会31条・125条・252条・318条・442条）。これらの計算書類の公告、備置きや閲覧等については、後で述べる開示主義の表れであるということができるが、基本的には、公示主義の発現であるということができる。
(イ) 外観主義
　継続的・反復的に、また集団的に行われる取引の相手方の保護の要請から、取引にあたり、外観と真実が一致しない場合には、外観に優位を認めてそれを標準とすることが求められる。そこで、商法はドイツ法の**外観主義**（真の権利者に、自分以外の者が権利者であるかのような外観が存在することについて帰責性があるときは、その外観を正当に信頼した第三者は保護され

るべきであるとする考え方)、または英米法の**禁反言の法理**(表示者の表示を信じた者が、それに基づいて法律関係・利害関係を変動させた場合に、後に、表示者がその表示した事実に反する主張をすることを禁止する法理)に基づく制度を多く認めている。

例えば、不実の登記による責任(商9条2項)、商人(名板貸人)が他人(名板借人)に対し自己の商号を使用して営業または事業を行うことを許諾した場合における名板貸人の責任(商14条、会9条)、表見支配人(商24条、会13条)、疑似発起人(発起人ではないが株式募集の公告その他株式募集に関する書面等に自己の氏名または名称および会社の設立を賛助する旨を記載することを承諾した者)の責任(会103条2項)、表見代表取締役・表見代表執行役の行為に基づく会社の責任(会354条・421条)、有価証券の文言性(商572条・602条・776条など)および善意取得者の保護(商519条〔有価証券〕、会131条2項〔株券〕・258条2項〔新株予約権証券〕、手形16条2項、小切手21条など)、商号を続用する営業譲受人の責任(商17条)および譲渡人の債権者の保護(商18条)などである。

(f) 責任加重主義

企業活動が活発に行われるためには、取引当事者が期待していた経済上の効果の実現が確保されていなければならない。そうでないと、取引の相手方は必然的に取引に慎重となり、簡易迅速な取引の実行は困難となるからである。そこで、商法は、種々の態様において、**取引の相手方となる当事者の責任を加重**している。

例えば、商人間の売買においては目的物の検査および瑕疵の通知義務(商526条)や目的物の保管義務(商510条・527条・528条)のように注意義務が加重されている。また、数人の者がその1人または全員のために商行為によって債務を負担したときの債務は各自が連帯して負担する、という多数当事者間の債務の連帯責任(商511条)も認められている。そして、他人間の商行為の媒介をなすことを業とする者(ブローカー)である仲立人が、当事者の一方の氏名または商号を相手方に示さないで契約の締結を媒介した場合、黙秘された相手方を保護するための法定の特別責任として、相手方に対し自ら履行する責任を負うという介入義務もあり(商549条)、問屋には履行担保義務がある(商553条)。さらに、旅館や飲食店などの場屋の営業者の受寄物に関する無過失責任(商594条)、場屋の免責約款の効力の制限(商594条3項)も例として挙げられる。

(g) 責任の限定(責任制限)

上記のように、企業取引の円滑・安全のために、取引の相手方の責任を強化する必要がある（責任加重主義）。一方、企業は営利を追求するのであるから、自らが責任を負う場面においては、責任負担の軽減を求めることが自然である。関係者が事後に負うことになるかもしれない責任の巨大さから、取引行為につき過度に委縮させることを防ぐことが、企業取引の活発化のために必要である。特に、営業に相当な危険が伴い、かつ、巨大な投資が必要とされる業種においては、取引から生ずる危険を分散させる制度である損害保険制度で危険を回避するだけでは十分ではないことがある。このようなことから、一定限度において、**企業の損害賠償責任そのものを制限することが合理的**とされる場合がある。そのようなものとして、商法は、運送品の滅失および毀損についての損害賠償責任に関する運送人の責任制限（商580条）、運送を委託された高価品に関する損害賠償責任に関する運送人の責任の特例（商578条）等の規定を置いている。

(2)　**企業組織に関する特色──企業組織法としての商法の特色**

(a)　**資本の集中**

　企業が十分にその機能を発揮するためには、その**物的基礎として多額の資本を必要**とする。そこで、商法第2編は、当事者の一方（匿名組合員）が相手方（営業者）の営業のために出資し、相手方（営業者）は出資された財産を基礎に営業を行い、その営業から生ずる利益を匿名組合員に分配することを約する匿名組合員と営業者の間の契約である匿名組合（商535条以下）を設け、また、会社法は、株式会社をはじめとする各種の会社を設けて、企業に必要な**資金の調達の便宜**を図っている。

　特に、株式会社にあっては、会社の事業について多数の小さな単位持分である株式の制度が認められることにより、出資者である株主の責任は株式の引受価額に限定され（有限責任）、一般公衆から零細な資金を吸収して巨額の資本を形成できる仕組みが設けられている（会104条以下）。また、社債制度も設けられ、一般公衆から多額の借入金を集める制度も設けられている（会676条以下）。

(b)　**労力の補充**

　労力は企業にとって**不可欠の人的基礎をなす**ものである。企業に必要な労力は、民法の定める代理、委任、雇用、請負、組合などの制度を通じても、補充されることが可能であるが、商法は、企業に必要とされる労力の特殊性に鑑み、これらの制度を企業の需要に適合するように特殊化して用意している。雇用契約によって特定の商人に従属し、その商業上の業務を

対外的に補助する者としての商業使用人・会社の使用人（商20条以下、会10条以下）、商業使用人ではなく、一定の商人のためにその平常の営業の部類に属する取引の代理または媒介をする者である代理商（商27条、会16条）、仲立人（商543条以下）、問屋（商551条以下）等の制度を設けている。

(c) 危険の分散と限定

　企業は営利を目的とするが、その反面、損失の危険に晒されている。企業の規模が大きければ大きいほどその危険も大きく、個人で負担しきれないものとなる。巨大な損失の個人的負担のおそれは企業への出資および活発な企業活動を制約する結果ともなり、**企業組織内部における危険の分散と限定**の要請が生ずる。この要請に応じた制度が、株式会社、有限会社（会社法の下では新規に設立されることはないが、有限会社法の下で設立された有限会社が制度上残存している）、合資会社、合同会社、匿名組合などであるが、特に、株式が多数人に分散されて保有され、それを保有する出資者たる株主の責任が自己の有する株式の引受価額に限定される株式会社制度における株主有限責任制度は、資本の集中のため危険の分散と限定の要請に最もよく合致した企業内部の制度であるということができる。

(d) 企業の維持・強化

　企業の健全な発達を図るためには、一旦成立した企業について、その維持・強化を図り、企業をいたずらに解体させることにより無益な価値の喪失を防止する必要がある。一旦成立した企業が解体すれば、単に企業自身の損失にとどまらず、取引関係にある者、また、企業に使用されている商業使用人や労働者にも重大な影響を及ぼすことになるからである。

　そこで、商法は、まず、企業を個人の家計から独立させて、その独立性を確保するため、企業関係についての財政状態を正しく把握すべく、企業所有の財産を個人の財産から計算上区別することとし（商19条、会432条）、また、企業者の氏名とは別個の名称である商号の制度を認め（商11条以下、会6条以下）、特に、会社にあっては、企業主体は法律上構成員である社員とは別個の法人である会社自体であるものとして、企業の独立性を明確にしている。

　また、企業の解消の危機を回避しようとするものとして、営業譲渡・事業譲渡の制度（商16条以下、会21条以下・467条以下）は、人的・物的諸要素の有機的な結合体である営業または事業を一つの財産として譲渡することを認めることによって無用な企業の解体を防ぐ意味を持つことになる。

また、会社の場合には、会社法は、事業譲渡以外にも、合併（会748条以下）、会社分割（会757条以下）、株式交換・株式移転（会767条以下）などを規定し、組織再編に有効な手段を提供し、企業の解体を防止しようとしている。

(e) 法的安定性・法的確実主義

多くの者が関与し、集団的な法律関係が生じる会社法上の手続において、その瑕疵が問題となるとき、その効力が失われたり失われなかったりすることの波及効果は大きい。そこで、法は、既往の事実上の関係を尊重することで、法的安定性や集団的法律関係の法的確実性を確保しようとしている。この法的確実主義は、企業に関する法である商法全体を支配するものであるが、特に会社法における組織関係に関する手続に表れる。例としては、設立、新株発行などの会社の組織に関する行為の無効の訴えなどの各種の訴えの提起期間を法定した規定（会828条）、株主総会等の決議取消しの訴えの提起期間を法定した規定（会831条）、また、合併無効判決などの遡及効を否定する規定（会839条）を挙げることができる。

(f) 開示主義

多数の株主と会社債権者（取引関係者）が存在する株式会社において、企業内容が開示されることにより、株主や会社債権者は情報を入手することができ、投資または与信（会社の倒産リスクをとること）についての合理的な意思決定を適切にすることができるようになる。すなわち、**企業内容の開示**は、取締役等の**業務執行の監督・是正**のための機会を株主に与えるものであり、また、会社債権者保護に資するものである。このような経営の健全性を確保させようとする理由から、会社法は会社に様々な情報の開示を義務付けている（会438条・440条・442条など）。

このような開示主義とすでに説明をした公示主義はどのように異なるのであろうか。学説上必ずしも明確にはされていないが、公示主義は、取引上重要な事項を一般利害関係者に周知させ、取引の安全に役立たせることに重点がある考え方であり、他方、開示主義は、情報の提供に関し、対等な当事者間の問題として捉えず、情報ギャップのある当事者間で取引の内容をより公平なものにすること、また、企業活動を公正にすることを狙うところに重点があるものということができる。

【参考文献】
形式的意義の商法と実質的意義の商法について　　近藤3-6頁／蓮井＝森1-6頁／森

本 1-4 頁
形式的意義の会社法と実質的意義の会社法について　　宮島・エッセンス 20-21 頁／酒井太郎『会社法を学ぶ』1-2 頁（有斐閣、2016）
民法と商法の関係について　　大隅・総則 41-44 頁／高鳥 8-9 頁／岸田 50-52 頁
商法の特色について　　大隅・総則 56-64 頁／森本 15-18 頁／関 42-57 頁／淺木 37-46 頁＊なお、商法の発展の歴史的な経緯から契約自由の原則が企業活動に関する特色の一つとして示されることが多いが、契約自由の原則は民法上の一般原則となっており、この面における民事と商事との差異はさほど明白に存在するわけではないので、本書では、契約自由の原則を企業活動に関する特色からは除いている。
法的確実主義について　　石井 16 頁／鴻 16-17 頁
行為法と組織法の区別について　　大隅・総則 64-66 頁／淺木 46-48 頁／鴻 15 頁
株式会社・持分会社に関する会社法の規定の強行法規性について　　江頭 55-56 頁／逐条(1) 281-283 頁〔酒井太郎〕

第2章
意思表示と契約の成立
商法における意思表示規定と
株式・社債の発行

Introduction

　私人や会社をめぐる契約法上の法律問題を検討する際には、まず契約が成立しているか否か、という契約の**成立要件**の問題を初めに検討しなければなりません。そこで、各論の最初のトピックとして、契約の成立要件に関する問題を検討しましょう。

　民法の三大原則の一つである**契約自由の原則**は、序で述べたとおり、個人が自分の自由な意思で周囲の人と自立的な契約関係を中心とする法律関係を形成することができるという原則です。その法律関係を形成する上で必要不可欠なものが意思表示です。**意思表示**とは、法律効果の発生を欲するという**内心的な効果意思（効果意思・内心的効果意思）**とその効果意思を相手方に伝えるという**外形的な行為（表示行為）**から構成されます。そして、契約関係は、契約の内容を示してその締結を申し入れる意思表示（**申込みの意思表示**）に対して相手方が承諾（**承諾の意思表示**）した時に成立するものとされています。例えば、皆さんがコンビニでお弁当を買いたいと思うことが効果意思で、レジで店員に「これをください」と伝えることが表示行為になります。これが売買契約の申込みの意思表示となり、店員が「はい」と言えば、それは承諾の意思表示となり、売買契約が成立することになるわけです。本章では、このような意思表示と契約の成立をめぐる、民法と商法・会社法の関係を検討してみましょう。

　まず、**商法の取引法の分野における意思表示の規定**として、商人である対話者間における申込みの効力について直ちに承諾がなされない場合の申込みの効力の喪失規定（商507条）、商人である隔地者間における承諾期間の定めのない申込みの効力について相当の期間内に承諾通知がない場合の申込みの効力の喪失規定（商508条）、商人に対する平常取引における申込みに対して、商人が遅滞なく諾否の通知をしないと承諾がなされたと

するみなし規定（商509条2項）があります。これらの規定は、商法の理念の一つである**簡易迅速性（簡易迅速主義）**の観点から定められており、会社法や商法の学習の際に見落としがちになりますが、会社をめぐる取引関係において大切な条文です。

　これらの前提として、民法は521条以下に、申込みおよび承諾についての諸規定を定めていますが、民法改正案では、商法上の意思表示や契約の成立に関係する、意思表示と契約の成立についての重要な改正が予定されています。例えば、「**契約の成立**」に関する条文が明定され、従前の**発信主義的な考え方**（契約は承諾の通知が発せられた時に成立するという考え方）が改められ、民法97条の原則どおりの**到達主義**が採用される予定です。

　以上のような商法の条文は、民法の一般原則を変更したり（民法に対する例外的規定の創設）、また、民法のある種の規定の不完全な点を補充しようとしたり（民法に対する補充的規定の創設）するという意味において民法の特則といえますが、民法が適用される場面においても、これら商法の規定の適用と同様の内容が解釈によって認められている場合もあります。

　本章では、民法における意思表示の効力の発生時期・消滅時期や契約の成立時期の考え方を踏まえ、それら民法の規定と商法の規定とが、意思表示と契約の成立についてどのような適用関係にあるのかを考えてみましょう。その際、商法と民法の意思表示に関する規定の条文の構造を説明することになりますが、これらはパズルのような組み合わせになっていますから、**パズルを見るような気持ちで読んでもらうといいと思います。**

　そして、次に、企業組織法の分野における意思表示と契約の成立の問題として、会社法における**株式の発行（取得）**と**社債の発行（取得）**の手続を考えてみます。株式会社では多数の利害関係者の存在が想定されますが、集団的法律関係を簡易・迅速かつ画一的に処理するため（**定型性・画一的取扱主義**）、会社法における株式の発行と社債の発行については、意思表示に関係していくつかの特例が設けられています。それらの会社法上の特例につき、意思表示と契約の成立の観点から分析してみましょう。株式の発行は、株主からは**社員たる地位を取得する行為**、そして、社債の発行は、社債権者からは**会社に金銭を貸す行為**であり、いずれも**会社と関係者間の契約関係**です。普段の学習では、株式・社債の発行・取得手続と契約の成立の関係をあまり意識しないと思いますので、本章を通じて正確に理解しましょう。

① 商法・会社法における意思表示の基本的視点

　会社は、会社という**社団を形成して経済活動を行わせる**ことが**国民経済上好ましい**という価値判断から成り立っている。そして、会社は法人格を有し、権利能力を有することから、「契約自由の原則」に基づき、自由な意思によって周囲の人と契約関係を中心とする法律関係を形成することができる（会社の意思表示の構造の詳細については第3章参照）。そして、商法・会社法の分野では、企業・商人間の簡易迅速な取引が要請され、特に会社の場合には利害関係者が多数に及び、個別的な法律関係だけでなく、集団的な法律関係も問題となる。

　そこで、企業取引法・商取引法の基本理念・目的・特色としての**簡易迅速性（簡易迅速主義）**、そして、**定型性・画一的取扱主義**が、契約関係の形成の基礎となる**意思表示に係る制度にも色濃く反映**されている。例えば、商法507条は、商人である対話者間において契約の申込みを受けた者が直ちに承諾をしなければ、申込みはその効力を失うとしている。これは、商取引の迅速性の観点から、**申込みを早いタイミングで失効**させるものである（簡易迅速性〔簡易迅速主義〕）。

　また、会社法の条文では、**意思表示のみなし到達規定**がいくつか定められている。その代表的な条文である会社法126条は、1項で「株式会社が株主に対してする通知又は催告は、株主名簿に記載し、又は記録した当該株主の住所……にあてて発すれば足りる」とし、2項で「その通知又は催告が通常到達すべきであった時に、到達したものとみなす」としている。株式会社は通常多数の株主を持ち、しかも株主は絶えず変動することから、会社の株主に対する通知または催告につき、株主の真実の住所に宛てて送付しなければならず、しかも、それらが必ず到達しなければならないとするならば、会社は株主の真実の住所を探索しなければならず、煩雑・困難に直面することになる。これでは、**集団的法律関係を簡易・迅速かつ画一的に処理することが不可能**となる。そこで、会社法は同条をもって、民法97条の**到達主義の原則に対して例外**を設けたものである（定型性・画一的取扱主義）。

　以上のような商法・会社法における意思表示の規律を検討する前提として、まず、民法における意思表示の基本事項を確認しよう。

② 民法における意思表示と契約の成立

(1) 契約の成立

意思表示は、法律効果の発生を欲する**内心的な効果意思**（効果意思・内心的効果意思）と、その効果意思を相手方に伝える**外形的な行為**（表示行為）から構成される（ただ、厳密にいうと、その間に効果意思を相手方に伝えようとする表示意思がある）。そして、契約は、申込みという意思表示と承諾という意思表示が**合致**することで成立することになる。契約の成立について民法は規定を置かないが、民法改正案では、民法522条1項において、契約は申込みと承諾によって成立する旨の一般的な条項が新設されている。

このように、契約の成立には、申込みと承諾という意思の「合致」が必要であるが、それは**主観的な合致**として内心的な効果意思が合致することであるのか、あるいは、**客観的な合致**として外形的な表示行為が合致することであるのかが問題とされている。例えば、皆さんが中華料理店でランチを食べようと思っていたところ、料理店のメニューが「Aランチ＝中華丼／Bランチ＝酢豚定食」となっており、酢豚定食を食べたかったのに、酢豚定食はAランチであると勘違いをして、「Aランチをください」と店員に注文し、店員が「はい、Aランチ」と言った場合に、はたして契約は成立するのか、という問題である。皆さんの内心的な効果意思は酢豚定食であるが、客観的な意思表示としては中華丼の注文をしたことになっている。

この問題は、場合分けが必要で、①当事者の**内心的な効果意思が合致する**場合と②当事者の**内心的な効果意思が合致しない**場合に分けられる。まず、①当事者の内心的な効果意思（表示に付与された主観的意味）が合致する場合には、その表示行為の客観的意味如何にかかわらず、その内心的な効果意思の合致した意味内容で契約が成立することに争いはない。しかし、②当事者の内心的な効果意思が**合致しない場合**について、契約が成立するか否かにつき議論が分かれる。

古い裁判例では、当事者の意思をあくまで強調し（意思表示をした当事者の保護）、内心的な効果意思の合致がない限り、契約は不成立とするものがある（大判昭和19・6・28民集23巻387頁）。しかし、現在の通説・裁判実務では、契約の成立は、あくまでも表示行為の客観的意味によって判断されるべきであり、**表示の客観的意味が合致していれば、契約は成立する**とされている。そして、契約内容とされた客観的意味と当事者の内心的

な効果意思（主観的意味）との不一致は**錯誤（民 95 条）の問題**（成立要件の問題ではなく有効要件の問題）として処理されるべきとされている。客観的な意味と異なる表示をした当事者には、そのような表示をした責任があるといえ、また、相手方当事者としては、その表示が通常の意味を持つものとして理解し、信じるのが通常であると考えられるから（取引の安全への配慮）、契約の成立は意思表示の客観的な意味内容の合致があればよいとされているのである。したがって、上の例では、皆さんと中華料理店の間ではAランチ＝中華丼についての契約が成立していることになる。

(2) 意思表示の効力の発生時点と契約の成立

以上のように、契約は、2個以上の意思表示が合致して成立する法律行為（1個または数個の意思表示を不可欠の要素とする法律要件で、法がその意思表示の内容によって、私法上の効果を生ぜしめるもの）で、申込みと承諾の意思表示によって成立するが、**それぞれの意思表示の効力がいつ生ずるのか**ということも問題となる。意思表示の効力がいつ発生するかは、商法における商人間の契約の成立等を理解するうえで重要な事項なので、正確に理解しておこう。

まず、**申込み**とは、相手方が承諾してくれれば、契約を成立させる意思表示である。すなわち、申込みは、もし承諾を受ければ契約を成立させるという効力（**申込みの承諾適格**または**申込みの実質的効力**）を有する。このような**申込みの効力がいつ発生するかは、意思表示の効力がいつ発生するかに関する一般規定に従う**。すなわち、申込みの意思表示が相手方に到達した時に効力を生じるのである（民 97 条 1 項〔**到達主義の原則**〕）。

このような申込みに対して、承諾がなされた場合の契約の成立については、**対話者に対してなされる承諾**の意思表示による契約の成立（これは対話者間における契約の成立の問題とされる）と**隔地者に対してなされる承諾**の意思表示による契約の成立（これは隔地者間における契約の成立の問題とされる）とに分けて論じられている。

(a) 対話者と隔地者の意義

民法には「隔地者」の定義はなく、**一般に「対話者」以外の場合が隔地者**であるとされている。そこで、まず、**対話者とは何か**であるが、直接的・同時的に意思疎通が可能な状態にある者、そして承諾との関係では、申込みに対して直ちに返答できる状態にある者とされている。約 120 年前の民法の立法当時、「対話者」は、対面をして話をする場合の対話者のみであったが、その後の**通信手段の発達**により、現在では、そこに、電話、

テレビ電話、インターネット電話、チャット等によりコミュニケーションがなされている者も含まれるようになっている。他方、**隔地者**とは、民法の立法当時は、郵便による書状で通信する者が念頭に置かれ、字義どおり、空間的な場所が離れている者と理解されていたが、現在では、対話者に対する概念として、**空間的な場所は問題とされず**、直接的・同時的に意思疎通が可能な状態にない者、そして承諾との関係では、申込みに対して直ちに返答できる状態にない者であるとされている。例えば、電報、郵便、ファックス、電子メール等によりコミュニケーションがなされている者である。現在においては、**対話者と隔地者を区別する基準は、意思表示を行う者がその通知のためにどのような手段を用いるかによって区分されること**になっている。

(b) 対話者間の契約の成立

対話者は、直接的・同時的に意思疎通が可能な状態にある者であり、対話者間においては、申込みの意思表示がなされた場合、それに対して承諾がなされれば契約が成立することになる。そこで、**対話者間の契約とは、申込者と承諾者の双方にとり、対話者の関係が存在している状況で成立する契約**であるということができる。

(c) 隔地者間の契約の成立

これに対して、隔地者は、直接的・同時的に意思疎通が可能な状態にない者とされるが、**隔地者間の契約という用語の意味には注意が必要**である。

まず、**隔地者間の契約は、申込者と承諾者の双方にとって相手方が隔地者の関係にある場合の契約**が典型例（お互いにファックスや電子メールで意思表示を行う場合）である。ただ、ほかに次のようなケースが考えられる。**申込者と承諾者が対話者の関係にある状況で、申込みの意思表示がなされたが、承諾者が承諾をしない状況で対話者の関係が終了してしまった場合**で（例えば、承諾者である相手方に対して承諾期間〔例えば3日間〕を定めて契約の申し込みをした場合）、申込みの意思表示を受けた承諾者が承諾をする際に、申込者に対して、ファックスや電子メールで承諾の意思表示を行うときには、隔地者である申込者に対する承諾の意思表示が問題となり、**このような場合も隔地者間の契約と呼ばれているのである**。

したがって、隔地者間の契約とは、**承諾の意思表示をする者が選択した通信手段により、承諾者にとって、申込者**（この者が対話者に対して申込みの意思表示を行ったか、隔地者に対して申込みの意思表示を行ったかは問題にならない）**が隔地者と認められる場合に**、承諾の意思表示が発信されて契

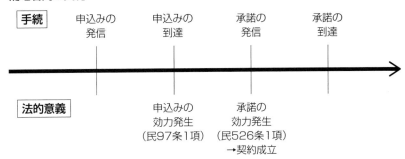

約が締結されるときを意味することになる。

　このような隔地者間の契約の成立における申込みに対する承諾について、民法は、承諾の通知を発した時に効力が生じると規定しており、**発信主義**を採用している（民526条1項）。これは、契約成立の迅速化・簡易化を根拠として、承諾者は自らの承諾によりすぐに契約を成立させて、履行の準備に着手することができるように、**到達主義（民97条1項）と異なる規律**とされたものである。

　しかしながら、通信インフラが発達した現代においては、隔地者間の契約においても、**意思表示の発信と到達の間の時間的間隔は取引の履行に関して問題とならない程になってきており、契約の成立について到達主義を採用しても迅速性に欠けることはなくなっている**。そこで、「電子消費者契約及び電子承諾通知に関する民法の特例に関する法律」の4条では、隔地者間の電子消費者契約（例としては、インターネット通販における事業者と消費者の間の契約）において電子承諾通知を発する場合には、民法526条1項とそれに関係する民法527条を適用しないとされている。さらに、民法改正案では、発信主義を定める民法526条1項は削除され、承諾の意思表示の効力の発生については民法97条1項が適用されることとなり、契約の成立時期は、発信主義から到達主義に変更されることになっている。

　以上のように、民法は対話者間でなされる意思表示と隔地者間でなされる意思表示を区別して規律しており、また、商法も同様の規律をしている。ただ、現在、民法の立法当時とは異なり、多くの契約が隔地者間契約に該当するため、対話者間の契約の成立を議論する重要性は減少しており、経済社会においては、**隔地者間の契約に関する意思表示の問題として、どのような通信手段が用いられた場合に隔地者間の契約となるか、また、隔地**

者間の契約における承諾の意思表示について発信主義か到達主義か、ということなどが重要となっている。

③ 商人間の意思表示と契約の成立

(1) **はじめに**

商法における**商行為法の通則規定**（商504条〜516条1項・520条〜522条）は、企業取引の営利性、迅速性および債務者の責任強化による取引安全の保護等の見地から、**民法規定に対する特則**を定めている。したがって、通則にある意思表示と契約の成立に関する特則は、**基本的には簡易迅速性（簡易迅速主義）の観点から規定**されているが、①民法に明文規定はないが**民法の下でも商法と同様の扱いになると解されるもの**（対話者間における申込みの効力〔商507条〕）、また、②**民法規定の解釈の変化**によって**民法においても同様の扱いになるもの**（隔地者間における申込みの効力〔商508条〕）もあり、企業取引において**特別の意義を持たなくなっている**ものがある。

このように、商法における商人間の意思表示と契約の成立の規定は民法の特則である一方、民法に明文の規定がない**「空白部分」を埋める機能**を有している。したがって、意思表示と契約の成立に関する商法と民法の規定は、条文を細かく検討しないと適用関係を正確に理解することが難しい。以下では、商人間における意思表示と契約の成立について、対話者間と隔地者間という観点から分けて検討することにする。その際に、意思表示との関係では、申込みの承諾適格のある期間・失効時期と撤回について確認する。まず、申込みの効力をいたずらに残すことは取引の迅速性を害するのではないかという問題意識から、民法・商法ともに**申込みの失効**、すなわち、承諾適格の終了に関する定めを置いている。ほかに、**申込みの撤回**について、申込みの時点では契約は成立しておらず、原則として申込みの撤回は自由であると考えられるが、申込みを受けた者の利益保護の観点から、民法は一定の場合に**撤回を制限**している。この点、商法には特別な規定がないことから、**民法のルールが適用される**。契約の成立に関する意思表示の問題における商法と民法の条文の適用関係はパズルのようなものである。パズルを見るような気持ちで、読み進めてもらいたい。

(2) **対話者間における契約の申込み**

(a) **承諾期間の定めのない契約の申込み**

㋐ 申込みの承諾適格（失効）と契約の成立

商法507条では、「商人である対話者の間において契約の申込みを受けた者が直ちに承諾をしなかったときは、その申込みは、その効力を失う」こととされている。これは、商取引の迅速性の観点から、商人である対話者間において契約の申込みを受けた者が**直ちに承諾をなさない**ときには、**申込みを失効させる**ものである。ただ、同条が対話者間に適用されることは明確であるが、文言上、**承諾期間の有無については言及されておらず**、その適用場面が明らかではない。この点、承諾期間が定められながら、「申込みを受けた者が直ちに承諾をしなかった」場合に、その申込みの効力が失われるとすることは不合理であるし、民法上、承諾期間の定めのある申込みの場合には、対話者間であると隔地者間であるとを問わず、定められた期間内に承諾がない場合に、申込みは効力を失うとされているので（民521条2項）、**商法507条は、承諾期間の定めのない対話者間の申込みについて適用**されると解されている。そこで、対話者間において承諾期間が定められていない申込みの場合、その申込みを受けた者が直ちに承諾をする限りで、契約が成立することとなる。

なお、商人間の契約でない場合には商法507条が適用されないため、商法の一般法である民法の適用となるものであるが、その民法においても申込みの失効に関する規定がない。この問題については、商法507条と同じく、直ちに承諾がされない限り**対話者関係**（直接的・同時的に意思疎通が可能な状態）**の終了とともに申込みの効力も終了**すると考えるのが判例（大判明治39・11・2民録12輯1413号）・通説である。**民法の商化**（序の「契約自由の原則」の説明を参照）として、商法507条は民法の特則ではなく、**民法でも同一の規律**になっている。

この点、**民法改正案525条3項**では、承諾期間の定めがない対話者間の申込みに対して「対話が継続している間に申込者が承諾の通知を受けなかったときは、その申込みは、その効力を失う」と規定されている。そして、この民法改正案525条3項は商法507条と同内容であることから、**民法改正に伴って商法507条は削除される**こととなっている。これは、「民法の商化」によって、民法の特別法である**商法の条文が**、民法の一般原則に変容し、民法に取り込まれる例ということができる。

(ｲ) 撤回

撤回とは、特に理由がないのに法律行為または意思表示を一方的になかったことにすることを意味し、意思表示の欠缺があるという理由（取消原因）を必要とする**取消しとは異なる概念**である。商法の第2編商行為の条

対話者間の申込み

		申込みの失効	申込みの撤回
承諾期間の定めの有無	なし	商法507条 ※民法改正により削除 ※民法改正案525条3項 　対話が継続している間に承諾の通知を受けなければ、申込みは失効する	商法・民法に規定なし ※民法改正案525条2項 　対話の継続中であれば撤回できる
	あり	商法に規定なし →民法521条2項の適用 　期間内に承諾の通知を受けなかったときは、申込みは効力を失う	商法に規定なし →民法521条1項の適用 　撤回できない

文には、商人間の契約の申込みの「撤回」に関する条文はない。そして、承諾期間の定めがない場合の撤回については民法においても規定がない。この問題については、学説上、一般的に、申込みは対話終了時まで、すなわち、**対話が継続している間はいつでも撤回できる**と解されている。この点、民法改正案525条2項では、承諾期間の定めがない対話者間の申込みは「対話が継続している間は、いつでも撤回することができる」として、明文の規定が新設される予定である。

(b) 承諾期間の定めのある契約の申込み

(ア) 申込みの承諾適格（失効）と契約の成立

前述のように、商法507条は、承諾期間の定めのない対話者間の申込みについて適用されるものと解されている。

そこで、承諾期間の定めのある契約の申込みについては、商法が規定する条文はなく、**一般法である民法の521条2項が適用される**こととなり、申込者が承諾期間内に承諾の通知を受けなかったときに、「その申し込みは、その効力を失う」ことになる。対話者間において、承諾期間の定めのある契約の申込みがなされた場合、申込みにはその期間において承諾適格があり、その申込みを受けた者は、その承諾期間内に承諾の通知をすればよいことになるが、対話者関係は終了することとなるために、その後の**承諾の意思表示は、隔地者（申込者）に対する意思表示の効力の問題**となる。原則として、契約の成立に関して隔地者に対する意思表示には発信

主義がとられているが（民526条1項）、民法521条2項は、申込みに承諾期間の定めのある場合の発信主義の例外を定めるものであり、**期間内における承諾の到達**が契約の成立には必要となっている。

(ｲ) **撤回**

対話者間において承諾期間の定めのある契約の申込みがなされた場合につき、商法には規定がないことから、一般法である民法の条文の適用が問題となる。民法521条1項では、承諾期間を定めてした契約の申込みは「撤回することができない」とされており、**対話者間か隔地者間かを問うことなく、申込みの撤回が禁止**されている。これは、申込みの拘束力として、承諾を受けうる状態である契約が未成立の段階においては、申込みの相手方を保護するために撤回の制限をしたものである。

(3) **隔地者間における契約の申込み**

(a) **承諾期間の定めのない契約の申込み**

(ｱ) **申込みの承諾適格（失効）と契約の成立**

商法508条1項は「商人である隔地者の間において承諾の期間を定めないで契約の申込みを受けた者が相当の期間内に承諾の通知を発しなかったときは、その申込みは、その効力を失う」としている。これは、商取引においては簡易迅速性が要請されることに鑑み、申込みを受けた者が**相当の期間内に承諾の通知を発しない**ときは、**申込みはその効力を失う**とするものである。したがって、相当期間内に承諾の通知が発せられれば契約が成立し、他方、相当期間経過後に相手方が承諾をしても、申込みは効力を失い、承諾適格を失っている以上、その承諾は承諾として効力がなく、契約は成立しないことになる。この場合、遅延した承諾につき、申込者において新たな申込みとみなすことができる（商508条2項による民523条の準用）。

他方、商人間の契約でない場合には商法508条1項が適用されないため、商法の一般法である民法の適用となるが、その民法においては申込みの失効に関する規定がない。この問題については、商事か民事かで区別する合理的理由はないという理由から、民法においても、商法508条1項と同様に、相当期間内に承諾の通知が発せられない限り申込みは効力を失うとするのが通説である。このように、民法上の取扱いも、商法508条1項と同様のものとされていることから、この商法508条1項は民法の特別規定と評価されるものではないことになる。

(ｲ) **撤回**

商法では、商人間の契約の申込みの「撤回」に関する条文はなく、一般

第2章 意思表示と契約の成立

隔地者間の申込み

		申込みの失効	申込みの撤回
承諾期間の定めの有無	なし	商法508条1項 相当期間内に承諾の通知が発せられない限り申込みは効力を失う	商法に規定なし →民法524条 承諾通知を受ける相当期間が経過するまで撤回できない
	あり	商法に規定なし →民法521条2項 期間内に承諾の通知を受けない場合には申込みの効力を失う	商法に規定なし →民法521条1項 撤回できない

法である民法が適用される。民法524条では「承諾の期間を定めないで隔地者に対してした申込みは、申込者が承諾の通知を受けるのに相当な期間を経過するまでは、撤回することができない」としており、この条文が適用される。この条文は、申込みを承諾するか否かを決めるために費用をかけた相手方が申込みの撤回によって損失を被ることを防止するために、承諾という返事を出すのに必要な調査・検討をするために通常要する期間および承諾の発信から承諾の通知が到達するのに**必要な期間**における**申込みの撤回を禁止**する趣旨である。

(b) 承諾期間の定めのある契約の申込み

(ア) 申込みの承諾適格（失効）と契約の成立

商法508条1項は、隔地者間における承諾期間を定めのない申込みの失効について定めるのみで、**承諾期間の定めのある申込みについて規定していない**。そこで、商法の一般法である**民法の適用が問題**となり、申込者が、その定めた承諾期間内に承諾の通知を受けなかったときは「その申込みは、その効力を失う」とする民法521条2項が適用されることになる。

承諾の意思表示につき、隔地者（申込者）に対する意思表示の効力の問題となり、すでに対話者間での承諾期間の定めのある申込みに関する部分で説明をしたように、民法521条2項は同法526条1項の発信主義の例外として、申込みに承諾期間の定めのある場合のことであることから、**承諾期間内に承諾の到達**があることが契約の成立には必要となる。そこで、承諾期間経過後に承諾通知が到達した場合、その承諾は承諾として効力がな

く、契約は成立しないことになる。ただ、この場合、遅延した承諾につき、申込者において新たな申込みとみなすことができる（民523条）。

(イ) 撤回

対話者間の場合と同様に、商法において、商人である隔地者間の契約の申込みの「撤回」に関する条文はない。そこで、商法の一般法である民法の適用が問題となり、「承諾の期間を定めてした契約の申込みは、撤回することができない」とする民法521条1項が適用され、**承諾期間においては、申込みの撤回はできないことになる**。

④ 申込みを受けた者が商人である場合の諾否通知義務

これまで、商人間の契約の成立に関する商法の制度を中心に説明してきた。他方、商法では、被申込者が商人である場合（当事者一方が商人である場合の規定）に、商法509条は**被申込者の諾否通知義務**を定めている。これは、契約の成立における**承諾の問題**であるので、確認しておこう。

商法509条1項では「商人が平常取引をする者からその営業の部類に属する契約の申込みを受けたときは、遅滞なく、契約の申込みに対する諾否の通知を発しなければならない」として、契約の申込みを受けた商人に諾否通知義務を課しており、同条2項では「商人が前項の通知を発することを怠ったときは、その商人は、同項の契約の申込みを承諾したものとみなす」とし、**諾否通知義務を怠った場合に承諾を擬制**している。この点、**商人間**においては、商法508条に基づき、**相当期間内に承諾がなければ申込みが失効することと異なる**。

そもそも、民法が採用している契約の承諾についての**発信主義**からすれば（民526条1項）、契約の申込みを受けた者は、それについて**諾否の通知を発する義務はなく、その者が承諾の発信をしない限り、契約は成立しない**。しかし、商人が営業として行う基本的商行為（商501条〔絶対的商行為〕と商502条〔営業的商行為〕所定の商人概念の基礎となる商行為）であり、かつ諾否を容易に決しうる日常的・集団的・反復的に行われる取引に関しては、**不承諾の通知がなければ、契約が成立したものと相手方が予測する**のは当然であるから、そのような場合には相手方の信頼を保護し、取引の安全を図る必要がある。そこで、商法509条は、平常取引につき、申込みの諾否を発しなかった場合に申込みの承諾を擬制したのである。

商法509条が適用されるのは、**承諾期間の定めのない隔地者間における申込みの場合である**。承諾期間が定められた場合には、承諾期間内に承諾

第2章 意思表示と契約の成立　59

をすればよいのであるから、遅滞なく諾否の通知をすることは問題とならない。

⑤ 株式・社債の発行（取得）と契約の成立

(1) 株式の発行（取得）
(a) 株式の発行（取得）手続の種類

会社から株式を取得して株主になろうとする場合の法律関係を検討してみよう。会社法では、**株式の発行**（株主からすれば取得）**の手続**として、以下のような仕組みを採っている。まず、設立の際の株式の発行として、株式会社の設立には発起人が設立時発行株式（株式会社の設立に際して発行する株式）の全部を引き受けて会社を設立する方法（会25条1項1号〔**発起設立**〕）があり、また、発起人が設立時発行株式の一部のみを引き受け、残りについては株式の引受人を募集することで設立をする方法もある（同項2号・57条〔**募集設立**〕）。また、株式会社の**設立後に、株式を発行・処分**（処分は自己株式の処分のことである。**自己株式**とは、会社が有する自己の株式をいう〔会113条4項〕）することもある。これは**募集新株**（株式会社が発行する株式または処分する自己株式の引受人の募集に応じて、これらの株式の引受けの申込みをした者に対して割り当てる株式）の発行等の手続として規定が置かれている。このように株式の取得は会社の設立時および会社の設立後において問題となるものであるが、実務上、募集設立は極めて稀にしか利用されないことから、会社設立後の募集新株の発行の手続を検討する。

(b) 募集新株の発行（取得）

まず、「募集」には、**株主割当**（すべての株主にその持株割合に応じて株式を割り当てる場合）、**第三者割当**（特定の第三者に対して株式を割り当てる場合）、そして、**公募**（不特定の者に株式引受けの勧誘をしてこれを割り当てる場合）の三つの区分がある。ここでは**公募の場合の手続**について検討しよう。

株式会社は、その公募に対して申込みをしようとする者があるときには、その者に対して一定の事項を通知する（会199条1項・203条1項）。そして、通知を受けたことを前提として、募集株式の引受の申込みをする者は、会社に申込みを行い（会203条2項）、会社は、申込者の中から募集株式の割当を受ける者を定め、また、その者に割り当てる募集株式の数を定め、申込者に通知する（会204条1項前段・3項）。そして、その割当により募集

株式の引受けが確定する（会206条1号）。この一連の手続により締結される**株式申込人と会社の間の契約**は、株式申込人が会社に入社することを目的とする**株式引受契約（入社契約・募集株式引受契約）**といわれる。株式引受契約は、**諾成契約**であり、また、引受人は契約上の債務として払込金額の払込義務を負い、会社は株式の発行義務を負うことから、**双務契約**である。このことから、引受人は所定の払込期日までに払込金額の払込義務を履行しなければならないこととなるが、会社側は発行義務を負うものの特別の履行行為は必要とされない。法定的に引受人は払込期日から株主となるとされている（会209条1項）。

(c) 株式引受契約（入社契約）の成立に関わる意思表示の特別規定

このような募集新株の発行（取得）手続において、申込みと承諾はどのように捉えられて、どのような特別の規定が置かれているかについて、時系列に沿って、一連の流れを細かく検討してみよう。

まず、申込みをしようとする者に対する会社からの通知（情報提供）がなされるが（会203条1項）、この通知は申込みをしようとする者に対する会社からの**申込みの誘引**であるとされている。申込みの誘引とは、相手方に申込みをさせようとする意思の通知である。この場合には、相手方が意思表示をしても、それは申込みにすぎず、それだけでは契約は成立しない。申込みの誘引をした者（会社）が**改めて承諾の意思表示をして初めて、契約が成立する**ことになる。株式の募集を「申込み」と捉えると、募集株式数よりも多くの株式申込人が殺到する場合に、株式申込人の申込みすべてが「承諾」となってしまい、株式割当を受けられない申込人から債務不履行責任を問われかねない。そこで、株式の募集は、株式の取得希望者を募る行為であり、株式取得の申込みをさせようとする意思の通知であるから、「申込みの誘引」とされているのである。

次に、そのような申込みの誘引行為に対して、**募集株式の引受けの申込み**がなされるわけであるが、その申込みをする者は、一定の事項の記載をした書面を会社に交付しなければならない（会203条2項）。会社の便宜のために、また、紛争を避けるために、書面による申込みが要求されたものである。

また、引受けの申込みがあった後に、会社法203条1項に規定されている一定の通知事項に変更があったときは、会社はその旨および当該変更があった事項を、当該申込みをした者（申込者）に対し、直ちに通知しなければならない（同条5項）。民法上の規律では、承諾者が申込みに条件を

付し、その他変更を加えてこれを承諾したときは、その申込み拒絶とともに新たな申込みをしたものとみなされうることから（民528条）、申込みがあった後の変更につき、新たな申込みと解される余地がある。しかし、そうすると、申込者がこれを承諾することにより株式引受契約が成立することになり、会社の割当に関する裁量権（会204条1項）がなくなってしまい、適当ではない。そこで、この会社法203条5項は、**会社は申込者の申込み後であっても、募集事項等の通知を撤回し、新たな通知（申込みの誘引）を行える**ことを認めたものである。

そして、一定の通知事項の変更の通知に関しては、意思表示の**到達主義の例外**を定める会社法203条6項と7項が適用される。すなわち、会社は申込者に対して行う通知について、申込者が申込書面に記載して住所に宛てて発すればよいとされ、会社がその住所に宛てて行った通知はその通知が通常到達すべきであった時に、到達したものとみなされる。これは、会社の事務処理の便宜のために通知の発信により通常到達すべき時点の到達が擬制され、**実質的には発信主義に近いものとする規律**である（画一的取扱主義）。

株式引受契約の成立に関しては、最終的には、募集株式についての引受けの申込みに対して、会社は割当てを行い、引受人を決定し、承諾の意思表示を行うことになる。**割当て**は、会社が申込みに対して誰に何株を引き受けさせるかを決定することであり、株式引受契約の申込みに対する会社の承諾の決定である（誰に何株引き受けさせるかを自由に決定することができる「割当自由の原則」が認められている。会204条1項）。この点、上でも述べたが、民法上の契約成立の規律では、承諾者が申込みに条件を付し、その他変更を加えてこれを承諾したときは、その申込み拒絶とともに新たな申込みをしたものとみなされうるので（民528条）、その結果、申込者はさらにこれを承諾するか否かの裁量を有することになりうる。しかし、募集株式の引受けの申込みでは、このような民法の適用は排除され、**会社が割り当てた株式数について、会社から通知（承諾の意思表示）がなされることで、株式引受契約が成立**し、申込者は当該割当てを受けた数の募集株式の引受人となり（会206条）、出資の履行義務を負うことになるとされている（会208条1項・2項）。そして、この割当ての通知に関しても、意思表示の**到達主義の例外**を定める会社法203条6項と7項が適用されている。

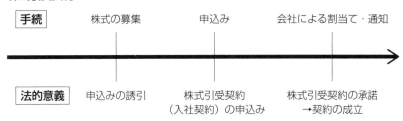

(2) 社債の発行（取得）

次に、募集手続による社債（募集社債）の発行（取得）手続の法律関係について検討しよう。**社債**とは、会社法の規定により会社が行う割当てにより発生する当該会社を債務者とする金銭債権であって、会社法676条各号の定めに従い償還されるものである（会2条23号）。簡単にいえば、会社法の定めに基づき、会社によって発生させられ、償還がなされる契約上の金銭債権が社債である。

社債には次のような機能がある。新株発行となると、自己資本の増加を生じ、会社組織の拡大をもたらすから、遅かれ早かれ回収されるべき資金の調達に不適であるし、また金融機関からの借入金は長期かつ多額の資金の調達には適するものではない。これらに対して、社債は一般公衆から零細な資金を吸収して巨額の資金を構成する調達方法であり、**会社はその組織を拡大することなく、比較的容易に長期かつ巨額の資金の需要を満たすことができる**点にメリットがある。

社債の発行手続を簡単に説明すると、株式の発行と同様、社債を引き受ける者を募集し（会676条）、それに対する社債の申込み（会677条）と会社の申込者に対する社債の割当て（会678条）によって行うことになる。そして、社債は純然たる会社債務であり、**社債契約によって成立**するとされている。社債契約の法的性質については、申込者が会社に対して金銭を貸しているのと同様の状態となるので、**消費貸借契約類似の無名契約**と理解されている。

以上のような社債契約は、募集社債の申込み（会677条2項）に対する社債の割当て（会678条2項）によって成立する**諾成契約**である。その後の払込金額の払込は貸付の履行にすぎないものとされている。そして、この払込義務と会社の償還義務が対価関係に立ち、契約上の主たる義務となっている**双務契約**である。ただ、本来、民法における消費貸借契約（民

587条)は、当事者の一方が種類、品質および数量の同じ物を返還することを約束して、相手方から金銭その他の物を受け取ることにより成立する要物契約とされている。そして、民法での消費貸借契約では貸主の払込義務を観念することができない片務契約である。そこで、民法における消費貸借契約と比較すると、社債契約は、申込者の払込みがなくとも契約が成立するため、**要物性がない（要物契約ではない）**という点で**違い**があり、消費貸借契約に類似した諾成契約といえる。

　このような社債契約の成立に関しても、株式引受契約の成立に関する意思表示の特別規定と同様の規定が置かれている。すなわち、社債の引受けの申込みをしようとする者に対する通知（会677条1項）、引受の申込みをする者による書面による申込み（同条2項）、募集社債の割当の通知（承諾通知）（会678条）、会社による通知事項の変更（会677条5項）、そして、会社による申込者に対する通知についての到達主義の例外（同条6項・7項）の規定が置かれている。

【参考文献】

意思表示と契約の成立一般について　　金井・学習177-180頁
申込みと承諾について　　笠井＝片山27-38頁／潮見・改正198頁
対話者と隔地者の意義について
　我妻榮『新訂　民法総則』318頁（岩波書店、1965）、星野英一『民法概論Ⅳ（第一分冊　契約総論）』27頁（良書普及会、1975）、平野・契約58頁／内田・民法Ⅰ40頁／大村敦志『新基本民法5　契約編　各種契約の法』26頁（有斐閣、2016）、石田大系1　708頁
撤回について　　亀田浩一郎「撤回」椿＝中舎・条文にない90-94頁
商事契約の成立一般について　　加藤雅之「第9講　商事契約の成立」北居＝高田174-193頁＊契約の成立に関する商法と民法の規定の関係につき、民法起草者の考え方を紹介し、また、改正民法における規定をも検討対象としている有益な文献であるので参考にしてもらいたい
対話者間における承諾期間の定めのある契約の申込みについて　　平出75-76頁／森本編・商行為17-18頁〔小柿徳武〕／平野・契約59頁、61-63頁／野澤・債権法Ⅰ48-49頁／潮見・改正196-197頁
隔地者間における承諾期間の定めのある契約の申込みについて　　平出76-78頁／森本編・商行為17-18頁〔小柿〕／平野・契約59-61頁／潮見・改正196-197頁
諾否通知義務について　　平出78-79頁／森本編・商行為19-20頁〔小柿〕／弥永・総則・商行為100-101頁
株式発行の手続について　　リークエ306-311頁、317-322頁〔松井〕
株式発行と株式引受契約について　　コンメ(5)6-7頁、48-50頁、53-65頁〔吉本健一〕／逐条(3)82-98頁〔梅本剛正〕＊これら二つの論考は、株式引受契約に関する申込みと承諾について説明されているので、参考にしてもらいたい。／宮島・エッセ

ンス306頁
　社債発行の手続について　　リークエ348-350頁〔松井〕
　社債発行と社債契約について　　大隅ほか・概説383-385頁／コンメ⒃40-54頁〔今
　　井克典〕／宮島・エッセンス333頁

第❸章
無効と取消し
会社の意思表示の
内部的な問題と外部的な問題

Introduction

　民法と商法・会社法を勉強していると、「無効」や「取消し」という言葉が頻繁に出てきます。例えば、民法では、錯誤は無効（民95条）とされていますが、詐欺・強迫は取消し（民96条）とされています。ともに、法律行為に関して法律効果の発生が妨げられることを意味しますが、どのように使い分けられているのでしょうか。この点、法が特定の行為を無効とするか取消しとするかは論理の問題ではなく、**法政策の問題**なのです。両者を分ける大まかな基準は、①**意思表示の瑕疵の重大さの度合い**と（効果意思が不存在か、効果意思の形成過程に問題があるかなど）、②条文・制度が**保護しようとしている利益は何か**、という点にあるのです。

　まず、**会社の意思表示に関する内部的な問題**を確認していきましょう。会社法では、**株主総会決議の無効の訴え**（会830条2項）と**取消しの訴え**（会831条）が規定されています。会社法は一種の手続法であり、強行法規であることから、**会社法に違反するような内容の株主総会決議は無効となるのが原則**です。これに対して、取消事由については、株主総会の決議は会社による一種の「意思表示」（内心的効果意思の決定）とみることができ、招集手続・決議方法の法令・定款違反、決議内容の定款違反などの瑕疵は「意思表示の瑕疵」と同視できます。法政策として、会社法の理念である法的安定性・法的確実主義または取引安全の保護の観点から、無効の訴えの対象とはされず、取消しの訴えによるとされているのです。

　また、瑕疵のある取締役会決議の効力について明文の規定はありませんが、株主総会決議と同じく、瑕疵があれば、原則無効となります。しかし、軽微な瑕疵の場合には例外的に有効と扱われるとされ、株主総会決議取消しの訴えの「裁量棄却」の考え方が援用されています。

　このように、会社の意思表示に関する内部的な問題に対する対応では、

法的安定性・法的確実主義または取引安全の保護という観点が重視されています。その観点から、瑕疵の度合いが小さい場合、株主総会については株主総会決議取消しの訴えの事由とされており、また、取締役会については例外的に有効と解釈されているのです。

次に、**会社の意思を外部に表示する際の問題**を考えてみます。ここでは、民法における一般的な無効、すなわち絶対的無効の反対概念である**相対的無効を理解しておくことが重要**です。相対的無効とは、①無効の**主張権者**につき人的制限がある場合（**取消的無効**とも呼ばれます。例として錯誤〔民95条〕）、また、②無効の**第三者への対抗**につき人的制限がある場合（例として通謀虚偽表示〔民94条2項〕）を意味します。

会社法では、会社の意思表示の外部的な効果が問題となる例がいくつかあり、**会社の機関による内部的意思決定を欠く取引行為**（取締役会決議を欠く、利益相反取引や重要な財産の処分等）**の法律効果**については、条文がなく、議論があります。**取締役会の承認を欠く間接取引類型**（会社が取締役以外の者〔第三者〕との間で行う会社と取締役の利益が相反する取引）**の利益相反取引**について、判例は、取引安全の保護の見地から、会社は第三者の悪意を主張・立証してはじめて当該取引が無効であると主張できるとしています。この判例の見解は**相対的無効説**と呼ばれていますが、ここでいう「相対的無効」は、会社のみが無効主張ができるという意味で、無効の主張権者につき人的制限がある場合にとどまらず、相手方の主観的態様によって有効・無効が区別される意味で使われ、**民法における相対的無効の上記①と②と異なる意味で使用**されています。このように、会社法での「相対的無効」は、民法で理解されている「相対的無効」の概念と異なる意味で使われることがあります。

つまり、民法においては、相対的無効は、①法律行為を「無効」とすることは誰を保護するためであるかという視点、そして、②契約当事者間の問題と第三者の問題を区別し、第三者に対する取引安全の保護の視点から理解されますが、会社法では、取引の直接の相手方について、取引安全の保護という視点から、その主観的態様によって有効・無効が区別される場合に相対的無効という用語が使用されるときがあるのです。

以上のように、一口に「無効」といわれる問題でも、条文・制度が保護しようとしている利益、取引の相手方・第三者の保護の必要性などの様々な利益衡量のうえで、絶対的無効の硬直的な効果に修正を加えて、その意味内容が決定されているのです。これらの問題についてみていきましょう。

① 無効と取消し

(1) 契約の有効要件

前章では、契約の成立（契約の成立要件）について説明をした。契約が成立したとして、次に検討しなければならないのは、その契約が有効であるかどうかである（契約の有効性）。

契約の成立の問題と契約の有効・無効の問題は、まったく別問題である。契約の成否、すなわち検討対象となる契約の存否をきちんと確定しなければ、そもそも契約の有効・無効に関して検討する余地がない。契約の有効要件の問題に関しては、当事者（主体）に関する有効要件（意思能力と行為能力）、そして法律行為の内容に関する客観的有効要件と法律行為の構成分子たる意思表示に関する主観的有効要件の問題に分けることができる。

当事者に関する有効要件については、商法・会社法の分野ではほとんど問題とならないことから序では説明をしなかったが、無効・取消しの論点においては関係することから、ここで簡単に説明しよう。まず、①自己の行為の法的な結果を認識・判断することができる能力である**意思能力があること**が必要である。さらに、②行為能力に関する制限行為能力者制度においては、行為能力が制限された者が単独で行った行為は取り消すことができるとされて、一旦は有効でも、取り消されてはじめから無効とされる可能性がある。つまり、**行為能力があること**も有効要件である。

次に、**法律行為の客観的有効要件**の内容は、通説では以下の四つになる。
① 内容が不確定でないこと（内容の確定性）
② 内容が実現不能でないこと（内容の実現可能性）
③ 内容が強行法規に反しないこと（内容の適法性）（民91条）
④ 内容が公序良俗に反しないこと（内容の社会的妥当性）（民90条）

さらに、契約の構成分子である意思表示に関して、意思の不存在（欠缺）・瑕疵がないことに関しての**主観的有効要件**は、以下の四つになる。
① 心裡留保につき相手方が悪意または善意有過失でないこと（民93条）
② 虚偽表示でないこと（民94条）
③ 錯誤による意思表示でないこと（民95条）
④ 詐欺・強迫による意思表示でないこと（民96条）

民法は、私的な法律関係の形成について当事者の自由な意思に委ねている（契約自由の原則）。しかし、契約の当事者に、表示行為に対応する内心

的な効果意思がない場合（**意思の不存在〔欠缺〕**）や表示行為に対応する効果意思はあるが、効果意思を形成する際の動機に他人の詐欺・強迫が作用したために、意思表示の効力を維持するのが適当ではない場合（**瑕疵ある意思表示**）には、契約の有効性が否定されている。

ここで注意すべきなのは、当事者に関する有効要件としての制限行為能力者の行為と主観的有効要件である詐欺・強迫による意思表示が「**取消し**」**の問題**とされていることである。なぜ、**主体に関する有効要件と主観的有効要件に関して、「無効」と「取消し」の二つに分けられているのか**を考えてみよう。

(2) 無効と取消し

(a) 意義

そもそも、**無効**とは、文字どおりで、契約が成立したとしても、その「効力が無い」ということで、完全な純粋の無効（**完全無効・絶対的無効**）とは、次の内容を有する。

① すべての者が利益を有する限り無効の主張をすることができる。ただし、取消しにより無効とされる場合には、取消後においてのみ主張することができる。
② 誰に対しても無効を主張できる。
③ 追認により有効とされることはない。
④ いつまでも無効を主張できる。

この法律行為の無効は、二つの機能を持つ。第1に、その法律行為から発生するはずであった債務が未履行の場合には、履行請求に対してその法律行為の無効を抗弁として主張できる。第2に、給付が履行済みの場合には、その返還請求権（物権的返還請求権または不当利得返還請求権）が発生する。

他方、**取消し**とは、取消権者による取消しの意思表示があるまでは有効であり、取り消されれば遡及的に無効であったものとみなされる（民121条本文）。また、遡及的に無効になることから、給付したものは不当利得返還請求権（民703条・704条）または物権的返還請求権によって取り戻すことができることになる。もっとも、取消原因が制限行為能力にあるときは、制限行為能力者の返還義務の範囲は、現存利益に軽減される（民121条ただし書）。取消しは、単独行為であり、取消権者の一方的意思表示によって取消しの効果が生じる形成権の一つである。

(b) 無効と取消しの違い

では、無効と取消しはどのように違うのか。まず、基本的効果については、無効の場合には初めから契約の効力は否定されているのに対して、取消しの場合には、「取り消す」という別の取消権行使の行為がなされてはじめて契約の効力が否定される。別の言い方をすると、無効な行為は**何もしなくても効力を持たないが、取消しの対象となる行為は「取り消す」という行為をしないと効力が否定されない**（＝有効のままである）。したがって、詐欺・強迫や制限行為能力の効果は「取消し」であるというのは正確ではなく、厳密にいえば、有効であるが「取消可能」であるということである。

　以上のうち、取消しについては民法120条・121条に明文の規定がある。これらの規定から、取り消すという行為が必要なこと、取り消すまでは契約は有効であることが理解される。これに対して、無効については明文の規定はない。「無効」という言葉から内容は明らかであるともいえるが、強いていえば民法119条を挙げることができる。同条は「追認」しても、無効は有効に変わらないとしているが、これは何もしなくても無効は無効であることを前提とした規定である。

　さらに、以上のような無効と取消しの基本的効果以外に、①主張権者、②主張期間、③追認の効果、④法定追認について違いがある。

　まず、①**主張権者の問題**があるが、無効はその主張をしなくても無効である。あるいは、誰でもいつでも主張できるといってよい。これに対して、取消しには「取り消す」という意思表示が必要になるが、取消しの意思表示をすることができる者は限定されている。民法120条が規定するように、制限行為能力者自身、あるいは瑕疵ある意思表示をした者（詐欺・強迫を受けた者）の側の者（本人・代理人および相続人のような承継人）だけが取消権を行使できる。**取消しは、表意者を保護するために認められた制度**であるから、取消しの主張をなしうる人が表意者自身およびその関係者に限定されているのである。

　そして、②**主張期間**であるが、無効について期間制限はないが、取消権は一定の期間内に行使しないと、もはや行使できなくなる。民法126条の定める5年および20年という期間がその期間である。

　また、③**追認の効果**と④**法定追認**については、次のような違いがある。取消可能な行為（一応有効な行為）については、取消権者が追認すると、契約時から確定的に有効だったことになる（民122条）。追認の一般的な方法・要件については民法123条・124条に規定されているが、一定のこ

とをするとそれで追認したことにされてしまう法定追認（民125条）も認められている。他方、無効の場合には追認ができず、無効原因があったことを知ったうえで、例えば、錯誤があった場合でも「あれでよい」と確認した場合には、その時点から新たに契約をしたものとみなされる（民119条）。

(c) 無効と取消しの振り分け

(ア) 民法における無効・取消し

　意思表示・法律行為を「無効」とするか「取消し」とするかは、基本的には、あくまで**法政策の問題**である。

　法政策上両者を分けるポイントを提示すれば、①**意思表示の瑕疵の重大さの度合い**（効果意思が不存在か、効果意思があるとしてもその形成過程に問題があるかなど）、また、②条文・制度が**保護しようとしている利益は何か**、という点であり、そのような視点を持つと無効と取消しを理解しやすい。

　民法は、法律効果の発生を欲するところの内心的な効果意思（効果意思・内心的効果意思）を欠いた場合には、表示に対応する意思を欠く**意思の不存在**（民101条1項参照）とし、法律行為の要素である意思表示もまた存在しないので、このような法律行為を「無」に等しい意味で**無効**としている。つまり、その表示に対応する効果意思が不存在という観点から、心裡留保（民93条）・虚偽表示（民94条）・錯誤（民95条）は明文の規定をもって無効とされている（①の観点）。また、詐欺・強迫のように効果意思の形成過程に問題があるだけで効果意思が存在している場合には、無効という効果は重すぎると評価し（①の観点）、詐欺・強迫の制度は表意者保護を趣旨とするから、その契約を無効とするか否かの判断は保護の対象である表意者の意思に委ねるべきであり、取消しとする（②の観点）。また、公序良俗（民90条）や強行法規（民91条）は公益保護の観点から、契約当事者の主張如何を問わず絶対的に無効にすべきとされていると考えることができる（②の観点）。

(イ) 会社法における無効

　会社に代表される法人は、会社自体が独立して企業活動を行う「人」であるといっても、法人そのものは自然人のように意思決定とそれに基づく意思表示ができるものではない。肉体をもった自然人なら「よしこれを買おう」と頭脳で考え意思決定し、「これを下さい」と指で示し、同時に口で言葉を表すという方法で意思表示を行うことができるが、会社の実体は社団すなわち人の集まりであるから、肉体として、意思決定する頭脳を持

自然人の意思表示と法人の意思表示

人の区別 意思表示 の要素	自然人	法人	
		日常業務に関する意思表示の場合	重要事項（会362条4項各号）に関する意思表示の場合
表示行為	口と頭脳が同一人にある	口と頭脳が代表者個人にあり、代表者個人で内心的効果意思の決定を行い、自身で表示行為を行う	代表者は法人の口としての役割
内心的効果意思			取締役会または株主総会は、法人の内心的効果意思を決定する役割（頭脳としての役割）

たないし、また意思を表示する口を持つわけでもない。そこで、会社法は、株式会社においては、頭脳を持ち、口を持った1人の自然人または複数の自然人が意思決定をし、それを代表権を有する者が取引相手に向かって表示したときに、会社の意思決定があり、会社の意思表示があったと評価する。

　この場合、**誰の意思が会社の意思となるか予め決めておく必要**があるが、具体的な特定の人というわけにはいかないため、会社の地位として「機関」が定められている。「機関」という語は、生物体を構成する一部分を意味する「器官」という語から発したものであり、頭脳という器官が意思を決定し、指や口という器官で表示することが、人の意思決定であり意思表示であるように、原則として、**株主総会や取締役会という機関が意思決定（効果意思の形成に対応）し、代表取締役という機関が代表行為を行った場合（表示に対応）**に、会社の意思決定があり会社の行為があったものとするのである（もっとも、日常業務に関して代表取締役自身が意思決定をなし代表行為を行う場合や、株主総会決議そのものが会社の意思表示となる場合もある）。したがって、株主総会や取締役会の決定を要する行為についてその決定を得ずに（効果意思の欠缺）、代表取締役が独断でその行為を行った（表示行為）場合には、**原則として、その行為は無効**になるのである。

② 会社の意思表示の内部的問題

(1)　株主総会決議の無効・取消し
(a)　株主総会決議の取消しと法律関係の安定性

株主総会は会社の最高の意思決定機関であるから、そこでなされる決議は、会社の意思表示（意思表示における効果意思の形成）となる。そして、株主総会という合議制の機関を通じてなす社団法的な意思表示であって、自然人個人が行う行為とは異なるが、法律行為の一種である。

　通常の法律行為の場合、民法上、意思表示に何らかの瑕疵がある場合につき、不成立や無効・取消しの規定が設けられているが、商法・会社法が特に取消しについて規定していないとすれば、会社の意思表示である**株主総会の決議については、不成立と無効のみが問題となるはず**である。総会決議という社団法的な法律行為（意思表示）の成立要件は、招集、議事、議決に関する会社法の定める法定手続の履践であり、その有効要件は、決議の内容につき、確定しており、実現可能であり、公序良俗に反せず、かつ適法であることである。したがって、会社法に規定がないとしたら、招集、議事、議決に関する法定手続が履践されなかった場合には**決議は不成立**であり（このように、法律行為が必要な形式を欠いて成立していない場合に法律効果が生じないことを**不成立無効**という）、決議の内容が不確定、実現不可能、公序良俗違反、または強行法規違反であった場合には**決議は無効**となり、いずれにしてもその効力は生じないことになるのである（法律行為が必要な形式を備えて成立しているが、実質的に必要な要件を欠く場合の無効を**成立無効**という）。

　ところが、株主総会の決議について常に不成立・不存在または無効であるとしてしまうと、会社をめぐる利害関係者の多いこと、あるいは決議を前提にして多くの法律関係が展開していることなどから、利害関係者に不測の損害を被らせるおそれが出てきてしまう。会社法は、**法律関係の安定性と集団的画一性を図る**立場から、決議の瑕疵の程度を分け、**瑕疵の軽重に従って瑕疵に関する主張の制度を設けている**。

(b)　株主総会決議の瑕疵と二つの座標軸

　会社法上、株主総会決議の瑕疵は「**決議のどのような点が問題か**」と「**その問題はどのようなルールに違反するか**」という二つの座標軸によって切り分け、**瑕疵が軽微といえる場合には「取消し」**という法的効果を与え、かつ訴えによってのみその取消しを主張できるとしている。

　まず、「決議のどのような点が問題か」という観点からは、手続の瑕疵と内容の瑕疵の二つに区分される。前者は株主総会の招集手続ないし議事手続（法令上は「決議方法」と呼ばれる）における欠陥であり、後者は株主総会決議の内容そのものの欠陥である。

株主総会決議に瑕疵がある場合の分類

	決議内容	招集手続・決議方法
法令違反	決議無効 （会830条2項）	決議取消し （会831条1項1号） ※程度が著しいと、決議不存在 （会830条1項）になりうる
定款違反	決議取消し （会831条1項2号）	
著しく不公正		
著しく不当	決議取消し （会831条1項3号） ※特別の利害関係を有する者が議決権を行使したことによって決議が成立した場合に限定される	

次に、「その問題は何に違反しているのか」という観点である。会社法上「法令」違反、「定款」違反、「著しく不公正」、「著しく不当」という4分類がある。「著しく不公正」や「著しく不当」は、法令にも定款にも反していないが、株主利益の保護の観点から放置できないような問題が存在することを指し、「著しく不公正」（831条1項1号）は、手続面において問題とされるもので、「著しく不当な決議」（同3号）は決議の内容面で問題とされるものである。

決議に瑕疵がある場合、決議の効力はどうなるか。会社法の規定をまとめると上の表のようになる。

決議無効とされるのは、**決議内容が法令違反の場合だけ**であり、また**決議不存在**とされるのは、手続の瑕疵の程度が著しく、決議が存在したと評価できない場合だけである。それ以外は、決議は有効で単に**決議取消しが可能になるだけ**である。このような区分がなされているのは、瑕疵が比較的軽微と考えられる場合には、会社をめぐる集団的な法律関係の安定性を早期に確保することが望ましいからである。そして、招集手続・決議方法の瑕疵は、株主総会決議という意思表示の形成過程の瑕疵にすぎず、軽微な瑕疵と考えられることから取消事由とされている（会831条1項1号）。民法でも、効果意思があるとしてもその形成過程に問題がある場合には詐欺・強迫（民96条）として「取消し」という法律効果を与えられており、**効果意思の形成過程の瑕疵に「取消し」という法的効果が与えられている**

という点において、会社法と民法は共通の評価をしている。

　もっとも、決議内容の「法令」違反は決議無効となるにもかかわらず、**決議内容の「定款」違反の場合には取消事由**にしかされていない。定款は会社の根本規則であるから、その内容に違反するのは重大な瑕疵といえそうであり、実際に1981年（昭和56）年改正前まではこれは決議の無効原因とされていた。しかし、定款は会社の内部の自治法であり、これに対する違背の瑕疵は、会社関係者のみにその主張をさせれば足りること、また、例えば定款で定めた数を超える数の取締役を選任したような場合、先に定款変更をすべきであったのにこれを怠ったという点では手続違反とみることもできるとの考え方から、取消原因とされた。このように、定款違反は会社関係者のみに主張をさせれば足りるとの評価が、「取消し」という法的効果の付与につながっている。

(c)　株主総会決議取消しの訴え

(ア)　趣旨

　すでに簡単に言及したが、各論的な問題に移る前に改めて説明しておこう。会社法は、株主総会の決議の成立手続に法令・定款違反がある、決議内容に定款違反があるなどの一定の場合に、その決議の取消しの訴えを認めている（会831条1項）。決議はそれ自体が一つの法律手続であるから、決議の成立手続に欠陥がある場合には、決議の内容が違法な場合と同様、決議は効力を有しないはずである。しかし、決議の瑕疵の中でも**手続上の瑕疵は、決議の瑕疵としては比較的軽微**であり、時の経過とともにその判定も困難になる。また、決議の内容上の瑕疵が**定款の違反にとどまる場合**には、それを問題にするか否かは会社関係者に任せて差支えないことなどを考慮し、会社法はそれらの瑕疵のある決議を**当然には無効としないで、一定の者が一定の期間内に訴えによってのみこれを無効とする**ことができるものとしたのである。

　民法上、取消権者は一方的意思表示によって取消しの効果を生じさせることができ、**取消権は形成権の一種**である。そして、取消しは、訴えの方法による必要はなく一定の要式が必要なわけでもない。しかし、株主総会決議を取り消すために訴えを必要とするのは、株主総会決議により新たな法律関係が構築されており、軽微な瑕疵によってその決議の効力を否定することは、法的安定性の観点から妥当ではないと考えられるからである。

(イ)　提訴期間（除斥期間）と取消権の行使期間（時効期間）

　株主総会決議取消しの訴えは、決議の日から3カ月以内に、提起しなけ

ればならない（会831条1項）。これは、次に説明する民法の取消権の権利行使期間と比較すると極めて短い期間であるといえるが、**決議の不確定な有効状態を早期に確定して、法的安定性を確保する**ことを趣旨とする（法的安定性・法的確実主義）。また、同様の見地から、提起期間には中断がなく、期間内に権利行使がされなければ権利が消滅するとされる除斥期間と解されている（最判昭和51・12・24民集30巻11号1076頁）。

　他方、民法で定める取消権の行使期間は、短期の期間制限として追認することができる時から5年間（民126条前段）、長期の期間制限として行為の時から20年間（同条後段）とされている。例えば、制限行為能力者が能力を回復することなく、また法定代理人も選任されていない状態が長期化する場合に、短期の期間制限だけでは際限なく取消しができる状態が続いてしまうので、債権または所有権以外の時効と同様に20年の期間（民167条2項）を経過した場合には取消権を行使できないものとされている。民法126条の短期・長期の期間ともに起草者は消滅時効の期間と意識しており、判例も同様に解している。株主総会の決議取消しの提訴期間は、除斥期間であり、3カ月間と極めて短いが、**株主総会の決議に基づき、多くの利害関係者による法律関係が形成される**ことになるため、個別の契約が対象となる**民法の取消しとは比較にならない程に、効力の早期確定と法的安定性の確保が要請される**のである。

(ウ)　判決効と取消しの効果の人的範囲

　株主総会決議取消判決の効力は、取り消す判決が確定した場合には、**第三者にも効力が及ぶ**（会838条）。そもそも、民事訴訟法上、確定判決の効力は原則として当事者間でしか生じない（民訴115条1項1号）。なぜなら、訴訟において主張・裁判資料の提出等の手続保障が尽くされているのは当事者であり、その人的範囲の限りで判決の拘束力を認めることが相当だからである。しかし、決議取消しの判決の効力を第三者にまで及ぼさないと、**決議の効力について異なる利害関係者の間で異なる結果が導かれるおそれ**があるので、会社法は判決の効力の及ぶ範囲を拡張し、法律関係の集団的・画一的な確定を図っている。

　この点、民法における取消しの効果も、原則として、**すべての人に対して主張でき**、取消権の遡及効（民121条本文）の結果、取消し前に利害関係に入ってきた者に対しても主張することができる。ただし、**詐欺による取消しの効果は、取消し前に利害関係に入った「善意の第三者」に対して主張できない**（民96条3項）。他方、株主総会決議取消しの訴えにおいて

は、例外的に第三者への取消しの効果が波及することを否定する仕組みはない。

(エ) 遡及効

さらに、株主総会決議を取り消す判決については、**判決の遡及効を制限する規定がない**（会社の組織に関する訴えに基づく判決について遡及効が制限される場合が会社法839条に規定されているが、株主総会決議取消しの訴えの判決の場合はこの839条に規定されていない）。民法において取消しの遡及効を認める理由は、取消しの原因となる瑕疵は法律行為がなされた時点で存在するから、その時点から無効とするのが合理的だからである。株主総会決議の取消判決の場合にも、取消しの一般論と同様に、遡及効が認められている。ただ、この点、株主総会で選任された取締役が会社を代表して対外的取引を行い、その後に当該株主総会決議が取り消された場合に、選任決議は遡って無効となり、無権限のうちになされた当該取引が無効になれば取引の安全が害されるため、遡及効を否定すべきとの問題提起もされている。しかし、会社との取引関係に立った善意（無過失）の第三者は、不実登記の規定（会908条2項）、あるいはその他の外観保護規定（民109条）によって保護されるから、法文にないにもかかわらず、あえて遡及効を否定する必要はない。判例も、計算書類承認決議の取消判決について、遡及効を認めることを前提とした判断をしている（最判昭和58・6・7民集37巻5号517頁）。

(d) 株主総会決議不存在・無効確認の訴え

株主総会の決議が事実上または法律上存在しない場合またはその決議の内容が法令に違反して無効である場合（株主の追加出資義務を定める決議・株主平等の原則に反する決議など）には、民法の原則どおり、誰でも誰に対しても、いかなる方法によっても、またいかなる時期においても、その決議の不存在または無効を主張することができ、必要であれば**不存在の確認の訴え**（会830条1項）または**無効確認の訴え**（同条2項）を提起することができる。

この決議の不存在または無効確認の訴えは確認の訴えではあるが、法律関係の集団的画一性を図るために、その判決は第三者に対してもその効力を有するものとされる（会838条）。これは、判決の効力は原則として訴訟当事者間（民訴115条1項1号）にしか及ばないとされている通常の不存在・無効確認訴訟と異なる。このような強い効力を欲する利害関係者は、訴えを提起して不存在確認判決や無効確認判決を獲得すべきであるという

制度設計になっているのである。
(2) 会社法における取締役会決議の無効
(a) 取締役会決議の瑕疵
　取締役会決議には、株主総会決議の瑕疵のように、決議取消訴訟、決議無効・不存在確認訴訟といった**特別の訴訟制度は設けられていない**。株主総会の決議事項について、特別の訴訟制度が設けられているのは、株主総会で決議される内容は、原則として、**会社組織に係る重要事項**であり、多数の利害関係者の重大な利害に関わるため、法律関係の集団的・画一的確定が特に求められるからである。そのような要請がない取締役会の決議は、その瑕疵が、**手続的瑕疵であっても内容的瑕疵であっても、原則として当該決議は無効**であり、利害関係者は、誰に対しても、いつでもどのような方法によっても、その無効を主張することができる。
　取締役会の決議も、株主総会決議と同様に、**会社の意思表示（意思表示における効果意思の形成）**ということができる。そして、取締役会の決議は、取締役会という合議制の機関を通じてなす社団法的な意思表示であって、自然人個人が行う契約などのような個人法的な行為とは異なるが、法律行為の一種である。また、商法・会社法が特に取消しについて規定していなければ、会社の意思表示である取締役会決議についても**不成立と無効のみが問題となるはず**である。さらに、取締役会決議という社団法的な法律行為（意思表示）の成立要件は、招集、議事、議決に関する会社法の定める法定手続（会社法の定める手続規定は強行法規である）の履践であり、その有効要件は、目的すなわち決議の内容が確定し、実現可能であり、公序良俗に反せず、かつ適法であることである。したがって、招集、議事、議決に関する法定手続が履践されなかった場合には**決議は不成立**であり（手続に関する強行法規違反として「不成立無効」）、決議の内容が不確定、実現不可能、公序良俗違反、または強行法規違反であった場合には**決議は無効**となり、いずれにしてもその効力は生じないことになるのである（「成立無効」）。
　決議の瑕疵としては、招集手続（招集権者以外の者による招集や招集通知漏れ）や採決手続（定足数不足や特別利害関係にある取締役の議決参加）のような手続的瑕疵と、決議内容（法令定款違反や株主総会決議違反）の瑕疵が挙げられ、株主総会決議の瑕疵の問題と同様である。
(b) 取締役会決議の有効性の判断基準
　本来、取締役会の招集通知漏れを含む手続的な瑕疵につき、まず、会社法上の手続規定（強行法規）に反する法令違反であり（民91条）、また、

会社法上、そのような**手続的な瑕疵に関して特別規定が置かれていない**ことから、そのような手続違背がある場合の取締役会決議は無効とされるべきである。しかし、学説上、明文の規定はないが、**軽微な手続上の瑕疵の場合には、その瑕疵により取締役会決議が当然に無効になるものではない**と理解されており、**取締役会決議の有効性の判断**として、株主総会決議取消しの訴えにおける「**裁量棄却**」**とパラレル**に処理されるべきという説明がされる。

裁量棄却とは、株主総会決議取消しの訴えにおける取消事由が存在する場合でも、裁判所が当該決議の取消しを否定する制度であり（会831条2項）、①違反する事実が重大でなく、かつ、②決議に影響を及ぼさないものであると認めるときは、裁判所は株主総会決議取消しの訴えを棄却することができる。その趣旨は、**ごく些細な瑕疵によって株主総会のやり直しというコストを生じさせることを防ぎ、濫訴を防止する**ことにある（法的安定性・法的確実主義）。このような裁量棄却に関する規定の趣旨を取締役会決議の瑕疵に及ぼすことができると考えられている。

そして、裁判例においても、手続的な瑕疵のうち、取締役会の開催において一部の取締役に招集通知が欠けていた場合の取締役会の決議の効力について、「招集手続に瑕疵があるときは、特段の事情のないかぎり、右瑕疵のある招集手続に基づいて開かれた取締役会の決議は無効になると解すべきであるが、この場合においても、その取締役が出席してもなお決議の結果に影響がないと認めるべき特段の事情があるときは、右の瑕疵は決議の効力に影響がないものとして、決議は有効になると解するのが相当である」とされている（最判昭和44・12・2民集23巻12号2396頁）。

③ 会社の意思表示の外部的な表示に関する問題

(1) 会社による意思表示の外部的な表示の問題と民法における相対的無効

前述のように、民法においては、詐欺・強迫の場合は、効果意思の形成過程に瑕疵があるが、効果意思が存在することを前提として、表意者保護の観点から取消しとされ、詐欺・強迫をされた者に取消権が与えられている。しかし、法律効果が「無効」とされている錯誤（民95条）の趣旨も、錯誤をした表意者を保護するものであることからすれば、誰にでも無効主張を認める必要はなく、保護されるべき表意者だけに無効主張を認めればよいはずである。

そこで、判例は、**錯誤者だけが錯誤無効を主張できる**ことを前提とし、

錯誤者の債権者は、①錯誤者に対する債権の保全の必要性、②錯誤者の承認、がある場合に限って錯誤者に代わり錯誤無効を主張できるとする（最判昭和45・3・26民集24巻3号151頁）。これらのことから、民法改正案95条1項では、錯誤に基づく意思表示は、「取り消すことができる」としており、その効果が無効から取消しに改められて、また、意思無能力による無効も、意思無能力者を保護するための制度であるから、その者の側からだけ無効が主張できるとされている。

このように、無効を主張できる者が**表意者に限られるとすれば、取消しに接近**することになる。そこで、一方当事者の利益を保護するための法律行為の無効は、解釈上、無効（原則的な無効形態で**絶対的無効**と呼ばれているもの）と取消しの中間のような効果を認める**取消的無効**と呼ばれる。また、この取消的無効は、絶対的無効の反対概念として**相対的無効**とも呼ばれることがある。ただ、相対的無効という用語は多義的である。

相対的無効は、①無効の主張権者につき人的制限があるか否かを基準とする場合（**主張権者に関する相対的無効**と呼べるもの）のほかに、②無効の第三者への対抗につき人的制限を基準とする場合（**第三者への対抗に関する相対的無効**と呼べるもの）の意味で用いられることがあり、**どのような意味で相対的無効の用語が使われているかには注意**をする必要がある。①の例としては、先に説明した錯誤や意思無能力の無効の場合があり（無効の主張権者について人的制限が問題となる無効は**狭義の相対的無効**である）、②の例としては民法94条2項により善意の第三者に無効を対抗できない場合が挙げられる（前者の狭義の相対的無効と後者の相対的無効を合わせたものが、**広義の相対的無効**とされている）。このように、民法において「無効」が問題とされる場合、**無効の具体的な内容**に留意する必要がある。

そして、会社法で問題とされる「無効」でも、相対的無効が問題となる場面がある。これまでの説明を前提に考えてみよう。

(2) **会社法における相対的無効**

(a) **重要な財産の処分・多額の借財等が取締役会決議なく行われた場合**

まず、取締役会の決議事項とされている「重要な財産の処分及び譲受け」（会362条4項1号）や「多額の借財」（同項2号）について、代表取締役が、**取締役会決議なしに行った場合の効果**について考えてみよう。

取締役会設置会社では、重要な経営事項についての慎重な決定を求めるとともに代表取締役の専横を防止するために、業務執行の決定は取締役会が行うのが原則であるが（会362条2項1号）、取締役会は、重要事項以外

については、これを個々の取締役に委任することもできる（同条4項）。これに対して、実行行為としての業務の執行を、会議体である取締役会が行うことはできず、権限のある個々の取締役がこれを行うことになるが、会社を代表して取引を行う対外的な業務執行は代表取締役によって行われ、その代表取締役は、会社の業務に関する包括的な代表権限を有している（会349条4項）。つまり、**代表取締役**は**取締役会から業務執行の決定の委任を受けることができ**、かつ**業務執行に関する包括的な代表権限を有している**が、会社法362条4項各号に定める**重要事項を行う場合には取締役会の決定が必要**となっている。

代表取締役が、取締役会の重要事項に関する決議を経ないで対外的な業務執行をした場合に、判例は、その取引行為は、内部的な意思決定を欠くにとどまるから、**原則として有効**であって、ただ、相手方がその決議を経ていないことを知り（**悪意**）または知り得べかりしとき（**善意有過失**）に限って、**無効**であるとしている（最判昭和40・9・22民集19巻6号1656頁）。判例は、**取締役会決議と代表取締役の行為とを真意（効果意思）と表示の関係**とみて、それが一致していない点を捉えて、表意者が表示行為に対応する効果意思のないことを認識ながら意思表示をする「心裡留保」（民93条ただし書）に近いものと考えている（心裡留保説）。

それでは、取締役会の決議を経ていないことを理由として取引が無効になるとして、それを会社・相手方の双方とも主張できるか、つまり**主張権者が制限されるか**問題となる。前述のように、重要事項について取締役会の決定を求める会社法362条4項各号の趣旨は、重要な経営事項についての慎重な決定を求めるとともに代表取締役の専横を防止することにある。また、特に、「重要な財産の処分及び譲受け」（同項1号）と「多額の借財」（同項2号）に取締役会の決定を求める趣旨は、これらの行為は会社の事業活動に影響を及ぼすことになるため、必ず取締役会において審議され、そこで賛同した取締役が会社に対する責任を負う形をとりながら、取締役会の決議により決定することを求めることにある。そこで、同項1号・2号は**会社の利益を保護する趣旨**であるから、その無効主張も**会社の意思に委ねるべき**と考えられる。判例も、原則として当該会社のみが無効主張をすることができ、当該会社以外の者は特段の事情（会社の取締役会が無効を主張する旨の決議をしている等）がない限り取引の無効を主張できないとしている（最判平成21・4・17民集63巻4号535頁）。

この点、民法93条ただし書の**心裡留保無効の主張権者が制限されるか**

第3章　無効と取消し　81

につき、相手方からの無効主張は認められないとする**相対的無効説**と相手方からの無効主張を認める**絶対的無効説**の争いがある。ただ、最近の学説は絶対的無効説が多く、相手方が悪意の場合、相手方からの無効主張が許されるとされ、実質的に考え、民法 93 条本文は相手方を保護する規定であるから、その相手方が無効でよいというなら認めて差支えないとされている。

このように、最高裁判例は、取締役会の重要事項に関する決議を経ないでした代表取締役の行為について民法 93 条ただし書を類推適用するとする「心裡留保説」の立場をとるが、その民法 93 条ただし書の無効については絶対的無効説の考え方ではなく、**重要事項に関する決議の制度趣旨を考慮して主張権者を限定する相対的無効説**の考え方をとっていると評価できる。

ところで、この議論に関連して、自己または第三者の利益のため表面上は会社の代表者として法律行為をする**「代表権濫用」の効力の問題**がある。判例は民法 93 条ただし書を類推適用しているが（心裡留保説）、この代表権濫用における心裡留保説と、重要な財産の処分・多額の借財などが取締役会決議なしに行われた場合の心裡留保説には違いがあり、この違いについては第 4 章において説明する。

(b) 取締役会の承認を受けない利益相反取引の効力

(ア) 直接取引と間接取引

利益相反取引とは、取締役が自己または第三者のために会社と取引をするとき（**直接取引**といわれる）や、会社が取締役以外の者との間で、これと同様の危険を会社にもたらすような会社・取締役間の利害が相反する取引をするとき（**間接取引**といわれる）のことをいう。直接取引は、例えば、取締役自身が当事者として会社に財産を譲り渡す場合に、その価格を不当に高く定めれば、その分、会社は不利益を被ることになるとき、また、取締役が、他人の代理人・代表者として会社の財産を譲り受ける場合に、その価格を不当に安く定め、その分、会社が不利益を被るようなときである。他方、間接取引は、例えば、会社による取締役の債務の保証行為、債務引受行為、物上保証行為などのように、会社・第三者間の取引であって外形的・客観的に会社の犠牲において取締役に利益が生ずることになる行為である。

会社法では、このような**取締役の利益相反取引に関する規制**を定め（会 356 条・365 条）、利益相反取引をしようとするときは、取締役会（取締役

直接取引の事例の整理

	会社A	取引の相手方	
		取締役自身B	第三者C
①	取締役Bは会社Aを代表せず、代表者が代表行為	B	
②〔民法：自己契約〕	取締役Bが会社Aを代表	B	
③	取締役Bは会社Aを代表せず、代表者が代表行為		取締役BがCを代表
④〔民法：双方代理〕	取締役Bが会社Aを代表		取締役BがCを代表

会が設置されていない会社の場合には株主総会）においてその取引につき重要な事実を開示し、その承認を受けなければならないとされている（会356条1項・365条1項）。その趣旨は、**取締役が会社の利益を犠牲にして自己または第三者の利益を図る危険性の大きい行為を類型化**し、取締役が当該行為を行うこと、あるいは会社が取締役の利益を図るような行為を行うことにつき規制することにある。

　取締役の承認を受けない利益相反取引の効力を検討するうえでは、上で説明をした①直接取引と②間接取引を分けて検討する必要がある。そして、利益相反取引の有効・無効を考えるには、「第三者」が会社の法律行為の直接の相手方として問題となる間接取引および直接取引からの転得者である「第三者」が登場する事例に分けて考える必要がある。

(イ)　取締役会の承認を受けない利益相反取引の効力と直接取引

　まず、会社法356条1項2号の文言から、想定される**直接取引の事例**を考えてみよう。同号は文言上「取締役が自己又は第三者のために株式会社と取引をしようとするとき」としており、会社との取引の相手方となる取締役は当該会社の代表取締役である必要はなく、また、当該会社を代表して取引をすることを求めていない。そこで、まず、「取締役が自己……のために株式会社と取引」をする場合としては、①会社Aの取締役Bが取引の相手方となり、当該取引においてBが会社Aを代表しない場合、および、②会社Aの取締役Bが取引の相手方となり、当該取引においてBが会社Aを代表する場合の二つの場合が考えられる。次に、「取締役が

第3章　無効と取消し　83

……第三者のために株式会社と取引」する場合としては、③会社Aの取締役Bが会社Aを代表せず、他方で会社C（第三者）を代表して取引をする場合、および、④会社Aの取締役Bが会社Aを代表して、かつ会社C（第三者）を代表として取引をする場合の二つが考えられる。このとおり、直接取引の事例は合計で四つの場合に分けることができる。

　このうち②は、取締役Bは契約の当事者となる一方で会社Aの代表者（代理人）として契約をする関係に立つので、民法108条で原則禁止とされている**自己契約**に該当し、④については、Bが会社Aと会社Cの双方の代表者（代理人）として契約を締結する関係に立つので同じく民法108条で原則禁止とされている**双方代理**に該当する。自己契約・双方代理は、本人の利益のために行動する忠実義務が全うされない危険があることから、民法108条で原則として禁止されている。同条に違反する自己契約・双方代理は無権代理行為として未確定的無効・不確定的無効（効果不帰属）となるが、その例外として、債務の履行行為および本人が予め許諾した行為について確定的に有効（効果帰属）になることが認められている（民108条ただし書）。

　そこで、承認を欠く②④の直接取引には民法108条の規定が適用されることから（会356条2項の反対解釈）、承認手続を経ていない利益相反取引は一種の無権代理人（代表権限のない代表者）の行為として未確定的無効・不確定的無効（効果不帰属）となり、会社は、**直接取引の相手方に対し、取引の無効（効果不帰属）を主張して遡及的に原状回復をすることができ**る。他方、①③の場合には、民法における自己契約・双方代理に該当するケースではなく、民法108条の規定が適用されない（なお、民法108条は、代理人は本人に対して忠実義務を負うことを前提としており、自己契約・双方代理そのものに該当しないが本人と代理人の利益が相反する行為にも、拡張解釈ないし類推適用されている）。しかし、会社法356条1項2号は、前述の利益相反取引規制の趣旨から、その**適用範囲を①③の場合にも広げ**、それらの行為について自己契約・双方代理に準じる代理行為（代表行為）と捉えて**一種の無権代理人（代表権のない代表者）の行為として評価している**と考えられる。そこで、承認を欠く①③の直接取引の法律効果も未確定的無効・不確定的無効（効果不帰属）となる。前述のように、利益相反取引規制は会社の利益を保護するためのものであるから、会社は直接取引の相手方に対し、取引の無効（効果不帰属）を主張することができる。そして、相手側から取引の無効を主張することはできない（最判昭和48・12・11民

集27巻11号1529頁）。つまり、この場合、主張権者に関する相対的無効が問題になる。なお、**取引後に**、**承認手続がなされた場合は**、**無権代理行為の追認**（民116条の類推適用）により、当該取引は最初から確定的に有効なものとなると考えられる。

㈦　直接取引における「第三者」と間接取引における「第三者」

　また、会社が取締役以外の者（第三者）との間で会社と取締役の利益が相反する取引をする間接取引についても、自己契約・双方代理に準じる代理行為（代表行為）であると考えられ、一種の無権代理人（代表権のない代表者）の行為として評価されると考えられる。そこで、次に、直接取引における「第三者」（転得者等）と間接取引における「第三者」（問題となる取締役との関係では第三者であるが、会社との直接の取引の当事者）との関係で、有効・無効が問題となる場合を考えてみる。

　会社が取締役のために債務引受をなしたケース（間接取引。最大判昭和43・12・25民集22巻13号3511頁）および会社からの取締役に対する手形の振出しの事例（直接取引）における手形の所持人（転得者）からの手形金請求のケース（最大判昭和46・10・13民集25巻7号900頁）において、判例は、取引安全の保護の見地から、会社は**第三者に悪意であることを主張・立証して初めて当該取引が無効であると主張できる**としている。そして、第三者の悪意とは、当該取引が規制対象である利益相反取引であること、および必要な承認機関の承認がないことの双方を対象としている（相対的無効説）（承認機関の承認がない場合の契約について無権代理行為〔無権代表行為〕と評価するのであれば、直接取引における第三者保護については、論理的には表見代理規定の適用が問題となる〔このような理論を採る権限踰越説・表見代理規定類推適用説がある〕ものであるが、判例はこの点については言及していない）。

　この判例の考え方は、間接取引においては、会社の取引の直接の相手方当事者への無効主張を問題とし、かつ、会社の利益を保護する観点から、相手側から取引の無効を主張することは認めないので、主張権者に関する相対的無効を問題としている。そして、その相手方が悪意である場合にのみ無効の主張ができるとしている。他方、直接取引における取引の直接の相手方当事者（取締役）ではない「第三者」が問題となるケースにおいては、承認手続を経ていない利益相反取引は一種の無権代理人（代表権限のない代表者）の行為として未確定的無効・不確定的無効（効果不帰属）となることを前提として、「第三者」に対しては、取引の安全の見地から会社

は、第三者が悪意であることを主張・立証して初めて当該取引が無効であると主張できるとし、第三者への対抗に関する相対的無効を問題としている（ただ、厳密にいえば、承認機関の承認を得ないでなされた利益相反行為に関する相対的無効の議論は、法律行為の有効要件の問題ではなく、効果帰属要件に関して、第三者との関係で、その存否が問題となるものである）。

(エ) 会社法に特有の「相対的無効」

　民法における相対的無効の理論によれば以上のように説明できる。しかし、会社法の議論では、前述の間接取引における悪意の相手方についての判例の考え方のように、直接の相手方が悪意または善意重過失である場合にのみ無効主張ができるという意味で、「相対的無効」という表現が用いられる場合がある。民法では、相手方の主観的態様によって無効か否かが決まる心裡留保（民93条）があるが、心裡留保については、前述のように主張権者に関する相対的無効についての議論があるものの、一般的には、主張権者を問題とすること以外の意味においての相対的無効は問題とはされていない。民法と異なり、会社法では、取引の相手方の保護の観点から、**取引の相手方の主観的態様によって有効・無効を決するという意味において「相対的無効」という言葉が使われる場合がある**ことに注意が必要である。以上をまとめると会社法では、①主張権者に関する相対的無効と②第三者への対抗に関する相対的無効に加えて、③**取引の相手方の主観的態様により有効・無効が変わる場合を相対的無効とするカテゴリー**も存在していることになる。

(c) 株主総会決議による承認を欠く事業譲渡の効力

　最後に、株主総会決議による承認を欠く事業譲渡の効力について考えよう。

　事業譲渡とは、①一定の事業目的のため組織化され、有機的一体として機能する財産（得意先関係等の経済的価値のある事実関係をも含む）の全部または重要な一部を譲渡し、これによって、②譲渡会社がその財産によって営んでいた事業活動の全部または重要な一部を譲受人に受け継がせ、③譲渡会社がその譲渡の限度に応じ法律上当然に（会21条）競業避止義務を負う結果を伴うものである（最大判昭和40・9・22民集19巻6号1600頁）。事業譲渡をする際には、その効力発生日の前日までに株主総会の特別決議によって当該事業譲渡にかかる契約の承認を受けなければならないのが原則であり（会467条1項柱書・309条2項11号）、承認がない場合には無効となる。これは、株主保護を趣旨とするものである。

そこで、**承認を欠く事業譲渡の無効主張**は、株主保護の観点から譲渡会社からしかできず、他方、譲受会社の取引安全の保護の観点から、譲受会社が悪意または善意重過失による場合にのみ無効主張が認められるとするのが論理的ともいえる（相対的無効説）。しかし、判例は、承認を欠いたまま行われた事業譲渡は**譲受会社の善意・悪意を問わず無効**であり、その無効は**譲受人の側からも主張できる**としている（最判昭和61・9・11判時1215号125頁：絶対的無効説）。ただし、同判例は**「特段の事情」により無効の主張が信義則上制限されるべき場合もある**とし、当該事案（譲渡後長期間経過した後に、譲受会社が譲渡代金の残額の支払を免れるために無効を主張した）の下での無効主張を許していない。

　判例の絶対的無効説の立場では、善意の譲受会社の取引の安全が害される可能性があるようにも思われる。しかし、株主総会決議による承認が必要な事業譲渡であるか否かにつき通常の慎重さを有する譲受会社に相当程度明確になっていると考えられ（判例は承認が必要な事業譲渡の定義を相当程度限定している）、相対的無効説のような形で取引の安全を図る必要はないことから、また、譲受人がいつ無効を主張されるかわからない不安定な立場に置かれることを避けることができるよう、譲受人からの無効主張も認めるべきと考えられる。

　このように、制度趣旨からすれば相対的無効が論理的であるとも思われるケースであっても、取引の相手方が置かれた立場等の様々な事情との衡量により、その無効の具体的意味が確定されることもあるのである。

【参考文献】
有効要件について　　　金井・学習180-185頁
無効と取消しの違いについて　　　大村・総則76-81頁／四宮＝能見278-281頁／内田・民法Ⅰ288-292頁／後藤・契約法31-34頁／椿久美子「取消的無効」椿寿夫編『法律行為無効の研究』231-273頁（日本評論社、2001）＊無効と取消しの関係について詳細な説明がなされているものであり、無効と取消しの関係について興味を持った場合には読んでもらいたい。
会社の意思表示の構造について　　　宮島・エッセンス160-161頁＊株式会社の機関における意思表示の問題について丁寧に記載されているので参考にしてもらいたい。
株主総会決議の無効・取消しについて　　　高橋ほか136-137頁〔久保大作〕＊株主総会決議の瑕疵について明確な視点で整理されているので、参考にしてもらいたい。／宮島214-215頁
株主総会決議取消しの訴えについて　　　大隅ほか・概説181-185頁／基本コンメ(3)379-383頁〔小林量〕／リークエ162-167頁〔松井秀征〕
株主総会決議不存在・無効確認の訴えについて　　　大隅ほか・概説185-187頁／リー

クエ 167-168 頁〔松井〕／基本コンメ(3) 376-378 頁〔小林〕
取締役会の瑕疵について　　　コンメ(8) 298-301 頁〔森本滋〕／高橋ほか 170-171 頁〔高橋美加〕／基本コンメ(2) 219-223 頁〔小林俊明〕
相対的無効について　　　村田彰「相対的無効・取消的無効」椿＝中舎・条文にない 296-300 頁／平野・総則 198-205 頁＊相対的無効について一般的なテキストでは触れられていない点の説明がなされているので、参考にしてもらいたい。／近江・講義Ⅰ 315-316 頁
重要な財産の処分・多額の借財などが取締役会決議なしに行われた場合について　　　リークエ 189-190 頁〔大杉謙一〕／高橋ほか 173-174 頁〔高橋美加〕／山田廣己「判比」会社法百選 134-135 頁／基本コンメ(2) 222-223 頁〔小林〕
会社法における利益相反取引と自己契約・双方代理について　　　／平野裕之「利益相反取引についての取締役の責任」潮見＝片木 103-111 頁＊会社法における利益相反取引を民法的な観点から分析した論考である。是非参考にしてもらいたい。
承認を受けない利益相反取引の効力について　　　リークエ 219-222〔伊藤靖史〕／高橋ほか 191-192 頁〔高橋〕／葉玉匡美『新・会社法 100 問』195 頁（ダイヤモンド社、第 2 版、2006）／コンメ(8) 86-90 頁〔北村雅史〕／逐条(4) 433-435 頁〔石山卓磨〕／基本コンメ(2) 160-167 頁〔丸山秀平〕／松井智予「取締役会の決議を欠く行為の効力」潮見＝片木 38-47 頁
株主総会決議による承認を欠く事業譲渡の効力について　　　リークエ 435-436 頁〔田中亘〕／高橋ほか 489-490 頁〔笠井武朗〕／コンメ⑿ 60-62 頁〔齊藤真紀〕／山下眞弘「判批」会社法百選 16-17 頁

第4章
代理・代表
顕名における原則と例外の逆転等

Introduction

　商法504条は、商行為の代理（商事代理）について定めています。この条文は、〔原則〕代理人が本人のためにすることを示さない場合（顕名をしない場合）であっても、その行為は本人に対して効力を生じ（同条本文）、ただし、〔例外〕相手方が、代理人が本人のためにすること（代理意思）を知らなかったときは、代理人に対して履行の請求をすることを妨げないとしています（同条ただし書）。つまり、商事代理については、〔原則〕顕名がなくても代理人の法律行為が本人に効果帰属し、〔例外〕もし相手方が代理人の代理意思を知らなかったときは、代理人に対して履行請求をすることができるのです。これに対して民法では、〔原則〕顕名がなければ代理人の法律効果は本人に帰属せず（民99条1項・100条本文）、〔例外〕法律行為の相手方が代理意思を知っていたとき、または知ることができたときに、本人に効果帰属します（民100条ただし書・99条1項）。**民法と商法では、原則と例外が逆転している**のです。

　このように、商事代理と民法上の代理は、条文上は原則と例外が逆なのですが、**代理制度の本質**から考えると、単純な説明では済みません。代理という他人に効力を発生させる制度の本質的な根拠が何であるかについては、代理人の法律行為につき本人に効力を発生させる機能を持つ**代理権**が本質であるとする考え方（代理権説）と**顕名**が代理意思（他人へ効力を発生させる意思）の表明であり、その意思を法律が承認するところに他人に効力を発生させることの根拠があるとする考え方（顕名説）の争いがあります。そこで、これら基本事項の争点の検討を基に、私法一般において、商事代理制度と民法上の代理制度のどちらが原則であるのかなど、二つの制度の関係を考えてみましょう。

　また、その議論の延長線上の問題として、代理とは異なる、自己の名に

第4章　代理・代表　89

おいて法律行為をすることによって、他人への効力を発生させる権限・資格である**授権（処分授権）**も考えてみます。授権の議論は、商法の**問屋の法律構成**の議論を理解するための基礎的理論です。そもそも、問屋の制度は、商品の供給者から提供された商品を自己の名で、しかし、商品供給者の計算において販売するもので、商品供給者と販売業者との契約は、基本的には、販売委託契約の性質を有します（商551条）。この問屋について、授権（処分授権）の説明を前提に、商法上、しばしば問題とされる**名義**と**計算**の意味も考えながら、法律構成を検討します。

次に、会社法では、取締役が株式会社を代表すること（会349条1項本文）、また、代表取締役（同項ただし書）という機関を置くことなどの規定において、**代表**という概念が使われます。この代表について、皆さんのような自然人が契約を締結する場合と比較しながら考えてみましょう。皆さん、この「代表」という概念を、あまり疑問を持たずに使っていると思いますが、**民法の「代理」とどの点が同じで、どの点が異なるか**、考えてみましょう。この点が十分に理解されていると、会社法の問題についての理解が深まるはずです。

会社法の問題としては、二つの大きな論点を取り上げます。まず、会社法では、**表見代表取締役**（会354条）の制度のように、民法の代理における**表見代理**と近い制度がありますので、これらを関連づけながら検討しましょう。また、これらに近い制度として、商法では自己の商号を他人に使用させて営業を行うことを許諾する**名板貸**の規定もありますので、みてみることにします。そして、代表取締役が自己または第三者の利益のために代表行為をした**代表権濫用**については、民法における**代理権濫用**に対応する議論がなされています。そこで、代表制度と代理制度の違いを踏まえて、表見代表取締役の制度と民法109条の代理権授与表示による表見代理との違い、そして代表権濫用と代理権濫用の違いについても考えてみましょう。

会社法の問題として検討した表見代表取締役規定や表見代理規定を含む取引安全の保護の規定では、取引の相手方保護について「過失」の有無が問題とされる場合が多いのですが、**取引安全の保護における「過失」は、損害賠償責任を積極的に負担させる要件としての「過失」（民709条など）と内容が異なります**。そこで、本章の最後に、取引安全の保護における「過失」について説明します。

① 代理とは

　民法の三大原則の一つに、**契約自由の原則**（私的自治の原則）があることは序において述べたとおりである。これは、個人が自由意思に基づき、自律的に契約関係を中心とする法律関係を形成することができるという原則である。この原則の裏を返せば、**他人によって勝手に自己の法律関係が形成されてはならない**ということにもなる。例えば、BさんがA勝手にさんのためにCさんから車を購入しても、Aさんと車の売主であるCさんとの間に売買契約が成立するわけではない。

　しかし、人がいかに自由な意思で周囲との法律関係を作っていくことができても、自分1人で活動できる範囲には限界がある。また、未成年者のように、判断能力が十分でない制限行為能力者の場合は、その人が十分な判断能力に基づく意思を持って行動できないのだから、誰かがその意思を補充する必要がある。

　そこで、民法は、自分に代わって他人に意思表示をしてもらい、それを自分のした意思表示として法律的な効果を発生させる制度を設けている。これが**代理制度**である。他人による行為に本人が拘束される代理制度は、契約自由の原則（私的自治の原則）の例外であるようにみえるが、自己の活動領域を拡大させるという意味において**私的自治の拡大**（次に説明する**任意代理**の場合）であり、制限行為能力者の意思・行動を補充するという意味において**私的自治の補充**（次に説明する**法定代理**の場合）である。

　代理制度を学習するうえでは、この「契約自由の原則」（私的自治の原則）との関係性をよく理解しておいてほしい。

② 法律行為の要件論における代理の位置づけ

(1) 代理の種類――任意代理と法定代理

　代理の種類としては、**本人の委託に基づくものか否か**という観点から任意代理と法定代理に分けることができる。

　任意代理とは、本人からの代理権を授与する意思表示によって代理権が付与される代理関係である（この代理権は任意代理権と呼ばれる）。民法はこれを「委任による代理」と称し（民104条・111条2項）、私的自治を拡大する機能を有するものとする。**法定代理**とは、本人の委託に基づかずに、法の規定により一定の者が当然に、また、裁判所により選定された者が代理人になる場合の代理である（この代理権は法定代理権と呼ばれる）。法定

代理については、①私的自治を補完するものとして、親権者（民818条・819条2項・824条）と後見人（民839条以下）の代理権があり、これらは財産の管理能力のない制限行為能力者の利益を保護するためのものである。②それ以外の法定代理としては、従来の住所または居所を去って容易に帰ってくる見込みのない者の財産を管理する不在者の財産管理人（民25条・26条）や相続財産の管理人（民952条1項）を挙げることができる。

(2) 法律行為の要件における位置づけ

以上のような代理制度は、法律行為の要件としてどこに位置づけられるだろうか。

序で説明をしたように、法律行為（主なものは契約）の要件として、①成立要件、②有効要件、③効果帰属要件、④効力発生要件が一般的には必要とされ、加えて⑤対抗要件も検討される場合がある。学生の答案に、「無権代理となるので法律行為は無効である」と書かれているものをみかけるが、ここにいう「無効」が厳密にはどのような意味であるかを学生に質問してみると、答えられない場合が多い。これは、無権代理の問題を法律行為の要件の中で位置づけることができていない、ということである。

すでに序において有効要件について説明しているように、代理は有効要件の問題とはされておらず、効果帰属要件の問題である。効果帰属要件とは、法律行為の効果が人に帰属し、または、物に及ぶために必要な一定の要件のことをいい、**代理は、ある法律行為につき、本人に効果が帰属するか否かの問題であるため、効果帰属要件に位置づけられる。**

したがって、厳密には「無権代理となるので法律行為は無効である」という表現は正確ではなく、「無権代理となるので法律行為は本人に効果不帰属となる」とするのが正しい（効果不帰属については、本人の追認により効果が本人に帰属することから**未確定的無効**や**不確定的無効**と表現されることもある）。民法の条文上も、無権代理を定める民法113条1項では「本人に対してその効力を生じない」としており、無効とはしていない（民法94条や民法95条が「無効とする」していることとの対比）のであり、代理は効果帰属要件の問題として位置づけられている。

❸ 代理の要件と代理権授与行為の性質

(1) 代理の要件

まず、民法上、他人が本人の代理人と称して行った契約の効果が本人に帰属するためには、行為者が本人との関係で代理権を有していることが必

要とされる。言い換えれば、他人の代理人として契約をした者にその代理権がなかった場合には、特に表見代理の成立が認められるときを除き、その契約の効果は本人に帰属しない。さらに、代理人が、本人のためにすることを示して行うことを必要とする（民99条1項）。これを**顕名**という。民法上の代理において、顕名を要求する考え方は**顕名主義**と呼ばれている。

このように、民法上の代理は、①**代理権授与**と②**顕名**という二つの要素が必要になり、代理人による法律行為により本人に効果が帰属するための全体としての要件は、①**代理権授与**、②**顕名**、および③**代理人による法律行為**ということになる。

(2) 代理権授与行為の性質

次に、①に関連して、**代理権授与行為**を考えてみよう。代理権は、自己の行為によって他人に権利義務の変動を生じさせる地位ないし資格、あるいは、代理人の法律行為の効果が本人に帰属するための要件とされている。任意代理においては、このような代理権が発生する原因として、本人から代理人に対する「代理権授与行為」が必要となる。

問題はこの代理権授与行為の法的性質である。議論の中心は、代理権授与行為が、代理関係を生じさせることとなる委任、雇用、請負、組合などの契約関係（事務処理契約関係）（本人と代理人の間の契約関係）とどのような関係にあるかという点にある。

まず、代理権授与行為の事務処理契約からの独自性を認めて、事務処理契約から独立した法律行為と捉える立場があり、それを単独行為とする考え方（**単独行為説**）と代理人との同意によって成立する契約とする考え方（**無名契約説**）に分かれる。他方、代理権授与行為の独自性を否定して、代理権は事務処理契約から直接に発生し、事務処理契約と融合しているとする考え方（**事務処理契約説・融合契約説**）がある。

事務処理契約説・融合契約説は有力ではあるが、民法学における多数説は無名契約説である。そこで、無名契約説を詳しく説明すると、代理権の授与行為につき、事務処理契約とは独立した行為と捉え、その行為を本人と代理人との間の合意によって成立する契約（民法典にはない無名契約）であるとし、この契約は債権関係を発生させるところの債権契約とは異なり、代理権授与のみを目的とする契約で、債務の履行義務関係が生じないものであるから、序で説明をした物権契約に類似しているものである、とする説である。そして、要件事実論（裁判における証明責任を考え、条文の要件を整理する実務的な学問分野）においては、訴訟において代理の成立を主張

第4章 代理・代表　93

する場合には、「代理の発生要件事実」を立証する必要があるとされ、代理権授与行為の独自性を前提にし、無名契約説に立脚していると考えられる。

(3) 代理（他人効）の根拠——代理権説と顕名説

次に、代理人という他人の法律行為が本人に効果帰属する（他人効）根拠として、①代理権授与行為と②顕名について、どちらが本質的な根拠となるのか、対立があるので考えてみよう。

まず、他人効の基礎は、代理人の法律行為につき本人に効力を発生させる権限である代理権であり、顕名は代理の本質的要素ではないとする見解があり（以下**代理権説**という）、代理行為は顕名を前提とするもので、この顕名が代理意思（代理人の他人効発生の意思）の表明であり、その意思を法律が承認するところに他人効の根拠があるとする見解がある（以下**顕名説**という）。この代理の他人効の根拠をめぐる議論は、以下で説明する商事代理（商504条）と民法上の代理の関係性を理解するために必要となるので、まずはスタートポイントとして、この両説をよく理解しておこう。

❹ 商事代理

(1) 商法504条本文と代理の他人効

(a) 条文

商法504条では、商行為の代理（以下「商事代理」という）について民法と異なる定めを設けている。商事代理については、代理人が本人のためにすることを示さない場合（顕名をしない場合）であっても、その行為は本人に対して効力を生ずるとする（商504条本文）が、相手方が、代理人が本人のためにすること（代理意思）を知らなかったときは、代理人に対して履行を請求することができるとする（同条ただし書）。つまり、〔原則〕顕名がなくとも代理人の法律行為が本人に効果帰属し、〔例外〕もし相手方が代理人の代理意思を知らなかったときは、代理人に対して履行請求をすることができるとする。この点、〔原則〕顕名がなければ代理人の法律効果は本人に効果帰属せず（民99条1項・100条本文）、〔例外〕法律行為の相手方が代理意思を知っていたとき、または知ることができたときに本人への効果帰属を認める民法上の代理と比べてみると（民100条ただし書・99条1項）、**原則と例外が逆転している**ことがわかる。それでは、商事代理と民法上の代理の関係は、代理の他人効の根拠をめぐる顕名説と代理権説から、どのように説明されるのだろう。この点について考えてみよう。

(b) 顕名説からの説明

　顕名説を前提とすると、代理人の顕名がなくても本人への効果帰属を認める商法 504 条本文は、顕名がなくても他人効を生じさせる点において、顕名主義の例外規定となる。そして、商事代理において顕名を不要とする趣旨は、**取引の簡易迅速性の実現**にあると説明される。より詳しく説明すれば、商取引について、本人が代理人を通じて営業を行う場合に、民法の顕名主義の原則を要求すると、代理人は取引の度に顕名をしなければならず、相手方も本人を確認しなければならず、これでは商取引における簡易迅速性の要請に対応できないので、商法は顕名主義によらずとも代理行為の効力を認めたということである。判例・多数説は、商法 504 条本文を、顕名代理を定める民法 99 条の特則としており、顕名説に立っていると思われる。したがって、顕名説からすれば、**民法上の顕名代理の規定が原則的な規定**ということになる。

(c) 代理権説からの説明

　他方で、代理権説を採れば、代理権と代理人の代理意思さえあれば他人効が生じるため、商法 504 条本文は当然のことを示した規定となる。そして、顕名の要件的な位置づけとしては、①相手方に自分の行った契約の当事者が誰かという点について不測の損害を被らせないようにするための取引安全保護のための要件、そして、②代理人がその意思表示の効果を免れるための要件（免責要件）であるとする。つまり、民法上の代理の「顕名」は、取引安全の保護等を考慮した、法政策的制度であるとする。そこで、代理権説に立つならば、一般的には「民法は商法の特別法」であると評価されているにもかかわらず、代理制度に関しては、**商法の規定が一般的な原則で、民法の規定が取引安全の保護を重視した特別規定である**と評価することになる。

(2) 商法 504 条ただし書と代理の他人効

　次に、商法 504 条ただし書は顕名説と代理権説からどのように説明できるか。

　まず、顕名説は、非顕名主義を採用することにより、相手方の利益が不当に害されることを防ぐため、相手方が本人のためにすることを知らないときは、代理人に対する履行請求を認めるものとする。ここでいう「相手方の利益」とは、主に相手方の代理人に対する相殺の期待を意味する。より詳しく説明すれば次のようなことである。

　まず、本人が、本人（以下「A」とする）所有の商品甲を代金 50 万円で

売買契約を締結するための代理権を代理人に授与し、代理人（以下「B」とする）が顕名をせずに相手方（以下「C」とする）と売買契約を締結する場合を想定してみる。この場合Cは、Bによる顕名（「私〔B〕はAの代理人として商品甲を売ります」）がなされていないため、Bを商品甲の売買契約における売主だと信用するであろう。そこで、もしCがBに対して金銭債権40万円を有しているとするならば、Cは、BがCに対して商品甲の売買契約に基づく代金債権50万円を有することになることを前提とし、両債権の相殺（民505条）を期待してBとの契約を締結することが考えられる。このような場合に、AC間でのみ商品甲の売買契約が成立するとなると、Cの相殺の期待を害する。商法504条ただし書は、このようなケースを防止することを目的とするのである。

このような商法504条ただし書の法律構成については争いがあるものの、判例（最大判昭和43・4・24民集22巻4号1043頁）は、本人との間の契約関係（商法504条本文の規定により生じる契約関係）に加え代理人との間にも契約関係が成立し、相手方はいずれかを選択して請求しうるのであり、一方を選択すれば他方との契約関係は消滅するとする（**選択的法律関係併存説・契約関係選択説**）。すなわち、商法504条ただし書の「履行の請求をすることを妨げない」という文言につき、本人との契約関係を否定して代理人との契約関係を選択できるものと解し、代理人を取引の相手方として選択した相手方は代理人に対して履行の請求をなしうる、という意味で理解することになる。

代理権説の立場からしても、商法504条ただし書は、代理人を契約当事者と信じた相手方の利益が不当に害されることを防ぐための規定とするので、顕名説と大きな違いはない。

ここまでが、民法における代理制度と商法504条の商事代理制度の関係についての説明となるが、代理権の本質・他人効の根拠との関係で**何が原則で何が例外となるか**について、整理をしながら学習をしてもらいたい。

(3) 処分授権

次に、代理と近い概念に「授権」というものがあるので少し説明しよう。**授権**とは、自己の名において法律行為をすることによって、他人効を発生させる権利・資格をいう。授権は、代理と同じように他人効を発生させるが、**自己の名において行為するため、顕名がない**という点が代理と異なる。この授権にはいくつかの種類があるが、代表的なものとして「処分授権」が重要である。

処分授権とは、①授権者の処分権の授与に基づいて、②被授権者（法律行為を行う者）が、自己の名において授権者（本人）の権利に関する処分行為を行った場合、③処分効（物権的効果）のみが授権者の権利について直接発生（したがって、相手方との**債権的関係は被授権者との間に発生**）する、ということを認める授権の一形態である（ここで序において説明をした物権と債権の峻別論の内容を思い出してほしい）。この処分授権について、民法の規定はないが、判例・学説上、一般的に承認されている。そして、顕名がなくても本人と第三者間で物権的効果（他人効）を発生させる点で、代理の他人効における代理権説に近い理論であり、授権者の被授権者に対する権限授与行為の法的性質は、代理権授与行為の法的性質と同じように考えることができる。

　このような処分授権が問題になる商法上の制度として、自己の名をもって他人（委託者）のために物品の販売または買入をなすことを引き受けることを業とする**問屋営業**がある（商551条）。ここで、「自己の名をもって」（原文カタカナ）とは、自己が行為の当事者となり、その行為から生じる権利義務の帰属主体となることである。「他人のために」（原文カタカナ）とは、他人の計算において、すなわち、行為の経済上の効果・損益を他人に帰属させること意味する。このように、問屋（受託者）については、自己の名で法律行為をなし、その法律行為の物権的効果（「経済上の効果・損益」）が他人（委託者）に帰属するので、処分授権の概念で説明しうる。

　また、民法上、処分授権が問題となる場面として、**他人物売買**（民560条）がある。他人の物の売主は他人の物の処分権限を有しておらず、債権契約として他人物売買は有効であるものの、物権行為としては、他人の物である売買目的物の所有権を買主に移転させることはできない（効果不帰属）。しかし、事後に売買目的物の所有者が他人物売買を追認した場合、その追認の法的意味につき、所有者が他人物売買の売主に処分権限を付与したものと考えられる場合がある。この追認の法的効果として、他人物売買の締結時に遡って、物権行為として所有権移転の効果（所有権が、所有者から、直接、他人物売買の買主に移転する）が所有者・売主間に発生・帰属すると考えられている（民116条類推適用）。このように他人物売買の追認をはじめとする「非権利者の処分行為」の問題は、第6章の債権譲渡においても説明するが、**権利者の追認が処分授権の付与**と考えられていること、そして、処分授権と同様に効果帰属要件が問題となる無権代理行為の追認の規定（民116条）が類推適用されて問題が解決されていることを覚

えておいてほしい。

⑤ 代理と代表

(1) 代表制度と代理制度の関係

商法・会社法上、代理と近い概念として「代表」がある。**代表**とは、法人の機関が法人のためにする行為のことであり、代表の行為については、(代表)取締役、(代表)理事等の**機関の行為それ自体が法人の行為**とみなされ、したがって、その効果も法人に帰属するとされている。そこで、次に「代表」と「代理」の関係について考えてみよう。

代表について、**民法上定義する条文はない**。しかし、代表という用語は、いくつかの条文にみられる。例えば、親権者(民818条1項)は子の財産について、また成年後見人(民843条)は成年被後見人の財産について、それらの者を「代表する」と規定されているが(民824条本文・859条1項)、これらは代理(法定代理)について定めた規定だと解されている。

かつて、会社の取締役等の行為には、法律行為のみならず、内部的な業務執行や不法行為のような事実的な側面があり、法律行為を対象とする代理では説明がつかないといわれたことがある。しかし、役員のような法人の機関も法人から独立した人格を有し、その行為が法人の行為とみなされるのであって、**行為主体と効果帰属主体とが別人格**という点で、代理も代表も本質的に違いはない。両者が経済的に類似することからも、代理に関するルールの多くは代表の場合にも類推適用されており、理論上、代理と別に代表概念を持ち出す必要はない。ただ、最近の学説では、法人の代表は、代理であるが、その権限が広く「包括的」であるという点において、個々の事柄についてのみ権限を持つ一般の代理と異なっており、そのことを表すためには、代理と区別して代表という概念を用いることが便利であるとも説明されている。とすれば、親権者や成年後見人について、民法上「代表する」という文言が使用されているのは、権限が包括的なものであることとして、商法・会社法上の代表と統一的に説明できることになろう。

そこで、本書においては、代理と代表の差は、権限の包括性の有無にあるとし、**代表と代理の法的効果を分けずに説明したい**。

(2) 会社法における代表権

それでは、会社法における**代表権**について考えてみよう。

株式会社には取締役会設置会社が多く、会社の代表権は、取締役会によって取締役から選定される代表取締役によって行使される(会362条2項

3号・349条4項)。そこで、まず、代表取締役と会社の間の法律関係、そして会社から代表取締役への代表権の付与がどのようになっているのかをみてみよう。

(a) 取締役と会社の法律関係

代表取締役も取締役であるから、まず、**取締役と会社との法律関係**について検討してみよう。会社法では、株式会社と役員(主に取締役を意味する概念)の関係は**委任**の規定に従うと定められている(会330条)。この会社と役員である取締役の委任関係について、通説は、取締役の選任決議は会社の内部的意思決定であり、会社代表者が、会社に代わって、選任決議に基づき被選任者に対して、取締役の任用契約(委任契約)の申込みをなし、被選任者がそれに承諾をし、任用契約が締結されることにより、被選任者が取締役に就任するものと説明する。

(b) 代表取締役への代表権の授与

そして、会社法は「取締役は、株式会社を代表する」(会349条本文)としていることから、取締役の任用契約は、代表権の授与を随伴するもの、あるいは、含むものと考えられる。すなわち、株式会社においては、**取締役に選任された場合、会社の代表権を有する**ことになるのである。

それでは、代表取締役と会社はどのような関係になるか。

まず、取締役の中で「代表取締役その他株式会社を代表する者を定めた場合」には、その者が株式会社を代表し、**他の取締役は代表権を有さない**とされ(会349条1項ただし書)、実務上、極めて多くの会社で、代表取締役を定めている。

そして、この代表取締役の代表権は、**会社の業務に対する包括的な代表権限**である(会349条4項)。これは、代表取締役の選任時に代表権の範囲を定めなくても代表権限が画一的であること、そして、代表取締役は業務執行について法定代理に類似した代表権限が与えられていることを意味し、また、会社が代表取締役の権限に制限を加えたとしても、その**制限について善意の第三者には対抗できない**(同条5項)。このようにすることで、取引の相手方は、会社の内部的制限を容易に知りえないのが一般的であることから、取引の安全に資するといえるし、また、取引の相手方は代表権に関する内部的制限の有無を調査しなくてよいことになるので、取引の簡易迅速性を確保できるのである。すなわち、会社法は、**個々の代表者の代表権を包括的な代表権とすることで、個性を喪失させている**といえるのである(個性の喪失)。

❻ 表見代理と表見代表

(1) 表見代理
(a) 無権代理と表見代理

　代理において、代理人に代理権があること、すなわち、本人による代理権授与行為があることが、代理行為の効力が本人に帰属するための要件である（民99条）。契約自由の原則のとおり、代理権のない者が行った代理行為によっては、本人は拘束されず（民113条1項）、このような場合を**無権代理**という。無権代理の場合には、代理による法律行為が無効になるのではなく、その**効果が本人に対して不帰属**である状態となる。このことは、無権代理を定める民法113条1項で「本人に対してその効力を生じない」としていること、また、民法上、無効行為の追認はできない（民119条）はずであるところ、無権代理行為は追認が可能とされていること（民116条）から説明がなされうる。

　他方で、相手方が代理人に代理権限がないことを知らず（善意・無過失）に取引（法律行為）をしたのであれば、取引の相手方の信頼・取引の安全を保護する必要性がある。もっとも、相手方の信頼（善意・無過失）だけで無制限に保護を認めるのは、本人の契約の自由を害することになる。そのため、それらの妥協点として、民法は一定の場合に限定して、**契約自由の原則を制限し、取引の安全を保護**している。すなわち、代理権授与表示による表見代理（民109条）、権限外行為の表見代理（民110条）、代理権消滅後の表見代理（民112条）の3類型を定め、取引の相手方の保護を図っているのである。

　本書では、これら3類型のうち、商法・会社法と特に関係性の強い代理権授与表示による表見代理（民109条）について説明する。

(b) 代理権授与表示による表見代理（民109条）

　民法109条本文は「第三者に対して他人に代理権を与えた旨を表示した者は、その代理権の範囲内においてその他人が第三者との間でした行為について、その責任を負う」と定めている。これは、代理権が与えられていない者に対し、代理権を与えたかのようにみえる代理権授与表示をしたことに本人の帰責性を認め、取引の相手方を保護する趣旨の規定である。そして、同条ただし書は、「第三者が、その他人が代理権を与えられていないことを知り、又は過失によって知らなかったときは、この限りでない」とし、代理権授与に対し悪意であった者あるいは過失があって知らなかっ

た者（悪意者または善意・有過失の第三者）を保護しないものとしている。

この規定は、代理人に対する代理権の授与がない場合に、表示に対する相手方の信頼を保護するための責任を定めており、禁反言（estoppel：エストッペル）の原則の現われといわれている。**禁反言**の原則とは、英米法に由来するものであり、表示者の表示を信じた者が、それに基づいて法律関係・利害関係を変動させた場合に、後に、表示者がその表示した事実に反する主張をすることを禁止する原則である。この原則は、表示をした者の表示行為に重点を置いた理論ではあるが、相手方の信頼も要求する。民法109条の表見代理は、このような禁反言の原則を基礎として、代理権の不存在につき悪意または善意・有過失である第三者には代理権授与表示に対する**正当な信頼がない**と考えられるため、そのような者を保護していない。

(2) 表見代表

本人が、代理権がない者に対し、代理権を与えたかのようにみえる代理権授与表示をした場合に、その取引の相手方の保護は民法109条によって図られている。それでは、会社法においても民法109条に近い条文はないだろうか。会社法では、**代表取締役以外の取締役**（以下「平取締役」と呼ぶ）**の業務執行行為に関して類似した定め**が設けられている。

先に説明をしたように、取締役の中で代表取締役を選任した場合には、会社の代表権は代表取締役が有するので（会349条4項）、平取締役が会社を代表して行う業務執行行為は無権限のものとなり、その行為の効力は会社に対して効果不帰属となる。これは代表権がないにもかかわらず代表権を要する行為をしたという点で、民法における無権代理（民113条1項）と近い状況である。

しかし、代表権を有する取締役であるかのような名称・肩書を信頼して会社と取引を行った相手方は保護に値し、そのような取締役の行為について帰責性を有する会社が、取引を行った取締役に代表権がないことを理由に責任を回避することを防止する必要がある（取引安全の保護：外観主義）。そこで、代表権のない取締役に会社が社長、副社長その他会社の代表権を有すると認められる名称を付した場合には、その取締役の行った行為につき、その効果は本来的には会社に帰属しないはずであるが、会社は善意の第三者に対して責任を負うとしている（会354条）。これが**表見代表取締役**の制度である。

表見代表取締役は、代表権のない者が代表取締役であるかのように振る

舞った場合、会社が社長、副社長などの肩書を無権限者に使わせたことを代表権授与表示と捉えて帰責性を認める点で、民法109条と同質の制度である。もっとも、会社法354条は、第三者が善意・無重過失であれば保護され、すなわち、第三者が善意であれば、通常の過失があったとしても重過失がない限り保護されるという点で、**民法109条で要求されている第三者の善意・無過失より相手方の保護を図っている**。これは、商事取引における取引安全の保護を民事取引のそれよりも考慮したものということができ、**会社法354条は民法109条の特則と位置づけることができる**。

(3) 名板貸とは

　会社法における表見代表取締役の問題に加えて、民法109条と関係する商法・会社法上の制度として、名板貸についても確認しておこう。**名板貸**とは、商人（名板貸人）が他人（名板借人）に対し、自己の商号を使用して営業または事業を行うことを許諾することをいう（商14条、会9条）。名板貸によって企業活動を行う者は名板借人であるが、取引関係においてその名義人である名板貸人を取引の企業主体と信じて取引する者が現われることが十分ありうる。そこで、そのような外観を信頼した第三者に対して取引の安全の見地から（取引安全の保護・外観主義）、**名板貸人も名板借人と連帯して責任を負う**ものとしている。商法14条と会社法9条の要件をまとめると、名板貸人は、①商人・会社である名板貸人の許諾の下に、②名板借人が名板貸人の商号を使用して営業または事業を行い、③取引の相手方が名板貸人を営業主と誤認（善意・無重過失）して取引をしたとき、当該取引から生じた債務について、名板借人と連帯して責任を負うことになる。

　前述のとおり、民法109条は、禁反言の原則に立脚しており、名板貸責任と趣旨を同じくする。しかし、民法109条の表見代理は、名板貸責任と異なり、商号の使用許諾でなく、代理権の授与表示が必要であること、また、善意・無重過失ではなく、善意・無過失の相手方でなければ保護しない。相手方において、善意・無重過失であれば保護されると解されている名板貸責任は、民法109条に比べてより取引の安全が考慮されている。

　名板貸責任は、取引安全の保護をより進めて、商号以外の**名称の利用許諾の事例などについても類推適用される傾向**にある。名板貸責任は実務上重要な制度なので、よく理解しておいてもらいたい。

⑦ 代理権濫用と代表権濫用

(1) 代理権濫用
(a) 問題の所在

　前に説明した表見代理は、他人の行為につき本人の代理権が存在しない場合に、取引の相手方をどう保護するかということを問題としていた。それでは、代理人が代理権を有し、その代理権の範囲内であるものの、代理行為が自己または第三者の利益を図るためになされた場合はどのように処理されるのであろうか。典型的な事例としては、本人が代理人に対して金銭を借りる契約（金銭消費貸借契約）を締結する代理権を付与したところ、その代理人が、指定された相手方（金銭の貸主）と金銭消費貸借契約を締結したものの、受領した金銭を本人に引き渡さず、自ら費消してしまったという事例が挙げられる。このような場合、一般的には、代理権の範囲内にあるため無権代理（民113条1項）にはならず、いわゆる「代理権濫用」の問題とされている。

(b) 代理権濫用とは

　代理権濫用とは、判例における定義では、「代理人が自己または第三者の利益をはかるため権限内の行為」をすることである。すなわち、客観的には代理権の範囲内にあるが、それを本人の利益のためではなく、自己または第三者の利益のために悪用する行為である。代理権濫用の場合に適用される法条について、判例は、親権者による代理権濫用の事件において、「その行為の相手方が右濫用の事実を知り又は知り得べかりしときは、民法93条ただし書の規定を類推適用して、その行為の効果は子には及ばないと解するのが相当である」（最判平成4・12・10民集46巻9号2727頁）としており、**心裡留保を定める民法93条ただし書を類推適用**している。

　そこで、まず、心裡留保について簡単に説明しよう。**心裡留保**とは、表意者が、意思表示に対応する効果意思がないこと（効果意思と意思表示の不一致）を知りながら、相手方にそれを告げずに行う意思表示である。民法93条本文では「意思表示は、表意者がその真意ではないことを知ってしたときであっても、そのためにその効力を妨げられない」としている。これは、相手方は表示を信じるほかないため、その信頼を保護する必要性（信頼原理）と、わざわざ真意と異なる表示をした表意者は保護に値しない（帰責原理）ことから、原則として意思表示の効力が生じるとしたものである。他方、同条ただし書は、相手方が表意者の真意を知り（悪意）、

または知ることができたときは（善意有過失）、その意思表示を無効としている。このような場合には、表意者による意思表示に対し、保護すべき相手方による正当な信頼がないためである。

　代理権濫用の場合には、代理人に、本人に法律行為の効果を帰属させる効果意思があり、それを反映した意思表示がされているから、効果意思と意思表示の不一致はなく、**民法93条を直接適用することはできない**。しかし、行為者の真意（自己または第三者の利益のため）と外形（あたかも本人のため）が異なる点で、心裡留保（民93条）に類似しており、判例は、この点を認めて類推適用をしていると考えられる。

　そして、民法93条ただし書の本来的な法的効果をみると、心裡留保は主観的有効要件の問題であるから、心裡留保がある場合には主観的有効要件が欠如するため、法律行為は無効となるはずである。しかし、代理権濫用に対する民法93条ただし書の類推適用につき、現在の判例は「効果は……及ばない」としており、**法律行為を無効とするのではなく、効果帰属要件の問題として位置づけている**と考えられることに留意してもらいたい。

(2)　**代表権濫用**

(a)　問題の所在

　代理権濫用の問題に対応して、会社法上「代表権濫用」の議論がある。先に述べたように代表取締役は会社の業務に対する包括的な代表権限を有しており（会349条4項）、この代表取締役が、自己または第三者の利益のため表面上は会社の代表者として法律行為をした場合が**代表権濫用**の問題である。代表権濫用も代理権濫用と同様、**民法93条（心裡留保）の適用の可否**が議論されている。

(b)　代表権濫用と心裡留保

　代表権濫用の場合にも、代表者には、会社に法律行為の効果を帰属させる効果意思があり、それを反映した意思表示がされているから、効果意思と意思表示の不一致はなく、民法93条が直接適用できるケースではない。しかし、代表者の真意（自己または第三者の利益のため）と外形（あたかも会社のため）が異なる点で、心裡留保（民93条）に類似している。そこで、判例は、代表者が本人（会社）のためにする表示をしながら自己または第三者の利益を図る意図を有していた場合、相手方がそのような代表者の真意につき悪意または有過失であったときは、民法93条ただし書の類推適用により当該代表行為は「その効力を生じない」としている（最判昭和38・9・5民集17巻8号909頁〔以下「心裡留保説」とする〕）。ここでいう

代表権濫用と取締役会決議を欠く代表者の行為

	口と頭の関係	民法	会社法	
		代理権濫用	代表権濫用	重要な財産の処分等
有効要件	代理人代表者（口＝頭）	心裡留保説（民法93条ただし書類推）（最判昭和42・4・20民集21巻3号697頁）*1	心裡留保説（民法93条ただし書類推）（最判昭和38・9・5民集17巻8号909頁）*1	
	代表者｜取締役会（口≠頭）			心裡留保説（民93条ただし書類推）（最判昭和40・9・22民集19巻6号1656頁）
効果帰属要件	代理人代表者（口＝頭）	①心裡留保説（民93条ただし書類推）（最判平成4・12・10民集46巻9号2727頁）*2 ②信義則説	①心裡留保説（民93条ただし書類推）②信義則説	
	代表者｜取締役会（口≠頭）			権限踰越説（表見代理規定類推適用説）

*1　古い判例においては、有効要件の問題としていると考えられる。
*2　「行為の効果は子には及ばない」としており、効果不帰属という位置付けに親和的な判示をしている。

「その効力を生じない」とは、**一般には無効を意味する**と評されている。しかし、代表権も代理権の一種と解されておりその法的効果に差異はない。この代表権濫用の判例は、代理権濫用の最判平成4・12・10以前の古い判例であり、有効要件と効果帰属要件を厳密に区分しない古い学説下のものと考えられるので、代表権濫用も代理権濫用と同様、**効果帰属要件の問題として位置づけられるべき**である。

　ここで、第3章で言及した取締役会決議なしに行われた代表取締役による重要な財産の処分・多額の借財の効力の論点、また、取締役会の承認を受けないで行われた取締役の利益相反行為の効力の論点との関係を確認しておこう。

　取締役会決議なしに行われた代表取締役による重要な財産の処分等の論点について判例は、取締役会の決議と代表取締役の行為とを真意（効果意思）と表示の関係とみて、取締役会の決議がないこと、すなわち、真意が存在していない点を捉えて、表意者が表示行為に対応する効果意思のないことを認識しながら意思表示をする心裡留保（民93条）に近いものと考え

ている（心裡留保説）。つまり、会社法362条4項本文の取締役会の「決定」を会社の効果意思の決定と捉え（取締役会につき、ある事項を考えて決定する会社の「頭脳」とするイメージ）、また、代表取締役の行為を会社の表示行為（代表取締役を会社の「口」とするイメージ）と捉えることで、効果意思となる取締役会の決定がないことを認識しながら、代表取締役が対外的な意思表示をしたことを心理留保に近い法律関係と捉えている。ここでは、代表取締役の法律行為の有効・無効が問題となるものであり、有効要件の問題として心理留保の規定が援用されている（なお、会社法362条4項を代表取締役の代表権の一部を制限するものと理解すれば、取締役会決議のない代表取締役の行為は、無権代表行為〔効果不帰属〕と評価され、取引の相手方の保護は表見代理規定によることになる〔権限踰越説・表見代理規定類推適用説〕）。

　他方、前述した代表権濫用の問題は、代表者自身の「自己また第三者の利益を図る意図」という内心と代表者自身の外形上は「会社のためにしている」と評価できる代表権濫用行為（表示行為）の不一致を捉えて、心裡留保に近い法律関係であると捉えている。つまり、会社の意思決定（会社の効果意思）の問題でなく、代表者自身の中での意思と表示行為の不一致の問題であり（代表取締役自身が「頭脳」であり「口」である）、代表権濫用の議論で説明をしたように効果帰属要件が問題とされるものである。

　このように、両論点の判例の見解はともに心裡留保説と呼ばれていても、問題とされているそれぞれの「効果意思・内心」と「表示行為」が異なり、法律行為の要件論的には有効要件と効果帰属要件という別の要件の問題であることに注意してほしい。

　さらに、**承認を受けない取締役の利益相反取引の効力**との関係も確認しておこう。利益相反取引の承認の規定である会社法356条1項2号・3号は、その適用範囲を民法における自己契約・双方代理よりも広げ、それらの行為について自己契約・双方代理に準じる代理行為（代表行為）と捉えて、取締役の当該行為を一種の無権代理人（代表権のない代表者）の行為として評価している。そのため、このような承認を受けない利益相反取引は、原則として無権代理に準じて効果不帰属となると評価されている。

　他方、代表権濫用の問題は、代表者が自己または第三者の利益を図る意図を有しているにすぎず、その代表権濫用行為は代表権の範囲内であるから、会社への効果帰属が原則とされる。このように、利益相反取引は原則として効果不帰属、そして、代表権濫用は原則として効果帰属、という点

で原則が逆となっている。

　代表権の濫用の場合、会社への効果帰属が原則であり、民法93条が心裡留保による意思表示の法律効果を原則として有効としていることから、民法93条ただし書を類推適用しやすいと考えられる。しかし、取締役会の承認を受けない取締役の利益相反行為の場合、会社への効果不帰属が原則であり、また、民法93条ただし書を類推するための外部的な意思表示と内心の不一致と同視されうるような状況が見い出せない。そこで、民法93条ただし書を類推適用することは難しく、実際に判例でもそのような解釈はとられていない。同じく効果帰属要件が問題とされる場合であっても、以上のような基本的な違いがあることを理解しておいてほしい。

(3) 心裡留保説への批判——信義則説
(a) 信義則説とは

　以上のように、判例は代表権濫用と代理権濫用を民法93条ただし書の問題として処理している。しかし、心裡留保説には、法律的な視点からいえば、代理人の内心の効果意思と外部に対する意思表示の不一致はないことから、そもそも民法93条ただし書を類推適用する基礎がないとして、学説からの批判の多いところであり、代表的な反対説の一つとして、信義則説がある。

　信義則説は、代理行為自体は有効であるが、相手方が悪意または善意・重過失（法定代理における代理権濫用については相手方の悪意または善意・無過失を問題とする見解もある）の場合には、相手方は信義則上、本人への効果帰属を主張することができないとする見解である。代理人が自己または第三者の利益を図るために権限内の行為をした場合には、本人・代理人間の委任契約上の善管注意義務違反・忠実義務違反（民644条参照）などの債務不履行になり（例えば、上で挙げた事例でいえば、代理人が金銭消費貸借契約の相手方から受領した金員を自分で使用し、本人に引き渡さなかった場合には、委任契約の債務不履行が生じていることになる）、本人との関係で債務不履行責任の問題が生じるとしても、代理権を有し顕名がされている以上、理論上、代理の他人効の有無に影響を及ぼすものではないと考えるものである。そのため、信義則説は、代理行為は本人に効果帰属するとし、ただ相手方の主観的態様如何によって、相手方は信義則上本人への効果帰属を主張しえないとするのである。

(b) 代表権濫用における信義則説

　代表権濫用における信義則説も、代表取締役は会社に効果を帰属させる

意思をもって取引を行うことから有効な代表行為とするものの、代表権濫用の事実を知りながら取引し、取得した権利を会社に対して行使することは、法の目的からみてその保護の範囲を逸脱し、信義則に反して許されないと考える。特に、代表権濫用における信義則説は、会社取引の安全（取引安全の保護）の観点から主張される。すなわち、取引の安全が重視される会社との取引について、取引の相手方が代表取締役の内心を調査することは不可能であるとし、代表権を濫用するような代表者を選任し、その監督を怠っていた会社側に問題があると考えるものである。そのため、代表権の濫用につき、第三者が善意であれば過失（軽過失）がある場合であっても、当該取引の効果を会社に帰属させるべきとする（心裡留保説であると軽過失のある第三者は保護されない）。しかし、第三者に悪意または善意でも重過失がある場合には、商取引に参加する者として相当の問題があると考え、効果不帰属にすべきとする。

　民法における代理権濫用における信義則説は、心裡留保説の法律構成に対する批判（効果意思と意思表示が一致していることによる類推適用の基礎がないこと）を中心に構成されているのに対し、代表権濫用における信義則説は、特に、軽過失ある第三者を保護すべきか否かという取引安全の保護の範囲の観点から主張されている点が大きな違いである。理論構成は同様のものであるとしても、学説の理由づけについて、民法と会社法の基本的な考え方の違いが色濃く反映されているのである。

⑧　通常の「過失」と取引安全の保護における「過失」

　本章で扱った表見代理や表見代表の制度は、真の権利者（元々の権利者）の権利（既存の権利）を犠牲にしても取引関係に入った者を保護するという取引安全の保護（動的安全の保護）において第三者保護のために重要な法理・原則である**権利外観法理**（外観理論・表見法理）**や禁反言の原則を理論的根拠とする**ものである。この取引の相手方の保護要件として要求される「過失」と、民法で一般的に用いられる「過失」では、意味内容が大きく異なるので、本章の最後に説明しておきたい。

　端的にいえば、民法で一般的に用いられる過失は、違法な結果の発生に関する行為義務（予見義務および結果回避義務）違反として捉えられており、客観的な行為義務違反（注意義務違反）であり（客観的過失論）、他方、取引安全の保護における「過失」は、権利の発生等のために本来的に必要な法律要件である事実や権利関係の不存在を見抜くために調査すべき義務の

違反（調査義務違反）を意味している。

(1) 取引安全の保護——権利外観法理・禁反言の原則

まず、権利外観法理について確認しよう。**権利外観法理**は、ドイツ法に由来し、「真の権利者に、自分以外の者が権利者であるかのような外観が存在することについて帰責性があるときは、その外観を正当に信頼した第三者は保護されるべきである」とする考え方である。そして、①権利の存在を表象する権利外観事実の存在（外観の存在）、②外観についての権利者側の関与（帰責性の存在）、そして③外観に対する正当な信頼（信頼＝原則としては善意・無過失）がその構成要素とされている。民法における取引安全の保護規定のほとんどを権利外観法理で説明することができるが、特に顕著に表れているのは、表見代理（民110条・112条）、即時取得制度（民192条以下）、準占有者に対する弁済（民478条）、受取証書の持参人に対する弁済（民480条）などが挙げられる。

また、もう一方の取引安全の保護のための法理である**禁反言の原則**（上述の「代理権授与表示の表見代理」の説明も読んでもらいたい）は、外形的事実を中心に構成する権利外観法理とは着眼点を異にし、行為者の表示行為を中心として構成されている法理論である。表示行為を中心に捉える点から、代理権授与表示の表見代理（民109条）、制限行為能力者の詐術（民20条）または心裡留保（民93条）などは、禁反言の原則に基づく取引安全の保護規定と理解できる。禁反言の原則も、表示に対する相手方の信頼を要求するから、原則として相手方の善意・無過失が求められる。

以上のように、権利外観法理および禁反言の原則に基づく取引安全の保護の規定は、外形・表示に対する相手方の信頼保護という観点から、**取引の相手方の無過失を要求するものが多い**（過失を要求しないものとして、民21条や民94条2項）。

(2) 取引安全の保護における「過失」の内容

以上の理解を前提に、取引安全の保護における「過失」の内容について考えてみよう。一般的に想起される「過失」とは、過失責任の原則の代表例ともいえる不法行為責任（民709条など）における過失だろう。このような「過失」は、前述したように、損害賠償といった責任を積極的に負担させる要件としての「過失」である。

他方、取引安全の保護における「過失」は、それ自体は相手方の保護を否定する理由にしかならず、無過失であることが、真の権利者の犠牲において善意の相手方を保護するための要件となっているものである。その内

容としては、外形・表示に対する信頼保護という観点から、権利の発生等のために本来的に必要な法律要件である事実や権利関係の不存在を見抜くために調査すべき義務の違反、つまり**調査義務違反を意味する**ものである。したがって、権利外観法理や禁反言の原則における無過失というのは、①そもそも相手方に調査義務がない場合、あるいは②調査義務があるとしても社会通念上期待される調査を実施し、それでもなお法律要件の不存在などを見抜けなかった場合をいうことになる。

　具体例を考えてみよう。権限外行為の表見代理（民110条）の相手方保護要件である「正当な理由」につき、通説的見解では、これを相手方の無過失と解釈しており、例えば、委任状に改ざんの跡がある場合に、調査義務を尽くさなかったときに正当な理由がない、すなわち、過失があるとされている。また、即時取得（民192条）の要件である過失の有無についても、取引の相手方の権利の有無に不審事由が存在するときは、その疑念を解明するためにどのような措置を講ずるべきであったか（調査義務の存在と内容）、また、取得者がその措置を講じたかどうか（調査義務の懈怠の有無）で判断される。

　民法の論述試験等で、表見代理や即時取得などの権利外観法理や禁反言の原則の論述の際に、「過失」の有無の認定は重要なポイントとなるので、調査義務の問題であることを十分に理解しておくことが大切である。

【参考文献】
代理制度と契約自由の原則（私的自治の原則）との関係について　　佐久間Ⅰ234-235頁／四宮＝能見293-294頁／平野・総則319-321頁
無権代理と効果不帰属について　　武川幸嗣「無権代理と無効」椿＝新美・関連でみるⅠ104-111頁＊無権代理の無効の意味について効果帰属要件を認める考え方から整理されているものであり、参考になる。
代理権授与行為の性質について　　近江・講義Ⅰ247-250頁＊代理権授与行為の法的性質についての現在の議論が明確に整理されているものであり、参考になる。／四宮＝能見298-300頁／平野・総則332-336頁／新注民(4) 29-32頁〔佐久間毅〕／石田・大系1　751-757頁
代理（他人効）の根拠（代理権説と顕名説）について　　近江・講義Ⅰ240頁／辻正美『民法総論』268-269頁、272-273頁（成文堂、1999）／詳解Ⅰ187頁＊民法債権法の改正の議論においてなされた顕名に関する議論の解説がなされている。
商法504条（商事代理）について　　江頭・取引272-276頁／森本編・商行為46-51頁〔森本〕／弥永・総則・商行為86-90頁／武川幸嗣「第10講商事代理」北居＝高田194-210頁＊商事代理について詳細な説明がなされている。
顕名に関する民法と商法の違いについて　　平野・総則367-368頁

授権（処分授権）について　　石田・大系1　745-750頁＊民法の体系書・基本書で授権について詳しく解説するものはほとんどないが、本書は授権について詳しく解説しているものである。／詳解Ⅰ316-335頁＊民法債権法改正の際に授権について条文化するか否かについて検討されたため、授権について網羅的な説明がなされている。／伊藤進「授権」椿＝中舎・条文にない75-79頁／新井誠「非権利者の処分の追認——授権、追完」加藤一郎＝米倉明編『民法の争点Ⅰ（総則・物権・親族・相続）（ジュリ増刊）』70-73頁（有斐閣、1985）

他人物売買について　　五十川直行「他人物売買と無権代理」椿＝中舎・関連でみるⅡ129-141頁／岡本裕樹「つまずきのもと民法Ⅴ〔契約・不法行為〕他人物売買」法教358号19頁以下（2010）

「名板貸」について　　森本編・商行為66-75頁〔早川徹〕／弥永・総則・商行為41-45頁／諏訪野大「第2講 商号——定義・商号権・名板貸」北居＝高田57-59頁

「代理」と「代表」の違いについて　　中舎寛樹「代表」椿＝中舎・条文にない70-74頁／木俣62-67頁

代理権濫用について　　詳解Ⅰ238-246頁＊代理権濫用について網羅的な説明がなされている。／近江・講義Ⅰ256-259頁／四宮＝能見307-308頁／佐久間Ⅰ287-290頁／平野・総則349-356頁／新注民(4)42-45頁〔佐久間〕

代表権濫用について　　武川・前掲205-206頁＊代表権濫用に関する学説の説明が詳しく記述されている。／江頭426-428頁／泉田456頁／コンメ(8)21-22頁〔落合誠一〕

取引安全の保護における「過失」について　　清水恵介「権利外観法理における過失の意義」民事法情報167号126-127頁（2000）＊非常に参考になるので、是非読んでもらいたい。

第 5 章
会社の所有と所有権
株主の地位・株式の性質

Introduction

　会社法の勉強をしていると「**所有と経営の分離**」という言葉が頻繁に出てきます。この言葉は、株式会社では出資者（株主）でない者が取締役ないし執行役として会社経営にあたることが制度上認められ、出資者ではない会社経営の専門家が会社経営を担当することを意味します。

　株主は「会社の所有者」ともいわれますが、そもそも、民法では、**所有権**という概念は、物に対して「使用、収益及び処分」をすることができる排他的・全面的な支配権とされています（民 206 条）。会社は観念的な存在であることから**「物」とはいえない**ので、**株主が会社の「所有権」を持つとはいえません**。つまり、比喩的に株主は会社を「所有」するといわれているだけであって、法律上の厳密な意味で「所有」という言葉が使われているわけではないのです。経済学的・経営学的な観点から、出資者が企業経営に実質的に関与しうる地位にあることについて、この出資者の持つ権限が「所有」と呼ばれているのです。まずは、この点を理解しましょう。

　それでは、「会社の所有者」と称される**株主の地位**、それを基礎づける**株式**とはどのような性質を持つのでしょうか。まず、株式を債権に近づけて考え、株式を利益配当請求権という金銭債権と捉える考え方（「株式債権説」といいます）もありますが、株式は債権ではなく、**社員権**という**共益権と自益権が一体となった地位**とする考え方（「社員権説」といいます）が一般的です。この社員権説は、株主としての権利のうち、自益権は所有権の収益権能の変形物と考え、共益権は所有権の基本的権能である支配権の変形物であると考えています。本章では、このような観点から、会社の所有と所有権の関係について考えてみましょう。

　次に、株式が複数の者により保有される場合を検討します。株式という株主としての地位は、所有権の対象ではありませんので、共同で保有する

場合には**準共有**になります（民264条）。この株式の準共有は、共同相続によって頻繁に生じるものです（民898条）。民法では、共有物に関する行為は、共有物の保存行為、管理行為および処分行為に分けられ、それらの行為を行う意思決定について、それぞれ規定が設けられていますが（民251条・252条）、株式の準共有について、会社法は、株式の共有者は、その株式についての権利行使者を1人定めて会社に通知しなければその株式について権利を行使することはできないとし（会106条本文）、判例は、権利行使者の指定方法につき、共有持分の過半数による多数決で指定するものとしています。そこで、民法の共有の規定の視点から、**株式の準共有の場合の権利行使の問題**について考えていきましょう。

さらに、株式は財産権の一つですから、質権の目的とすることができます（民362条、会146条）。そこで、担保物権法の問題として、**株式の質入れ**について、株式の発行形態から考えてみることにします。

まず、株式会社において株券が不発行である場合の質権の設定は、民法における債権質と同様に、原則として当事者間の意思表示により「効力を生ずる」ことになります（民363条）。株券が存在しない場合の株式の質入れは、有価証券という「紙」が存在しないことから、債権質に近い扱いがなされているといえます。他方、株式会社において株券が発行されている場合の株式の質入れは、株券という有価証券（無記名証券）、つまり「紙」が存在することから、動産質と近い扱いがなされています。本章では、株式の質入れについて、株券が発行されていない場合と発行されている場合に分けて、債権質と動産質との関係から考えてみることにします。

① 所有と経営の分離

会社法の教科書では「所有と経営の分離」という言葉が頻繁に使われている。この「所有と経営の分離」とは、株式会社では出資者（株主）でない者が取締役または執行役として会社経営にあたることが制度上認められており、出資者ではない会社経営の専門家が会社経営を担当することを意味する。そして、株主は「会社の所有者」であるという表現もよく使われる。いずれも、**法律的に厳密な意味で「所有」という言葉が使われているわけではない**。そこで、「所有と経営の分離」、そして株主は「会社の所有者」である、ということの意味について、所有権との関係から検討しよう。

(1) 所有権とは

　そもそも、**所有権**とは、物に対する排他的な全面的支配を内容とする絶対性のある権利と定義され、民法上は「法令の制限内において、自由にその所有物の使用、収益及び処分をする権利」とされている（民206条）。つまり、所有者は、物の使用価値を実現するために、それを「使用、収益」することができ（**使用権能**と**収益権能**）、また、交換価値を実現するためには、それを「処分」することができるわけである（**処分権能**）。そして、わが国の民法は、物とは「有体物」をいうと定義しており（民85条）、所有権は有体物を対象とする権利とされる。もっとも、外国のいくつかの立法例では「無体物」をも物概念の中に含めており、旧民法も無体物を物に含めていた。こうした立場は、一つには、ローマ法で物（res）を有体物（res corporales）と無体物（res incorporales）とに分けて整理する考え方（両者が物概念の中に含まれる）の伝統に従うものであり、もう一つには、「債権についての所有権」という考え方（オーストリア民法典1424条）をした自然法の考え方に由来するものである。フランス民法でも、学説には無体物をも含めて「物」を考えるものがあり、旧民法典はその影響を受けていた。しかし、わが国では**物権と債権を峻別する**ドイツ法の影響を受けて、「債権に対する所有権」を認めるのは適当でないと考えられるようになり、**物を有体物に限定する**民法85条ができている。つまり、所有権の対象は有体物でなければならない、とされているのである。

　そこで、このように、物を有体物に限定する現行民法の下では、**会社は観念的な存在であることから「物」ではなく**、法律的に厳密な意味で、株主が会社の「所有権」を有するとはいえないのである。

　ところで、「会社が観念的な存在である」ことの意味は、**法人の本質論の議論に関わる**ものであり、かつては法人擬制説と法人実在説の対立があった。いずれの説に立つとしても会社を有体物とみることはできないのだが、簡単に説明しておこう。法人擬制説とは、自由な意思主体たる人間個人のみが法的主体者であるという理論から出発して、法人は国家によって単に法律上の目的のために人為的に財産権の主体として擬制されたものにすぎず、それ自身には意思もなく、また不法行為も犯罪もなしえない純粋な法律の世界での存在であるという立場である。他方、法人実在説とは、法人は法律によって擬制された空虚なものではなく、法人格を付与されるのにふさわしい1個の社会的実在であるとみる立場である。

(2) 「所有と経営の分離」および「会社の所有者」の意味

　上述の説明からわかるように「所有と経営の分離」および「会社の所有者」という表現における「所有」とは、民法における所有権概念とは異なる、比喩的な表現にすぎない。言い換えれば、経済学的・経営学的な観点から、出資者は企業経営に実質的に関与しうる地位にあることについて、この出資者の持つ権限を「所有」と呼んでいる。そして、株式会社においては、出資者たる株主が会社の経営に参加することが必ずしも予定されておらず、株主でない者が取締役または執行役として会社経営にあたることが制度上認められ（会331条2項本文・402条5項本文,）、株主が株主総会において取締役等の経営者を選任することから（会329条）、株主は株主総会における議決権行使によって経営者を支配し、間接的に経営に参加することが想定されている。このような状況を**所有と経営の分離**と表現するのである。

　そして、会社の規模が大きくなればなるほど、株式が大衆に分散化し、株主が株主総会に出席して議決権を行使しても、株主一人ひとりの会社経営への影響力は乏しい。また、そのような分散化現象が進むと、単に投資目的で株式を取得・保有し、会社経営には興味がないために株主総会に出席しない株主も多くなる。すると、株主が実際には議決権を全く行使しないか、議決権行使について会社側からの勧誘に応じて委任状を提出し、現経営者が委任状を握ることになるため、経営者が自らを選任し、また自分らの後継者を事実上指名できる状況になる。このように、経営者が実質的に会社の支配をなす現象を**経営者支配**と呼ぶ。「経営者支配」の現象は、株主が「会社の所有者」であることの意義が薄れ、「所有と経営の分離」が顕著に進んでいることを示すものである。

❷　株主の地位

　これまで説明してきたように、法的に厳密な意味で、株主は株式会社の所有権を有するわけではないが、会社法上、「会社の所有者」と称される株主の地位、そして、それを基礎づける株式とはどのような性質を有するかについて議論がある。この議論には大きく分けて二つの説があり、所有権の派生形態とみる**社員権説**と株式を債権に近づけて考える**株式債権説**が対立している。

(1) 社員権説
(a) 社員権説の意味

社員権説とは、株式とは、社員権という、社員が団体の経営に参加することを目的とする権利である**共益権（管理権）**と社員が団体から経済的利益を受けることを目的とする権利である**自益権（財産権）**が一体となった地位である、とする考え方である。この社員権説は、株主としての権利のうち、自益権は所有権の収益権能の変形物で、また、共益権は所有権の基本的権能である支配権の変形物であるとしており、株式を所有権の派生的な形態であるとしている。今日、社員権説を否定する見解はほとんどなく、**判例も社員権という概念を明確に認めている**（最大判昭和45・7・15民集24巻7号804頁）。

(b) 株主の地位と所有権との関係

次に、「社員権」という社団法上の地位がなぜ所有権と近い概念として捉えられるのか、検討していこう。まず、株主の株式会社への出資金は、原則として会社の資本金となる（会445条）。そして、株主から出資された財産について、法人格を付与された会社が所有者となる。出資者は、出資した財産に対する所有権を失い、出資額に応じた株主となる。株主は、経済的には会社の純資産の持分を有していることになるが、会社財産の所有者は法人であり、株主は法律上の「所有」者（民206条）でも、「共有」者（民249条以下）でもない。そこで、**出資された財産の所有権を喪失した代償として、株主に対しては、所有権（民206条）に認められる使用権能、収益権能および処分権能に対応した内容の権利が与えられる**こととなる。

所有権の**使用権能**とは、有体物を物質的に使用することをいう。この使用権能に対応するものとして、取締役会（会362条）または取締役が業務の執行をすることになるため（会348条）、株主はその取締役を選任すること（会329条）および解任すること（会341条）が認められている。このような、株主が会社の経営に関与する権利は**共益権**と呼ばれており、所有権の中の使用権能を具現化するものと理解できる。さらに例を挙げるならば、株主総会における議決権（会308条）を中心として、取締役の業務執行等に対する監督・是正権としての代表訴訟提起権（会847条）、取締役の行為差止請求権（会360条）、計算書類等閲覧権（会442条2項）などもある。これらは各株主が単独で行使できる**単独株主権**である。ほかに、1株を有するだけでは行使できず、総株主の議決権の一定割合もしくは一

定数の株式または一定の割合の株式を有する株主のみが行使しうる**少数株主権**として、株主提案権（会 303 条）、取締役解任請求権（会 854 条）、会計帳簿等閲覧権（会 433 条）、検査役選任請求権（会 306 条）、解散請求権（会 833 条）なども認められている。

次に、所有権の**収益権能**とは、有体物から生ずる果実を収受することをいう。この収益権能に対応するものとしては、利益配当請求権（会 105 条 1 項 1 号・453 条）と残余財産請求権（会 105 条 1 項 2 号・504 条）が認められている。利益配当請求権は、所有権の中の「収益」の権利を具現化するものではあるが、配当決議がなされない限り株主には具体的な配当請求権は認められない。また、残余財産分配請求権は、会社が解散し、会社の債務を弁済してなお残余の財産がある場合に初めて具体的権利性を有し、株主が、投下資本を超える額（解散前に配当を受けた額を除く）の残余財産分配請求権を具体的権利として有する場合にのみ、収益権能が実現される。これらの二つの権利は、所有権の収益権能を具現化する基本的な権利で、また、会社が営利法人であると認められるための基本的な権利であることから、会社法は、収益に関しての利益配当および残余財産分配の権利の全部を与えない旨の定款の定めを無効とする（会 105 条）。利益配当請求権や残余財産請求権のように、株主が会社から経済的利益を受ける権利を**自益権**という。

そして、所有権の**処分権能**には、有体物の物質的変形・改造、消費、破棄、あるいは、法律上の譲渡、担保権の設定などが含まれ、この処分は、物の消費や破棄のような**事実的処分**、および質入れのような担保権設定等の**法律的処分**の両方を含む概念である。株式譲渡自由の原則（会 127 条）により、株主は株式の有償譲渡を通じて投下資本の回収が保障されているが、これは所有権の処分権能に対応して認められているといえる。

(2) 株式債権説

以上のような社員権説に対して、**株式債権説**とは、株式を主に、利益配当請求権という金銭債権と捉える考え方である。すなわち、株式会社における企業所有と経営の分離の事実に即して、いわゆる社員権としての株主権を否認し、株式につき、利益配当請求権なる社団法上の債権とこれを確保するための従たる権利により構成されるものと解し、議決権その他の共益権につき、株主が株式会社において有する公権の一群であり（国家における参政権と同質とする）、また、一身専属的な人格権と解する立場である。証券取引所に株式を上場している上場会社（2015 年末現在で 3,511 社）等を

考えた場合、多くの株主にとっては利益配当といった個人的・債権的利益のみが投資の目的であり、企業の支配権能は本質的ではないと考えることもできる（株主の債権者化・株式の債権化）。このように、株式債権説は、**上場会社等の公開会社タイプの株式会社の理論としては有益な理論**ということができるが、前述のように、株式会社一般における株式の性質を捉えているとはいいがたい。そのため、判例・通説ともに社員権説に立っており、株式債権説は、株主の債権者化・株式の債権化という社会状況の分析に示唆を与える範囲での役割を持つものといえよう。

(3) 民法における株式の扱い

ここで、民法が「株式」をどのように性質決定しているかを検討しよう。

まず、そもそも、現行民法の条文では「株式」という用語は使われていないが、2006（平成18）年の会社法施行までは、指名債権質の対抗要件を定める民法364条2項（現行法では削除されている）として、**株式質の特則**が定められていた。かつて民法364条は、1項では現行法と同じく、指名債権質の対抗要件は債権譲渡の対抗要件の規定に従うことを確認し、2項では「前項の規定は、株式については、適用しない」として、株式質の場合には債権譲渡の対抗要件の規定を適用しないとしていた。民法・商法の起草者の梅謙次郎は、民法364条2項は「暗ニ株式ノ債権タルコトヲ認メテ」いる規定であるとし、株式の本質は債権であり、株式質は債権質であると捉えていた。そして、同項につき、株式を指名債権の一種であることを前提としながら、その質入の対抗要件を指名債権と同一に取り扱うことを不適当とする趣旨の規定と説明している。そこで、立法当時、民法は株式を債権の一種として考えていたことになる。

その後、2006年の会社法施行に伴い、民法364条2項は削除され、株式の質入れの対抗要件について「民法第364条の規定は、株式については、適用しない」（会147条3項）として、内容はそのままに会社法に移し替えられている。この民法から会社法への移し替えについて、①株式と債権とが本質的に相違すること、②会社法においては名義書換制度（または振替制度）があり、株式質の対抗要件は会社法147条1項・2項で明らかであり、指名債権質の規定を株式質に適用する余地はないことから、同条3項は当然のことを規定するものと評価されている。

以上を踏まえると、民法は、立法時においては、株式を一種の債権として捉えていたが、その後の商法・会社法の法改正を受けて民法が改正されたことで、もはや株式を債権とは捉えていないといえる。とすると、現在

の会社法の下における株式の性質について、社員権説による説明が、民法における取扱いの変化とも理論的に整合性がとれていることになる。以上の株式の性質論は、本章の最後で説明する株式質の処理について関係するので、これまでの議論を頭に入れておいてほしい。

③ 株式の共有

(1) 株式の準共有

これまで説明してきたように、判例・通説は、株主の地位を所有権の派生形態としての社員権という特殊な社団法上の地位として捉えている。そこで、株主が複数存在する場合、社員権が株主の地位という所有権の派生形態であること、また、株主の地位は株式という細分化された割合的地位であることに鑑みれば、株主間で会社を共同所有、つまり共有することに近い法律関係にあると評価されうる。さらに、その複数の株主の中の1人の株主が保有する株式が共有される場合もある。その場合、社員権は所有権そのものでないことから、民法上、数人で「所有権以外の財産権」(社員権)を有する場合として**準共有**（民264条）の法律関係になる。株式の準共有は、株主の意思に基づいて生じる場合もあれば、共同相続（民898条）によって生じる場合もある。判例（最判昭和45・1・22民集24巻1号1頁）・通説は、株式会社の株式について相続人が複数存在する共同相続の場合には、遺産分割がなされるまでは、法定相続分に応じて共同相続人の準共有に属すると解している。

株式の共有は、準共有に当たるため、民法264条により民法の共有に関する規定が準用される（民249条以下）が、**民法の規定は主として共有者間の内部関係を規律する**ものである。これに対し、**会社法では、会社に対する関係において共有株式の権利を行使する場合のルールが定められている**。具体的には、株式の共有者は、当該株式について権利行使者を1人定めて会社に通知しなければ、当該株式についての権利を行使できない（会106条本文）が、会社の同意があれば共有者は権利を行使することができる（同条ただし書）。会社法106条をめぐっては、①権利行使者をどのように指定するのか、また、②常に権利行使者の指定・通知が必要なのか等について争いがある。これらの問題を検討するにあたり、民法における共有に関する知識が前提となるので、民法における共有について確認しておこう。

(2) 民法における共有
(a) 共有の意義

共有とは、複数の人が一つの物（有体物）に対して一定の割合で所有権を持つことである。各共有者の有する所有権の割合を**持分**といい、持分について有する各共有者の権利を**持分権**という。この**共有の本質**をどのように考えるかについては、学説上の争いがあるが、一つの物につき1個の所有権が成立しそれが各共有者に分属すると考える立場（所有権量的分属説＝多数説・判例）と、共有者の数に応じた複数の所有権が1個の客体の中に集約された状態と考える立場（複数所有権説＝少数説）がある。この点については、一物一権主義を前提にすれば、1個の所有権が複数の共有者に分属しているとする所有権量的分属説が妥当である。

(b) 共有物の使用・管理

共有物の使用に関しては、各共有者は「共有物の全部について」、各人の持分の割合に応じて使用することができ（民249条）、具体的な使用方法は、共有者間の合意による。ここで注意すべきことは、所有権の客体は有体物であり、また、各共有者は共有物全部についての使用ができることから、1人がその物を占有して使用していれば、他の共有者はその物の使用ができず、共有物の持分の過半数を超える者であっても、共有物を単独で占有する他の共有者に対して、共有物の明渡しを当然には主張することができないということである（最判昭和41・5・19民集20巻5号947頁）。

また、共有物の管理に関する事項は、原則として、各共有者の持分の価格に従って過半数によって決定される（民252条本文）。例えば、第三者に対して共有物の利用を許諾する賃貸借契約（民602条所定の期間を超えない賃貸借〔東京高判昭和50・9・29判時805号67頁〕）の締結は、共有物の管理行為と考えられる（民法602条所定の期間を超える賃貸借については処分行為となる〔東京地判昭和39・9・26判タ169号194頁〕）。

したがって、その物が数人の共有に属する場合、**共有者間でその物の使用・管理について調整する必要性があり**、この調整目的のためには**共有物の使用・管理・処分に関する規定を参照**しなければならない。

(c) 共有物の処分

他方、**共有物の処分は、他の共有者の持分権の処分を含む**ので、共有者全員の同意が必要である。これに対して、**共有者各人の持分権**は、各共有者が自由に売却、贈与、交換、または担保権設定という処分ができる。これは、持分権の法的性質が基本的には所有権だからである（民206条参照）。

(3) 株式の準共有と会社法 106 条

(a) 準共有株式の権利行使方法

　会社法 106 条本文は、準共有株式の権利行使について、準共有者が株主の権利を行使すべき者（権利行使者）を 1 人定めたうえで会社に通知をしなければならず、そのようにして初めて、その 1 人の権利行使者だけが株主としての権利を行使できるとしている。これは、準共有者が各別に権利を行使することから生じうる混乱を回避し、会社の事務処理の便宜を図るという理由に基づき、民法の共有に関する規定に対する「特別の定め」（民 264 条ただし書）がなされたものである（最判平成 27・2・19 民集 69 巻 1 号 25 頁）。

(b) 権利行使者の指定方法

　会社法 106 条本文は「権利を行使する者 1 人を定め」と規定するにとどまり、具体的な権利行使者の指定方法について明文の規定を置いていない。そこで、権利行使者の指定方法が問題となる。

　まず、民法における共有の理論から権利行使者の指定の法的性質を分析してみよう。指定された権利行使者は、自己の判断で株主権を行使することができ、たとえ共有者内部における合意に反していたとしても、その権利行使は有効とされ（最判昭和 53・4・14 民集 32 巻 3 号 601 頁）、権利行使者の指定は、株主総会における議決権（会 308 条）や役員選任権（会 341 条）の行使を委ねるという意味で、一種の**財産管理委託行為**であるとされている。このような権利行使者を指定する行為を、共有物の処分行為あるいは管理行為（民 252 条本文）とするか、という問題となる。

　まず、権利行使者の指定を、持分価格の過半数で決するとすると、遺産分割で対立する少数派の利益が顧みられない危険が大きく、管理行為とみることはできず、他の共有者の持分権の処分と同視しうると考えられることから、処分行為に準ずる行為として全一致によって指定すべきと考えることができる（全員一致説）。他方、権利行使者を定めなければ株主権等の行使ができないことから、その選定行為自体は準共有者全体の利益になると考えられ、権利行使者の指定は共有物の管理行為（民 252 条本文）として、持分価格の過半数で決まるとも考えうる（過半数説）。

　この問題は、実質的には、株式共有における具体的な問題状況・利害状況に対処するためにいかなる意思決定方法が適切かという観点が重要になる。判例（最判平成 9・1・28 集民 181 号 83 頁、最判平成 27・2・19 前掲）・多数説は、特段の事情のない限り、準共有者の持分（法定相続分）の過半

数により権利行使者を指定できるとする見解を採用している（過半数説）。すなわち、**権利行使者の指定は共有物の管理行為（民252条本文）に該当する**と解している。その実質的な論拠としては、会社法106条の会社の事務処理の便宜のためという趣旨に鑑みると、準共有者間の利害対立が激しく対立している場合に全員一致を要求することはおよそ不可能を強いることで現実的でないこと、また、全員一致を求めればデッドロック状態（行き詰まり状態）に陥りやすくなるため、会社運営にも重大な支障をきたす恐れがあることを挙げる。ここでいう「重大な支障」とは、典型的には、準共有されている株式について議決権行使がされないために、株主総会決議の定足数要件を満たさず、それゆえ役員選任（会341条参照）などが行えないことを意味する。

(c) 権利行使者の指定・通知の必要性

会社法106条ただし書は、会社の同意がある場合は、権利行使者の指定・通知がなくとも準共有者による権利行使が認められる旨を定める。これは、事務負担が増えるのを承知のうえで、会社が準共有者の権利行使に同意するのであれば、特に権利行使者の指定・通知を求める必要はないという考え方に基づく。

ただ、同条ただし書の「株式会社が当該権利を行使することに同意した場合は、この限りでない」という文言に注意してほしい。この文言だけをみれば、①準共有者の持分の過半数による権利行使者の指定があり、ただ会社に対して権利行使者の指定の通知がされていないときに、会社が共有者間で指定された権利行使者による権利行使につき同意をした場合、②準共有者の持分の過半数による権利行使者の指定がそもそもなく、指定の通知もない場合に、共有者の1名に対して会社が権利行使の同意をした場合、の二つのパターンを包含するように読める。そこで、②のような**共有者間で権利行使者が指定されていない場合にも、同条ただし書が適用されるのか**問題となる。

前述のように、株式の準共有者間の内部関係は、民法264条により民法の共有に関する規定が準用される（民249条以下）。他方、会社法106条本文は、会社に対する関係において共有株式の権利を行使する場合のルールを定めており、これは民法264条にいう「特別の定め」に当たる。そして、権利行使者を指定する行為が「処分行為」なのか「管理行為」なのかが議論されていたように、準共有者間の内部関係の問題であり、民法の共有に関する規定に従うことになる。そうすると、会社が会社法106条ただし書

所定の同意をしたときには、特別な定めである同条本文だけが排除されるにすぎず、民法上の共有に関する規定は、なお守るべきルールとして残っていることになる。したがって、②のようにそもそも内部において権利行使者の指定がない場合には、会社の同意によっても、1名の共有者の権利行使を認めることは許されないことになる（最判平成 27・2・19 前掲）。

❹ 株式質

(1) **株式質と民法における権利質**

　最後に、会社法における担保物権の問題として、株式の質入れについて確認しておこう。**質権**は、その目的物が動産か不動産か財産権かによって、動産質（動産質権）（民 352 条以下）、不動産質（不動産質権）（民 356 条以下）、権利質（権利質権）（民 362 条以下）の三つに分かれる。権利質を定める民法 362 条は「質権は、財産権をその目的とすることができる」としており、株式も社員権という財産権の一種であるため、株式の質入れは、民法の権利質（権利質権）といえる。**権利質**とは、債権者が債務者または第三者の財産権につき他の債権者に先立って自己の債権の弁済を受けることができる権利である。会社法 146 条 1 項は、「株主は、その有する株式に質権を設定することができる」とし、株式が質権の対象となることを明らかにしている。

　株式の質入れが権利質であるならば、基本的には民法の諸規定が適用されるべきである。しかし、質権設定の対抗要件（民 364 条）について、民法の適用は会社法 147 条 3 項で明示的に排除されており、会社法において別途定められている規定が適用される（民法 364 条と会社法 147 条 3 項の関係につき、❷(3)を参照）。

　以下では、会社法における株式の質入れを説明する。株式の質入れは、本来的には権利質であるが、株券が発行されている場合は、株券という有価証券（無記名証券）、つまり「紙」が存在することを捉えて動産質と近い扱いがされている。すなわち、株式の質入れについては、**株券不発行会社の株式か株券発行会社の株式か、という観点で区別されている**のである。

(2) **株券不発行会社の株式の質入れ**

(a) 質権の成立要件

　かつては、すべての株式会社に株券の発行が義務づけられ、株式の譲渡は、その株券の交付により行うものとされてきた。歴史的にみると、株券は、目に見えない権利である株式を証券（紙）という可視的な存在にする

第 5 章　会社の所有と所有権　123

ことにより、株式の流通を容易にする機能を持っていた。しかし、上場会社以外の会社では、株式の譲渡はそれほど頻繁ではなく、あえて株券を発行する必要性がなく、違法に株券を発行しない会社が大多数であった。また、上場会社については、情報技術の進展に伴って、証券保管振替機構および証券会社等による口座振替の方法によって株式を譲渡する仕組みが国際的にも主流となり、証券の発行・保管・移転に費用を要し、紛失・盗難のおそれもある株券の利用の強制は、むしろデメリットの方が大きくなった。そこで、2004（平成16）年の商法改正で、株券を発行することを原則としつつも、定款で定めれば株券を発行しなくてもよいものとされた。その後、会社法ではさらに、原則として株券を発行しなくてもよいこととし、定款で定めた場合にのみ、株券を発行するものとした（会214条）。定款で株券を発行する旨を定めた会社を、**株券発行会社**といい（会117条7項）、株券発行会社でない会社を**株券不発行会社**（または**非株券発行会社**）という。

　株券不発行会社における株式の質権の設定は、**当事者間の契約のみで効力を生じる**（会146条1項。2項と対比）。会社法146条1項が株式質入の一般的な規定であるのに対して、同条2項が「株券発行会社の株式の質入れは、当該株式に係る株券を交付しなければ、その効力を生じない」としている以上、株券不発行会社の株式に対する質権の設定に本条1項の適用はあっても、質権の成立に株券の交付を必要とする2項の適用はない。この点、民法における権利質も、債権者と質権設定者（質権の対象となる債権の債権者）との契約（諾成契約）により設定されることになっているが、例外として「債権であってこれを譲り渡すにはその証書を交付することを要するものを質権の目的とするときは、質権の設定は、その証書を交付することによって、その効力を生ずる」と規定されており（民363条）、「譲り渡すにはその証書を交付することを要する」債権に対する質権の設定に限って、要物契約となっている。

(b)　質権の対抗要件

　株券不発行会社（振替株式を除く。平成21年1月以降、上場会社の株式の譲渡は「社債、株式等の振替に関する法律」に基づく振替制度の下で行われている。この制度では、誰がどの株式を何株所有しているかの情報および株式譲渡の処理も「振替口座簿」というデータベースで管理され、振替口座簿を管理する振替機関が取り扱う株式を**振替株式**という）の株式の質入れにつき、会社その他の第三者に質権を対抗するには、質権設定者の請求により、**株主名簿に質権者の氏名等を記載・記録**してもらう必要がある（会147条1項・

148条)。株主名簿に質権者の指名等が記載・記録された場合、この質権のことを**登録株式質**と呼ぶ。なお、株券不発行会社の株式の質権設定においては、株券が存在しないので、質権者が株式を占有するという事実状態を想定することができず、(3)に述べる継続占有と関係する略式株式質という概念は存在しないことになる。

(3) **株券発行会社の株式の質入れ**
(a) 株券発行会社

前述のように、かつては、すべての株式会社は株券の発行が義務づけられていたが、現在では、定款で定めた場合にのみ、株券を発行するものとされており(会214条)、定款で株券を発行する旨を定めた会社である株券発行会社(会117条7項)は例外的である。

(b) 質権の成立要件

まず、株券発行会社の株式は、**株券の交付により質権の設定の「効力を生じ」る**とされている(会146条2項)。民法の動産質権も同様に、質権の設定は、債権者にその目的物を引き渡すことによって、その「効力を生ずる」とされている(民344条)。ここで注意してほしいのは「効力を生ずる」という文言である。純粋な文言解釈をすると、目的物の引渡しは、効力発生要件を意味するだけで、質権設定契約自体は諾成契約であると解することもできる。

しかし、**動産質**についての民法の通説的見解は、目的物引渡しを質権設定契約の契約成立要件と考え、**質権設定契約を要物契約**と解している。つまり、諾成契約とは異なり、成立につき一般的成立要件以外に、特別成立要件(=目的物引渡し)を要求しているのである。これは、質権の本質的効力である留置的効力(民347条)を発揮させるためには、質権者が目的物の引渡しを受け占有を取得しておく必要があるからである。

そして、株券に対する質権設定についても、民法の議論と同様に、会社法146条2項の**株券の交付は株式質権設定契約の成立要件である**と考えられている。すなわち、会社法146条2項は、株券発行会社において、株主が自己の株券を質権者に交付することによって株式質権設定契約が成立する旨を定めている(ただし、株式は動産と違い、物質的な使用価値がないので、留置的効力といっても、株式質の使用価値は把握できず、交換価値〔処分権能〕を把握する意味しかない)。

(c) 質権の対抗要件
(ア) 登録株式質権

株式質の対抗要件

	株券不発行会社 （振替株式を除く）	株券発行会社
登録株式質 （147条1項）	質権の登録 （147条1項・148条）	質権の登録＋株券の継続占有 （147条1項・148条＋147条2項）
略式株式質	存在しない	株券の継続占有（147条2項）

　会社その他の第三者に対する株式質の対抗要件は、原則的として、**株主名簿に質権者の氏名・名称および住所を記載・記録すること**である（会147条1項。株主名簿に記載・記録がなされている株式質権を登録質権・登録質という）。そして、株券が発行されている場合の株式質については、これに加え、設定者により引き渡された株券を**質権者が継続占有すること**が必要となる（同条2項）。すなわち、株券が発行されていない場合の株式質は、株主名簿の記載・記録がなされれば（登録株式質権）、それで対抗要件の機能として必要十分であるが、株券が発行されている場合の株式質は、株主名簿に記載・記録がなされても、その状態だけでは第三者対抗要件を充足しておらず、追加的に、質権者による株券の継続占有が必要となる。

　民法の動産質についても、目的物の継続占有が第三者に対する対抗要件になっている（民352条）。しかし、民法においては、動産質権の公示方法として、株主名簿のようなものはなく、物の占有以外にはないから、質権の継続占有のみをもって質権の対抗要件とされている。

　なお、会社法147条2項と民法352条は対抗要件に関してほぼ同様の規律となっているが、前者は「会社その他の第三者」対抗要件、後者は「第三者」（債務者および設定者以外の者）対抗要件としていることに違いがある。質入れの目的物となる「株式」は、会社と株主（債務者・設定者）間の法律関係（社員権）も問題となるため、質入れについて会社への対抗も問題となる。しかし、民法における動産質は、目的物が「動産」であって、債務者または設定者の所有物でしかないため、債務者または設定者に対する対抗を問題とする必要はなく、第三者への対抗のみを問題とすればよいからである。

(イ)　略式株式質権

　前述のように、株券が発行されている場合の株式質の設定について、第三者対抗要件の原則形態は、株主名簿への記載・記録と株券の占有継続で

あるが、株券の交付のみで株主名簿の記載・記録がなされないもの（**略式株式質権**または**略式質**）も認められている。登録質権者は、例えば、会社が剰余金配当などを行うときに、会社から直接に金銭を受領したうえで、他の債権者に先立って自己の債権の弁済に充てることも認められているが（会154条1項）、略式質権者は、そのような権利が認められておらず、質権の権利保全は難しい。略式株式質権にはこのようなデメリットがあるが、株主名簿の記載・記録が行なわれないので、質権設定者が会社に質権設定の事実を伝えたくないと考える場合に、略式質権者の同意の下に、略式株式質権が利用されている。

【参考文献】

所有権について　　金井・知財 53-54 頁／四宮＝能見 159 頁

所有権の使用権能・収益権能・処分権能について　　舟橋 340 頁／近江・講義Ⅱ 217 頁／石田・大系 2　303 頁／松尾＝古積 156 頁

法人本質論について　　河本 24-25 頁／四宮＝能見 81-83 頁／平野・総則 31-32 頁／大村・物権 143-144 頁

所有と経営の分離について　　酒井 18 頁＊「所有と経営の分離」と「所有と支配の分離」の関係について簡潔に説明している。／リークエ 133-134 頁〔大杉謙一〕＊「所有と経営の分離」と「所有と支配の分離」の関係について簡潔に説明している。／近藤ほか 17-20 頁／北沢 288-291 頁

所有と支配の分離（「経営者支配」）について　　河本 7-19 頁／泉田 18-20 頁／森田 125-126 頁

株式の法的性質について　　大隅ほか・概説 65 頁／河本 39-46 頁＊株式の法的性質について詳しく説明している。／北沢 136-142 頁＊株式の法的性質について詳しく説明している。／宮島・エッセンス 91-92 頁

社員権と所有権の関係について　　森田 108-109 頁／大隅ほか・概説 12-14 頁

民法における株式の扱いについて　　注民(8) 353 頁〔林良平〕／基本コンメ(1) 290-292 頁〔高田晴仁〕＊ 2006 年会社法施行前の民法 364 条 2 項と会社法 147 条 3 項の関係について、民法起草者の見解を踏まえて説明しており、両者の関係を知るうえで有益である。／新会社 262 頁〔郡谷大輔・細川充〕＊民法 364 条 2 項の削除についての立案担当者による説明がなされている。

共有・準共有について　　金井・知財 64-65 頁

株式の準共有と会社法 106 条について　　高橋ほか 87-89 頁〔久保田安彦〕／リークエ 122-123 頁〔田中亘〕／逐条(2) 35-42 頁〔森淳二朗〕／基本コンメ(1) 203-205 頁〔鳥山恭一〕

株式質について　　基本コンメ(1) 287-292 頁〔高田〕＊株券不発行会社と株券発行会社の株式についての質権設定について極めて明確に解説されている。／リークエ 118-119 頁〔田中〕／泉田 229-231 頁

民法における質権の成立要件について　　平野・担物 227-228、239-242 頁／道垣内 81-83 頁、104-106 頁／山野目 262 頁

第6章
株式譲渡と債権譲渡
「譲渡」をめぐる問題

Introduction

　第5章で説明をしたように、**会社の所有者**とされている株式会社の株主の地位は、**株式**といい、この株式の性質については、すでに説明をしたように、議論があります。株式を債権に近づけ、株式を利益配当請求権という社団における出資者の金銭債権と捉える考え方（**株式債権説**といいます）がありますが、今日では、株式は債権ではなく、**社員権**という**共益権（管理権）** と**自益権（財産権）** が一体となった地位であるとする考え方（**社員権説**といいます）が一般的です。もっともこの考え方からも、株式の債権的な側面自体が否定されるわけではありません。そこで、本章では、**株式の債権的な側面**があることを踏まえて、債権譲渡と株式譲渡を比較します。

　まず、民法では、債権者は債権を自由に譲渡することができるとされています（**債権譲渡自由の原則**〔民466条1項本文〕）。そして、会社法でも、株主は株式を自由に譲渡することができるとされています（**株式譲渡自由の原則**〔会127条〕）。会社法においても重ねて譲渡自由の原則が規定されるのは、前述のとおり、株式が純粋な債権ではなく、株式譲渡には民法466条1項本文が適用されないと考えられるためです。そもそも、株式譲渡自由の原則は、「所有と経営の分離」の下で、**出資者の投下資本の回収を保障する会社法の根本的な原則**です。他方、債権を人と人を繋ぐ「法鎖」と考えるローマ法では、債権の譲渡は認められておらず、また、わが国の民法起草当時、債権譲渡を悪用する取立屋を規制するために、債権の譲渡性は否定されていました。ところが、債権の譲渡性を認める近代民法典の傾向に従い、現行民法は債権譲渡の自由を認めるに至っています。このような債権譲渡自由の原則と株式譲渡自由の原則の**成り立ちの違い**から、債権・株式の譲渡を制約することの有効性につき、結論が異なります。

まず、株式会社では、出資者の投下資本の回収の保障を認めることが本質的な原則であることから、譲渡を一切禁止して、回収を不可能にしてしまう株式（**譲渡禁止株式**）を**発行することができません**。もっとも、会社にとって好ましくない者が株主になることを排除するために、例外として、株式の譲渡につき会社の承認を必要とする**譲渡制限株式は認められています**（会107条1項1号・108条1項4号）。この譲渡制限に違反した株式譲渡につき、判例は、譲渡人・譲受人間では有効とし、あくまで会社との関係で無効としています（相対説：〔有効〕譲渡人⇔譲受人、〔無効〕会社⇔譲受人）。

　これに対して民法では、債権者と債務者が譲渡禁止の特約をすることを認め、その特約により債権の譲渡性は物権的に奪われますので（民466条2項本文）、判例は、譲渡禁止特約の付された債権の譲渡は無効（未確定的無効・不確定的無効）とします。そして、善意の第三者が譲り受ける場合に限って例外的に譲渡を有効としています（物権的効力説）。

　以上を踏まえて株式譲渡と株式譲渡を比較すると、株式譲渡では会社との関係だけを無効とし、譲渡人・譲受人間では有効としている点で**譲渡の自由を重視**しています。これは、繰り返しになりますが、投下資本の回収を認める株式譲渡自由の原則という根本原理から、民法とは異なり、**譲渡契約の有効性をできるだけ認めようとする**からです。

　近時、民法においても、資金調達の需要から、債権譲渡、特に売掛債権等の集合債権の譲渡を可能にするために、債権の譲渡性を強めており、株式譲渡の自由の原則と考え方が接近しつつあります。本章では、株式・債権譲渡自由の原則それぞれの制度趣旨を検討してみることにしましょう。

　そして、株式・債権譲渡の有効性をめぐる問題の後は、それらの**譲渡の対抗要件**が問題となります。債権譲渡の債務者対抗要件は、債務者に対する通知・債務者による承諾（民467条1項）、第三者対抗要件は、通知・承諾についての確定日付のある証書とされています（同条2項）。他方、株式譲渡の会社に対する対抗要件および第三者対抗要件は、**株主名簿への記載・記録**によるとされ（会130条1項）、不動産物権変動における**「登記」の仕組みと近い制度**ともいえそうなものです。

　このように、本章では、株式について、譲渡という点では債権的な側面の問題があり、譲渡の対抗要件という点では物権法の対抗要件に近い側面があることを理解していきましょう。

① 株式と債権

　会社法において株式を自由に譲渡できることが原則とされるのは、会社法が社会に散在する少額の資本を集め大規模の株式会社を運営できるようにすることを理念（危険の分散と限定）とし、その理念を貫徹するためには、投資家がその株式会社に対する投資を回収しようとしたときに、それを自由に回収できる仕組みが重要となるからである。このように株式譲渡自由の原則は、会社法の根本理念にかかわる重要な原則である。本章では、このような原則の下にある株式譲渡と民法における債権譲渡を比較して検討することにする。そこで、まず、第5章でも説明した株式の法的性質について簡単に確認しておこう。

　株主は、出資者として企業経営に実質的に関与しうる地位にあることを捉えて、「会社の所有者」といわれ、この株主の地位が**株式**といわれている。株式の性質については、第5章でも説明したように、社員権という、社員が団体の経営に参加することを目的とする権利である**共益権**（管理権）と社員が団体から経済的利益を受けることを目的とする権利である**自益権**（財産権）が一体となった地位であるとする考え方（**社員権説**）が一般的な考え方となっている。

　この社員権説では、株主としての権利のうち、自益権は所有権の収益権能の変形物で、また、共益権は所有権の基本的権能である支配権の変形物であるとしており、社員権を所有権の派生的な形態であるとしている。他方、株式は、主に、利益配当請求権という社団における出資者の有する金銭債権であるとする**株式債権説**があり、証券取引所に株式を上場している上場会社（2015年末現在で3,511社）等を考えれば、多くの株主にとっては利益配当といった個人的・債権的利益のみが投資の目的であり、企業の支配権能は本質的ではないと考えることができる（**株主の債権者化・株式の債権化**）。

　しかし、今日、社員権説を否定する見解はほとんどなく、判例も社員権という概念を明確に認めている（最大判昭和45・7・15民集24巻7号804頁）。ただ、社員権説においても、利益配当請求権等の**株式の債権的な側面自体が否定されているわけではなく**、また、上場会社等の大規模な会社では株主の債権者化の現象を認めなければならない。そこで、本章では、株式には、一部、債権の性質があることを前提として、株式譲渡と債権譲渡を比較して検討していくことにする。

❷ 株式譲渡自由の原則と債権譲渡自由の原則

(1) 株式譲渡自由の原則と債権譲渡自由の原則の規定

　民法では、「債権は、譲り渡すことができる」としており、債権者は債権を自由に譲渡することができるものとしている（債権譲渡自由の原則〔民466条1項本文〕）。他方、会社法でも、「株主は、その有する株式を譲渡することができる」としており、株式会社の株主は株式を自由に譲渡することができるものとしている（株式譲渡自由の原則〔会127条〕）。このように、**債権譲渡、株式譲渡ともに譲渡の自由が明文の規定で宣言されている**。これらの両原則の内容を踏まえ、両原則がどのような関係にあるのか、検討してみよう。

(2) 株式譲渡自由の原則

　株式譲渡とは、法律行為により社員権の基礎となる株式を移転することであって、既存の株主が株主たる資格において会社に対して有する包括的な法律上の地位を他の者が承継する行為である。株式譲渡は、株式の売買・贈与等の債権契約の履行としての**準物権行為（契約）**とされており、その原因行為である売買・贈与等の債権契約とは区別される。

　このような株式譲渡について、会社法127条の**株式譲渡自由の原則は、株主の株式会社に対する投下資本の回収を保障している**と説明されるのが一般的である。しかし、厳密に考えてみれば、株式譲渡では、株式を第三者に売却することで投下資本を回収すること、すなわち、株式の売買契約が主なものであるが、そのほかにも、投下資本の回収を目的としない贈与契約等も存在する。したがって、株式譲渡自由の原則は、株式の譲渡を目的とする債権契約としての売買契約を保障したものではなく、正確にいえば、準物権行為としての株式譲渡（財産権の譲渡）の自由を保障している、すなわち、**準物権行為としての株式譲渡の効力を制限するような合意は認められないことを保障した原則**と捉えるべきものである。

(3) 債権譲渡自由の原則

　債権譲渡とは、債権の同一性を変えることなく、譲渡人（旧債権者）と譲受人（新債権者）との契約によって債権を移転することである。債権譲渡は譲渡人と譲受人との合意（契約）によって行われるものであり、それは債権の移転を直接の目的とする法律行為である。したがって、債権譲渡は、債権を1個の財貨として移転する準物権行為（契約）としての債権譲渡行為（契約）であり、債権債務の発生を直接の目的とする契約である債

権契約（売買契約・贈与契約等）とは区別される。

今でこそ、債権譲渡は自由であるが、かつて、ローマ法下では、債権は債権者と債務者の「法鎖」であるため、債権を譲渡できないのが原則であった。そこでは、債権は高度に人的なものであり、債権者・債務者間の具体的な法律関係からは簡単に解き放たれないものとされていたのである。そして、約120年前の民法の起草当時のわが国の法制においても、債権譲渡を悪用する取立屋を規制するために、債権譲渡の自由は否定されていた（明治9・7・6太政官布告99号）。

しかし、その後、債権の財産的価値が承認された諸外国の近代民法においては、債権を原則として譲渡できるとすることが契約自由の原則に適うと考えられるようになった。そして、わが国においても、現行民法はその傾向に従って債権譲渡の自由を認めるに至っている。

さらに、資本主義経済社会においては、債権譲渡の経済的意義・機能の一つとして、投下資本の回収機能が重視されるようになった。すなわち、事業に伴い取引の相手方に対して金銭債権を有することとなった債権者は、その債権を売買することにより、その債権の弁済期を待たなくとも、売買した債権の対価として金銭を得ることができる。これは、事業に投下した資本を流動化させることができる、すなわち、投下した資本を回収することができる、ということである。しかし、この投下資本の回収機能が十分に果されるためには、債権の流通を保護し、かつ、譲受人が確実に弁済を受けられるような仕組みが要請される。この要請を満たすために、民法では、債権と証券（財産法上の権利義務に関する記載がされた紙片）とが結合した証券的債権（手形、小切手、商品券および劇場入場券など。民471条等）が想定されている。他方、民法が規定する指名債権は、証券とは結合しておらず、しかも権利者も特定しているため、証券的債権と比較すると、それほど流通が予定されているものとはいえず、投下資本の回収機能は必ずしも十分とはいえないものである。

(4) 株式譲渡自由の原則と債権譲渡自由の原則の関係

それでは、これらの両原則はどのような関係にあるのだろう。これは、**株式の性質についてどのような立場をとるか**によって、異なる説明がなされることになる。会社法上の株式の法的性質論の問題と民法の制度において株式がどのように取り扱われているかという問題は別個の問題であると考えられる。第5章で検討したように、かつては指名債権質の対抗要件を定める民法364条に、株式質の特則として2項が定められていたのである

が、会社法の施行に伴いその規定は会社法に移された。この経緯からすれば、民法は、立法時においては、株式を一種の債権として捉えていたといわざるをえないが、その後、商法・会社法の改正を受けて、株式を債権と捉えないようになったものと考えられる。

　以上の沿革的事情を重視すれば、債権説が説くように、株式を債権の一種であると捉える余地があり、そのように考えるのであれば、民法の債権譲渡の諸規定が適用されることになる。そうすると、譲渡禁止特約付きの株式の譲渡には、民法466条2項の適用により、譲渡禁止特約の存在につき悪意または善意・重過失の第三者に譲渡の無効を対抗できることになる。しかし、持分の払戻しが禁止されている株式会社の株主には、株式譲渡という投下資本の回収手段が確保されなければならず、円滑な株式譲渡を実現するためには、譲受人の善意悪意を問わず、準物権行為としての譲渡を有効とする必要がある。そこで、会社法127条は、民法466条1項とは別に株式譲渡自由の原則を定め、譲渡禁止特約を定める同条2項の適用を除外したものと考えることができる。

　これに対して、通説である社員権説の立場からは、株式の法的性質は債権ではなく社員権であり、民法上の債権譲渡自由の原則の適用はないことを前提として、会社法において、投下資本の回収手段の確保の観点から、円滑な株式譲渡を実現するために、株式譲渡自由の原則を定めた、という説明になる。

　以上のように、説明の仕方は異なるものであるが、債権説と社員権説のいずれの立場をとるにしても、**会社法における株式譲渡自由の原則は、株主の投下資本の回収実現の観点から、譲渡禁止特約の存在につき悪意または善意・重過失の譲受人も保護する**という意味で、民法における債権譲渡自由の原則と比較して、**より強度な譲渡の自由**を内容としているといえる。他方、債権譲渡自由の原則は、根本理念として譲渡の自由を認めている株式譲渡自由の原則と異なり（明治32年制定時の商法も、株式譲渡を原則自由であるとしていた）、**自由に譲渡ができなかったことからスタート**している。

　このように両原則は、その**出発点において、譲渡性に対する考え方の違いがある**。そして、両原則の譲渡の自由性の沿革・内容の違いは、株式・債権の譲渡の制約に対する考え方に影響を及ぼしている。次にこの問題について検討してみよう。

③ 株式譲渡・債権譲渡に対する制約

(1) 問題の所在

まず、譲渡に対する制約として、会社法では譲渡制限株式（会2条17号）の制度があり、民法では債権の性質による制限（民466条1項ただし書）と当事者意思による譲渡禁止特約（同条2項本文）がある。そこで、譲渡の制約に関する法律問題を検討する前提として、すでに簡単には述べたが、今一度、株式譲渡と債権譲渡の法的性質について確認しておこう。

(2) 債権譲渡と株式譲渡の法的性質

債権譲渡は契約による債権の移転であるから、相続や会社の合併などで債権が移転する場合は含まれず、同じく契約による債権の移転といっても、債権者の変更による更改（民515条）の場合には、旧債権が消滅して新債権が発生するので（「その同一性を変じる」といえるので）、債権譲渡とは異なる（同一性の有無が債権譲渡と債権者の変更による更改の違いである）。

そしてすでに述べたが、債権譲渡は譲渡人と譲受人との合意（契約）によって行われ、それは債権の移転を直接の目的とする法律行為である。したがって、債権債務の発生を直接の目的とする契約である債権契約（民555条）とは区別する必要がある。現に、債権総則に置かれた債権譲渡規定（民466条以下）は、種々の原因から切り離して抽象的に債権譲渡を規律しているにすぎない。このことから、債権譲渡行為（契約）は、債権を1個の財貨として移転する準物権行為（契約）であるということができる。そして、民法では、債権の売買がなされることを前提とした規定が売買の節に置かれており（債権の売主の担保責任を定める民法569条）、債権譲渡では、準物権行為（契約）たる債権譲渡契約とは別に債権契約が成立することが想定されているのである。

それでは、**債権の売買契約等の債権契約と債権移転の効果が生じる準物権行為（契約）の関係**をどのように考えればよいか。これは、債権移転のためには債権契約とは別に債権を1個の財貨として移転する準物権契約を必要とするか、そして、債権の移転の効果はいつの時点で生じるか、という問題である。すなわち、物権行為の独自性（物権行為の独自性を認めるというのは、物権の変動を生ずるためには、常に物権の変動だけを目的とする別個の法律行為がなければならないとする意味で、このことを認めるか否かの議論）や物権変動の時期の問題とパラレルに考えることができる問題である。一般的には、債権契約により債権が移転し（準物権行為としての債権譲渡契

約を必ず別個にする必要はないとされ、また、債権契約と準物権契約が同時に行われたことが認められると説明されている)、債権の移転時期についても、規定はないが、理論的には物権法における理論と同様に契約成立時に移転するものと考えられる。

　株式譲渡も、債権譲渡と同様に、株式の売買・贈与等の債権契約の履行としての準物権行為(契約)を指すものとされており、その原因行為たる売買・贈与などの債権契約とは区別される。

　以上のように、**債権譲渡も株式譲渡も**、まずその法的性質が**準物権行為(契約)である**ことをよく理解したうえで、以下を読み進めてもらいたい。

(3)　指名債権の譲渡禁止特約

　次に、債権譲渡自由の原則と株式譲渡自由の原則の内容、そして債権譲渡と株式譲渡の性質がともに準物権行為(契約)であることの理解を前提に、債権と株式の譲渡制限について考えてみよう。

　まず、民法466条2項本文に定める譲渡禁止特約は、いかなる効果が生じる合意であるのか、また、この特約に違反してなされた譲渡はいかなる効果が生じるのかについて検討してみよう。これには、大きく分けて、判例が採用していると評価されている物権的効力説と学説上の有力説である債権的効力説という二つの考え方がある。

(a)　物権的効力説

　物権的効力説は、譲渡禁止特約により債権の譲渡性が物権的に奪われるとし、その特約違反の債権譲渡は無効となるが、この非譲渡性は絶対的なものではなく、特約の存在につき善意の第三者が譲り受けるときには債権譲渡は有効となり、債権が移転すると考える。

　そもそも、債権譲渡は自由であるから(民466条1項本文)、債権者は自己の債権(財産権)の処分権限を有している。物権的効力説は、譲渡禁止特約につき、債権者と債務者の間で、債権者が有する債権の処分権限を剥奪する合意、言い換えれば、**債権者の有する債権の処分権限を債務者に移転させる合意**と考える。そして債権譲渡は、上で説明をしたように、債権の売買・贈与契約等の債権契約と債権の移転を直接の目的とする準物権契約としての債権譲渡契約に分けることができるが、債権の処分権限の剥奪は、債権契約の問題ではなく、準物権契約の対象である債権自体に影響を及ぼす行為であると考える。

　そのうえで、譲渡禁止特約に違反した債権譲渡の効力について、譲渡禁止特約は準物権行為に関わる問題であるから、債権契約である売買・贈与

契約の有効性には影響せず、債権者が、自己が処分権限を有しない（その処分権限は債務者に移転されている）債権を譲渡することを**「非権利者による処分行為」の問題**と同視する。そのため、譲渡人（元の債権者）と譲受人の間における債権譲渡の効力について、債務者との関係においては、その効果が債務者に帰属しないという**効果不帰属の状況（未確定的無効・不確定的無効）**と捉える。

物権的効力説が説くように、譲渡禁止特約に違反してなされた譲渡を効果不帰属の状況と考えるならば、仮に譲渡禁止特約のある債権の譲渡後に債務者がその譲渡についての承諾をした場合、効果不帰属が問題となる**無権代理の追認の場合と同様の問題**状況（民116条）と考えられる。判例も「譲渡禁止の特約のある指名債権について、譲受人が右特約の存在を知り、又は重大な過失により右特約の存在を知らないでこれを譲り受けた場合でも、その後、債務者が右債権の譲渡について承諾を与えたときは、右債権譲渡は譲渡の時にさかのぼって有効となるが、民法116条の法意に照らし、第三者の権利を害することはできない」としており、民法116条の類推適用を認めている（最判平成9・6・5民集51巻5号2053頁）。

以上のような物権的効力説をまとめると次のようになる。物権的効力説からすれば、譲渡禁止特約に反する指名債権の譲渡は、**譲受人・債務者との関係で効果不帰属**になる。しかし、債権取引の安全にも配慮する必要があることを受けて、民法466条2項ただし書は、法政策的に譲渡禁止の意思表示について善意（判例により、善意・重過失の者は除かれるとされている）の債権者を保護し、**債権取引の安全を確保するために、特別の効果を付与している**とする。なお、譲渡禁止特約に反する指名債権の譲渡が効果不帰属（未確定的無効・不確定的無効）であることの主張権者は、譲渡禁止特約が債務者の利益を保護するために付されることに鑑み、債務者に譲渡の無効を主張する意思が明らかであるなどの特段の事情がない限り、**債務者に限られる**（最判平成21・3・27民集63巻3号449頁）とされている。この債務者保護の観点からの効果不帰属（未確定的無効・不確定的無効）の主張権者制限の問題は、第3章で言及した主張権者に関する相対的無効と関係するものである。ただ、第3章で言及した取締役会の承認を受けない利益相反取引の効力の問題と同様に、この問題は法律行為の有効・無効が問題となっているのではなく、効果帰属要件における効果不帰属の主張権者が問題となっていることに注意してほしい。

(b) 債権的効力説

債権的効力説は、譲渡禁止特約により債権者が、債務者との関係で、単に譲渡をしてはならない債権的拘束を受ける（相対的に譲渡しえない債権を創出するともいわれる）にすぎず、それに違反して債権譲渡がなされても、それは債権者・債務者間での債務不履行の問題を生じるだけで譲渡は有効であるから、債権は譲受人に移転すると考える。つまり、譲渡禁止特約があったとしても、債権の売買・贈与契約等の債権契約と、債権の移転を直接の目的とする準物権契約としての債権譲渡契約ともに有効であることに問題はなく、単に譲渡禁止特約により「譲渡してはならない」という債権法上の不作為義務が債権者に生じ、その義務違反の債務不履行責任が生じるにすぎないと考える。この債権的効力説は、現代社会における指名債権の譲渡に関する投下資本回収の機能の重要性を認め、債権譲渡を広く認めようとする立場から主張されている。民法改正案においても、債権的効力説が採用されており、民法も債権の自由譲渡性を従前より重視し、債権譲渡による資金調達を促進すべきとの観点が取り入れられたものといえる。

(4) 譲渡禁止株式と譲渡制限株式
(a) 譲渡禁止株式

上に説明した譲渡禁止特約付債権と直接の比較対象となる株式は、譲渡禁止株式である。そこで、会社法において、会社が譲渡禁止株式を定款の定めによって作出することが許されるか考えてみる必要がある。

そもそも、会社法では譲渡を全面的に禁止する株式について、明文の規定はない。しかし、譲渡の全面的な禁止は、持分の払戻しができない株主にとって投下資本の回収の道を絶つものであるから、定款によっても、**株式の譲渡を全面的に禁止することは許されない**と解されている。

(b) 譲渡制限株式
㋐ 譲渡制限株式の意義

他方、会社によっては、株主間の個人的な信頼関係が重視され、好ましくない者が株主になることを排除したいというニーズが存在する。例えば、小規模で家族的経営をしている株式会社においては、株主の個性が問題となる場合があり、人的に信頼関係のある者に株主を限定したいとの要請があるだろう。このような場合まで、株式譲渡の自由を認めるべきとは考えられず、会社法は、会社が定款によって、株式の譲渡につき会社の承認を要するという形で制限をすることを認めている（会107条1項1号・108条1項4号）。株式の譲渡制限は、非上場会社では極めて広く行われており、定款で譲渡を制限された株式を**譲渡制限株式**という（会2条17号）。また、

発行する全部の株式について定款で譲渡制限の規定を設けている株式会社を非公開会社あるいは全株式譲渡制限会社と呼んでいる。

(イ) 譲渡制限株式の承認手続

　譲渡制限株式を譲渡しようとする株主は、会社に対し、当該譲渡を承認するか否かの決定を請求することができ（会136条）、また、譲渡制限株式を会社の承認なく取得した者も、原則として株主名簿上の株主と共同で、会社に対して譲渡の承認を請求することができる（会137条）。この譲渡を認めるか否かを決定する機関は、株主総会（取締役会設置会社にあっては取締役会）であり（会139条1項）、請求の対象である株式の種類・数、および誰が譲受人になるのかを明らかにして行わなければならない（会138条1号イ・ロ・2号イ・ロ）。その際、会社が譲渡を承認しないときは、会社または会社の指定する買取人がその株式を買い取ることをあわせて請求すること（「買取先指定請求」と呼ばれている）もできる（同条1号ハ・2号ハ。第8章における株式買取請求権についての説明も参照）。このように、株主は買取先指定請求さえあわせて請求していれば、会社の社員としての地位から退出することが認められており、譲渡が制限されてはいても、投下資本の回収は保障されているのである。

(ウ) 会社の承認のない譲渡制限株式の譲渡の効果

　それでは、譲渡制限株式につき会社が承認していない場合の譲渡の効果はどうなるか。前述したとおり、株式譲渡自由の原則は、準物権契約としての株式譲渡自由の原則を認めており、民法・契約法の問題としては、会社と株主との間でなされたか、また、株主間でなされたかどうかにかかわらず、準物権行為としての株式譲渡を制限する合意は認められないはずである。しかし、**譲渡制限株式は、社団的な法的拘束力のある定款によって、株式譲渡の準物権的効力が制限される株式**と考えられるので、このような譲渡制限株式の会社の承認のない譲渡の効果が問題となるのである。

　この点、譲渡制限株式は株式譲渡の準物権的効力が制限されているということを重視すれば、民法の譲渡禁止特約付債権を債務者の承諾なく譲渡した場合における物権的効力説と同様に、譲渡人（元の株主）と譲受人の間における債権譲渡の効力について、会社との関係においては、その株式譲渡の効果が会社に帰属しないという効果不帰属の状況（未確定的無効・不確定的無効）になると考えることもできる。

　しかし、会社法の株式譲渡制限制度は、会社の承認なく譲渡制限株式を取得した譲受人からの譲渡承認の請求を認めており（会137条。譲受人か

らの請求を認めることから、この条文は少なくとも譲渡人から譲受人への譲渡は一応有効になされていることを前提としている）、会社が譲渡を承認しないときは、会社が他に譲受人を指定するという内容を含むものであって、**株主の投下資本回収の途を完全に閉ざすという趣旨に出たものではない**。つまり、今までの株主が会社から出て行くことを止めることはできないが、新しく株主となる者を制限することができるという趣旨のものである（この趣旨からすれば「譲渡制限」というよりは、「譲受制限」というべきである）。

　そこで、判例は、①譲渡制限株式の趣旨は会社にとって好ましくない者が株主となることを防止することにあるから、会社に対する関係で無効とすれば足りること、②株式の譲渡が本来自由であるべきこと（株式譲渡自由の原則）から、「譲渡の当事者間においては有効であるが、会社に対する関係では効力を生じないと解すべきである」という立場（最判昭和48・6・15民集27巻6号700頁）をとっている（相対説：〔有効〕譲渡人⇔譲受人、〔無効〕会社⇔譲受人）。

　この問題では、民法における指名債権の譲渡禁止特約に反する債権譲渡の議論と異なり、物権的効力・債権的効力との議論はされておらず、**会社法の制度の仕組みから、また、株式譲渡自由の原則および譲渡制限株式の制度趣旨から、有効・無効の問題が説明されている**。そのため、会社法においては、譲渡制限株式の認められている趣旨を考慮しつつも株式譲渡自由の原則がより強く尊重され、民法の譲渡禁止特約付債権とは異なり、譲渡制限株式の会社の承認のない譲渡についても有効とされている。

④　株式譲渡・債権譲渡の対抗要件

　次に、株式譲渡と債権譲渡の対抗要件について検討してみよう。

(1) 債権譲渡の対抗要件

(a) 債務者対抗要件

　債権譲渡の債務者対抗要件は、**債務者に対する通知・債務者による承諾**である（民467条1項）。その趣旨は、債務者が債権者の変更を知らないと、譲渡人に弁済した後に譲受人に対しても弁済義務を負うこととなり、このような債務者の二重弁済の危険を避ける点にある。

(b) 第三者対抗要件

　さらに、債権の二重譲渡がされた場合など、ある株式について両立しない法的地位に立つ者が現われた場合の処理のための第三者対抗要件については、通知・承諾につき**確定日付**（当事者が後で変更することが不可能な確

定した日付。民法施行法により定められている）**のある証書**によるとされる（民467条2項）。この趣旨は次のとおりである。不動産の移転の場合、登記が対抗要件であり（民177条）、所在地の法務局（いわゆる登記所と言われる役所）に登記をすることで対抗要件としての機能を果たすことができるが、債権は、日々発生し、また消滅するものであり、不動産のように一定の場所に登記をするような方式は一般的には採用し難いといえる。また、本来「対抗要件」というものは、契約当事者ではない第三者に対して法律行為の効力を対抗するための要件であることから、それが備わったことを世間の人が知りうる「公示性」をもっていることが好ましいが、債権譲渡においては、この「公示性」を債務者に担わせていると考えられる。すなわち、第三者に対する関係では、**債務者をいわばインフォメーション・センター**として、①まず債務者に債権譲渡の事実を認識させ、②次いで第三者からの問い合わせに対する債務者の回答を通じて、第三者も譲渡の事実を認識できるという公示の機能を果たすために、通知または承諾を対抗要件にしたのである。また、民法が確定日付のある証書を要求した趣旨は、譲渡人が債務者と通謀して譲渡の通知・承諾のあった日時を遡らせ、第三者の権利を害することを防止するために、公的な手続により通知・承諾の日付を確定することにある。もっとも、債務者の認識を基礎とする債権譲渡の第三者対抗要件は、公示機能として極めて不完全なものではある。なぜなら、債権の譲受人からの問い合わせに対して、債務者が正しく回答しない場合も考えられるし、債務者に回答義務があるわけでもないからである。なお、債権譲渡の対抗要件については、**動産債権譲渡特例法**（動産及び債権の譲渡の対抗要件に関する民法の特例等に関する法律）により、登記をもって債務者以外の第三者に対抗する対抗要件となる場合が認められている。法人が行う金銭債権の譲渡等につき、債権譲渡登記がなされたときは、その指名債権の債務者以外の第三者に対しては、民法467条の規定による確定日付のある証書による通知があったものとみなされる（動産債権譲渡特例法4条1項）。

(2) 株式譲渡の対抗要件

他方、株式譲渡の対抗要件は二つに分けることが必要となる。まずは、会社に対する対抗要件の問題であり、二つ目は、会社以外の第三者に対する対抗要件の問題である。

(a) 会社に対する対抗要件

株券発行会社であるか、また、株券不発行会社であるかを問わず、株式

譲渡の会社に対する対抗要件（債権譲渡における債務者対抗要件に対応する対抗要件）は、株式会社が備え置く**株主名簿への記載・記録**によるとされている（会130条1項）。

(b) 会社以外の第三者に対する対抗要件

株券発行会社の場合、株式譲渡についての対抗要件としては、**株券の交付**が会社以外の第三者に対する対抗要件となる（民178条）。他方、**株券不発行会社の株式の譲渡**に関して、会社以外の第三者に対する対抗要件については、債権譲渡に準じて会社に対する譲渡人からの確定日付のある通知または会社による確定日付のある承諾とすることも制度論としては考えられるところである。しかし、多数の株主に関する権利関係につき、簡易・明確に処理し、集団的・画一的に扱うために（画一的取扱主義）、**株主名簿を通じた公示として、株主名簿への記載・記録による**とされている（会130条1項）。ある意味、法務局という公的機関による公示方法である登記制度（民177条）に近いといえそうな制度になっている。

【参考文献】

株式譲渡自由の原則について　　　　逐条(2) 231 - 233 頁〔北村雅史〕／柴田 83 - 84 頁／河本 5 - 6 頁／来住野究「契約による株式譲渡の制限」明治学院大学法学研究 95 号 30 - 31 頁（2013）

債権譲渡自由の原則について　　　　潮見・総論Ⅱ 591 - 595 頁／注民⑾ 335 - 339 頁〔甲斐道太郎〕

債権譲渡の経済的意義・機能について　　　　小野秀誠『債権総論』368 - 372 頁（信山社、2013）／野澤・債権法Ⅱ 198 - 201 頁

株式譲渡自由の原則と債権譲渡自由の原則の関係について　　　　葉玉匡美「会社法であそほ【入門】株式譲渡自由の原則(1)(2)」（2016 年 8 月 26 日最終閲覧）
http://kaishahou.cocolog-nifty.com/blog/2007/06/post_b3d2.html
http://kaishahou.cocolog-nifty.com/blog/2007/06/post_c37f.html

株式譲渡の法的性質（準物権行為）について　　　　大隅ほか・概説 113 頁／木俣 101 頁、107 頁、168 - 174 頁

債権譲渡の法的性質（準物権行為）について　　　　＊債権譲渡の法的性質について、債権総論の教科書で簡単にしか説明がなされていないことから、準物権行為（契約）であることを理解していない学生が多いので、きちんと理解をしておいてもらいたい。／片山直也「つまずきのもと民法Ⅷ〔債権〕債権譲渡」法教 358 号 32 頁以下（2010）／平野・総論 465 頁／近江・講義Ⅳ 254 頁／淡路・総論 436 - 437 頁／林良平ほか『債権総論〔現代法律学全集 8〕』481 - 482 頁（青林書院、第 3 版、1996）／注民⑾ 339 - 342 頁〔甲斐〕＊債権譲渡が準物権行為（契約）であることについて、詳細な説明がされている。

譲渡禁止株式・譲渡制限株式について　　　　コンメ(3) 46 - 49 頁〔山下友信〕／逐条(2) 306 - 307 頁〔齊藤真紀〕／宮島 156 - 157 頁＊会社法施行前の旧法下の教科書であるが、

譲渡制限に違反した株式譲渡の効力について本質を突いた説明をしている。
譲渡承認株式の譲渡承認手続について　　リークエ 96-99 頁〔田中亘〕＊譲渡承認手続について、わかりやすい図により説明されている。
譲渡禁止特約付債権（物権的効力説・債権的効力説）について　　松尾弘ほか・ハイブリッド 3 212-216 頁／加藤・大系Ⅲ 306-308 頁／平野・総論 470-474 頁
株式譲渡の対抗要件について　　逐条(2) 249-265 頁〔北村〕／コンメ(3) 324-329 頁〔伊藤靖史〕
債権譲渡の対抗要件について　　淡路・総論 444-455 頁／野澤・債権法Ⅱ 208-218 頁／池田・総論 138-146 頁

第 7 章
債権・債務等の移転と組織再編
特定承継と包括承継との比較

Introduction

　会社法では、事業譲渡、合併（吸収合併・新設合併）、会社分割（吸収分割・新設分割）、株式交換および株式移転などの会社の**組織再編の類型**について定めがあります。この組織再編は、権利義務や株式などの**財産の「承継」を本質的な要素とする**ものです。

　この「承継」には、個々の権利義務や債権債務ごとに承継手続がなされる**特定承継**と、複数の権利義務や債権債務について包括的に承継手続がなされる**包括承継（一般承継）**があります。商法・会社法上の組織再編については、営業譲渡・事業譲渡、株式交換および株式移転が特定承継、そして、合併と会社分割が包括承継です。他方、民法においては、動産譲渡、不動産譲渡、債権譲渡、債務引受および契約上の地位の移転が特定承継、相続および包括遺贈が包括承継です。

　このような**承継の性質**により、これらの移転における債権者・契約相手方当事者の承諾（同意）と対抗問題の有無を対比させることができます。特定承継の場合には、債務と契約上の地位の承継に債権者・契約相手方当事者の承諾（同意）が必要となり、権利の承継を第三者に対抗するためには対抗要件の具備が必要です（民 177 条・178 条・467 条など）。他方、包括承継の場合には、承継人はすべての権利義務を引き継ぐため、債務と契約上の地位の承継でも債権者・契約相手方当事者の承諾（同意）は不要です。民法は権利・義務等の承継における債務と契約上の地位の承継につき、債権者・契約相手方当事者の承諾（同意）を要することを一般原則としているため、同意を要さないとする包括承継は例外的な制度といえます。他方、同じく包括承継とされる会社法上の合併と会社分割の場合には、承継の対象となった債務の債権者の同意に代わるものとして、合併・会社分割に対して異議を述べることができる「債権者異議手続」が定められてお

り、民法のような例外的な扱いとはやや異なります。また、包括承継の場合、承継する者と権利義務の相手方とは当事者の関係に立つため、対抗要件は基本的には必要とはなりません。このような特定承継と包括承継における基本的な違いを念頭に置き、商法・会社法上の組織再編における主な権利移転手続を検討してみましょう。

　まず、**事業譲渡・営業譲渡**は、ある会社が他の会社に対して、自社の権利義務を**一括して特定承継させる制度**です。そこで、譲渡された事業・営業に包含されている各種の財産権の移転につき、債務と契約上の地位の承継については債権者・契約当事者の承諾（同意）が必要となり、対抗要件を具備しないと第三者に対抗できません。

　他方、**合併**とは、法定の手続に従ってなされる2個以上の会社間の契約により、2個以上の当事会社の一部または全部が解散し、解散会社の権利義務の全部につき清算手続を経ることなく包括的に存続会社または新設会社に承継させる制度です。このように、合併は**包括承継**であり、相続において被相続人が存在しなくなるのと同様に、合併の効力発生後は**消滅会社が存在しなくなる点で、相続と合併は類似**します。そこで、債務と契約上の地位の承継に債権者・契約相手方当事者の承諾（同意）は不要となり、その承諾（同意）に代わる制度として債権者異議手続が設けられています。そして、消滅会社が第三者に対して不動産の譲渡等を行った場合には、存続会社または新設会社は、第三者に対する契約上の移転義務等をも承継するため、第三者と対抗関係になりません。ただ、吸収合併については、対抗要件に関して特別の規定が置かれています。

　会社分割とは、株式会社・合同会社がその事業に関して有する権利義務の全部または一部を他の会社に承継させる制度です。会社分割には、既存の会社が権利義務の承継会社となる**吸収分割**と、新設会社が権利義務の承継会社となる**新設分割**があります。会社分割は、特定の事業・権利義務を承継させる点で事業譲渡に近く、特定承継と評価する余地があるところ、法政策的な観点から、特定の事業を移転させる場合について包括承継として制度化したものです。そのため、債務と契約上の地位の承継に債権者・契約相手方当事者の承諾（同意）は不要となり、その承諾（同意）に代わる制度として債権者異議手続が設けられており、また、本来的には対抗要件の問題とされる必要がない問題について、特定承継に近い類型を法政策的に包括承継としたために、対抗問題として処理される場合があります。

　以上のような組織再編の問題について、細かくみていきましょう。

❶ 特定承継・包括承継と組織再編

(1) 民法における特定承継・包括承継

　民法では、権利義務の取得の方法として、原始取得と承継取得の二つの形態がある。まず、**原始取得**とは、動産や不動産についての所有権などの財産権の取得原因として、前主の権利とは無関係に、客体に対して新たに何らの負担もない権利を取得する方法である。他方、本章で検討する**承継取得**とは、前主の権利や義務につき、それに対する瑕疵や負担とともに承継する方法である。この承継取得は、さらに分かれ、一つひとつの権利義務や債権債務ごとに承継手続が行われる**特定承継**と、一定の範囲に属する複数の権利義務や債権債務について包括的に承継手続が行われる**包括承継**（**一般承継**とも呼ばれる）に分けられる。

(2) 組織再編

　会社法では、企業の維持・強化という理念の下、事業譲渡、合併（吸収合併・新設合併）、会社分割（吸収分割・新設分割）、株式交換および株式移転といった会社の**組織再編の類型**が定められている。組織再編という言葉自体は会社法に定義はなく、会社の組織に関する訴えの対象となる行為（会828条1項7～12号）、すなわち会社法第5編第2章から第4章に定められている合併、会社分割、株式交換および株式移転につき、狭い意味で、組織再編と呼ばれることがあるが、実務上、事業譲渡（会467条）も含めた広い意味で、組織再編と呼ばれることが多い。本書においては、事業譲渡を含めた広い概念として組織再編という用語を使用する。

　この組織再編は、権利義務や株式などの財産の「承継」を本質的な要素とし、財産権の帰属主体の変更を問題とする。具体的にいえば、会社法では事業譲渡、合併および会社分割など各種の**組織再編の手法をパッケージとして制度化**しており、そのパッケージの中身は、民法における、動産譲渡、不動産譲渡、債権譲渡、債務引受、契約上の地位の移転等**特定承継による財産権の移転**、または、それらについての**包括承継による財産権の移転**であり、組織再編における**関係者の利益保護のための手続**が付加されているものである。

　そこで、商法・会社法における組織再編の体系的理解のためには、民法における財産の承継の類型である特定承継と包括承継の理解が不可欠となる。まず、民法における特定承継と包括承継について検討してみよう。

② 民法における特定承継による財産の移転

特定承継は、**権利・債権の移転**と**義務・債務の移転**に大きく分けることができる。そこで、物権の移転としての動産譲渡と不動産譲渡、そして、債権の移転としての債権譲渡を検討し、その後に義務・債務の移転としての債務引受と契約上の地位の移転を検討する。

(1) 物権の移転

物権の移転（物権変動）は、原則として、当事者の合意のみによって生じるとされている（民176条）。すなわち、動産譲渡や不動産譲渡は、意思表示を要素とする法律行為（典型的には売買契約）によって生じるが、**物権の移転自体は債権契約と区別された物権契約によって生じる**（売買契約における権利移転については第8章を参照）。そして、動産譲渡や不動産譲渡は、特定の動産・不動産の承継が法律行為（契約）によって行われるため、特定承継である。

そして、物権が移転された場合、物権の排他性によって、同一物に同一内容の物権は併存しえないことから、取引の安全を確保するためには、目に見えない観念的存在である物権の帰属や内容を外部から容易に認識しうるように一定の表象を通じて公示することが必要となる。このような表象を**公示方法**または**公示制度**といい、公示方法や公示制度として、不動産物権については**登記**、また、動産物権については**引渡し**とされている（民177条・178条）。さらに、動産譲渡の対抗要件については、**動産債権譲渡特例法**（動産及び債権の譲渡の対抗要件に関する民法の特例等に関する法律）3条1項が、法人による動産譲渡について、動産譲渡登記ファイルへの譲渡の登記（民178条の引渡しとみなされる）に対抗力を認める。

(2) 債権の移転——債権譲渡

債権譲渡については第6章でも説明をしたが、簡単に確認しておく。債権譲渡とは、債権の同一性を変えることなく、譲渡人（旧債権者）と譲受人（新債権者）との契約によって債権を移転することをいう（民466条1項前段）。債権譲渡は、個別・特定の債権の承継が債権譲渡行為（契約）によってなされるため、**特定承継**である。債権譲渡行為（契約）は、債権を1個の財貨として移転する準物権行為（契約）である。

債権譲渡の債務者対抗要件は、**債務者に対する通知・債務者による承諾**とされ（民467条1項）、第三者対抗要件については、通知・承諾につき**確定日付のある証書**によることとされている（同条2項）。

さらに、債権譲渡の対抗要件については、**動産債権譲渡特例法**4条1項が法人が行う金銭債権の譲渡等につき、債権譲渡登記がなされたときは、その指名債権の債務者以外の第三者については、民法467条の規定による確定日付のある証書による通知があったものとみなしており、これは動産譲渡と同様、民法の特則である。

(3) 債務の移転──債務引受

(a) 債務引受の諸類型──特定承継としての免責的債務引受

債務引受とは、債務をその同一性を変えることなく第三者（引受人）が引き受けること、あるいは、そのような引受を目的とする契約である。例えば、BのAに対する債務につきCが引き受けてAの債務者となり、Bが債務を免れるというような契約である。

債権が債権者と債務者の法鎖と観念されていたローマ法では、債権譲渡が否定されていたのと同様に、債務引受もまた否定されていた。このような歴史的背景があって、その流れを汲む日本民法典は、**債務引受についての規定を置いていない**。しかし、今日の学説・判例では、債務引受を認めることに異論をみない。債務引受は、最広義では、①免責的債務引受（狭義の債務引受）、②併存的（重畳的）債務引受および③履行引受の三つの類型に分けることができる。広義では、①免責的債務引受と②併存的債務引受を意味する。ただ、単に「債務引受」という場合は、免責的債務引受（狭義の債務引受）のみを指すのが通常である。

まず最重要であるのが、債務がその同一性を変えることなく、従前の債務者から新しい債務者（引受人）に移転する①**免責的債務引受**である。これは、債権譲渡に対応するものであり、三つの債務引受の中で唯一、**債務の特定承継**をもたらすものである。それゆえ、**狭義の債務引受**とも呼ばれる。次に、第三者が、既存の債務関係に加入して新たな債務者となり、従前の債務者は債務を免れることなく、その債務と同一内容の債務を負担する②**併存的（重畳的）債務引受**があるが、これは、特定承継である債務の移転を生ずるものではないため、厳密には債務引受ではない。すなわち、その法的性質は、債務者の債務とその内容および目的を同じくする**新たな債務の負担行為**である。最後に、引受人が債権者に対して履行すべき義務を負わず、債務者に対してのみ、その者の負担する特定の債務を履行する義務を負う旨の契約である③**履行引受**がある。併存的債務引受と同様に、履行引受は、特定承継である債務の移転を生ずるものではないため、厳密には債務引受ではないが、最広義では債務引受の一種と解されている。

それでは、特定承継である免責的債務引受について、商法・会社法における組織再編の理解に必要な範囲で議論を確認しておこう。また、併存的（重畳的）債務引受については、後に商号続用責任との関係で説明する。

(b) 免責的債務引受における債権者の承諾（同意）の要否

免責的債務引受は、原則的には債権者、債務者および引受人の**三面契約**によってなされうるが、債務者の利益となるものであることから、**債権者と引受人との間の契約**によってもなされうる。ただし、それは利害関係のない第三者の弁済（民474条2項）および債務者の交替による更改の場合と同様に考えられるから、**債務者の意思に反して行うことはできない**。

明文の規定が存在しない免責的債務引受において最も問題となるのは、**債務者と債務引受人間の契約で免責的債務引受を行うことができるか**である。この問題については、債務者の交替による更改（民514条）および第三者の弁済（民474条）が認められている要件とのバランス、また、債務者が変更することによって責任財産が変更することで生じる不利益（譲渡人の責任財産より譲受人の責任財産が少ない場合に生じる債権者の不利益）からの債権者の保護という理由から（この意味で、**債務の移転性は本質的に制限されている**ことになる）、通説は、**債権者の承諾（同意）がない場合には債務者と債務引受人間の契約による免責的債務引受契約は効力が生じない**としている。

ただ、この債権者の承諾（同意）について、免責的債務引受契約の条件とする説（この場合の条件の意味につき、主な学説は、停止条件とする説と法定条件とする説である）、あるいは、無権代理の追認（民116条）に準じて考える説（有効要件ではなく効果帰属要件として考える）があり、**無権代理の追認に準じて考える**説が多数説である。

この多数説は、債務の移転性は、債権者保護等の観点から本質的に制限されており、債務者は債務の処分権限を有しない（あるいは制限されている）と考えることから始める。そのため、債務を移転することは、「**非権利者による処分行為**」の問題となり、元の債務者と債務引受人の間における債務引受の効力と債権者との関係での債務引受の効力については、債務引受の効果が債権者に帰属しないという**効果不帰属の状況**（未確定的無効・不確定的無効）になると考える。そして、債権者の債務引受についての承諾（同意）がある場合には、効果不帰属が問題となる無権代理の追認の場合と同様に処理できる（民116条）とするのである（第6章で説明した譲渡禁止特約のある指名債権の譲渡後になされた債務者による譲渡についての

承諾がなされた場合と同様の処理）。

　以上のとおり、免責的債務引受には**債権者の承諾（同意）が必要**であり、それにつき**効力発生要件または効果帰属要件として位置づけられる**ことについて理解をしておくことが重要となる。

(4)　契約上の地位の移転
(a)　契約上の地位の移転のための契約
　民法上、規定はないが、契約上の当事者たる地位の承継を目的とする契約を**契約上の地位の移転**（契約上の地位の譲渡、契約譲渡とも呼ばれる）という。契約上の地位の移転は、債権債務だけではなく、契約当事者が有する取消権・解除権をも引受人が承継することになり、引受人は**契約当事者たる地位そのものを承継**することになる（債権譲渡＋債務引受＋取消権・解除権等の契約当事者として保有する権利・義務＝契約上の地位の移転）。そこで、契約上の地位の移転は、契約上の地位という財産権の変動を直接の目的とする準物権行為（契約）であり、個別・特定の契約上の地位の承継がされるため、**特定承継**である。

(b)　契約上の地位の移転における承諾（同意）の要否
　契約上の地位の移転は、契約当事者と譲受人の三当事者による三面契約でなしうることは問題がない。ただ、**契約上の地位の移転の譲渡人と譲受人の間の契約だけで契約上の地位の移転が有効になされうるか**は問題である。一般論として、債務者は自己の意思のみによっては当然には債務を免れることはできない以上、譲渡人と譲受人の契約のみに基づいて債務を含む契約当事者の地位が譲受人に当然に移転するということにはならない。したがって、契約上の地位の移転には**契約相手方当事者の承諾が必要**と考えられる。言い換えれば、契約上の地位の移転には、前述の**免責的債務引受が含まれている**ことから、契約の債務者が変更することによる責任財産の変更により生じる不利益から債権者である契約の他方当事者を保護するために、契約の他方当事者の承諾が必要とされるのである。もっとも、契約上の地位が譲受人に承継されない状況によって保護される利益が債権者である他方当事者にない場合には、承諾（同意）は不要と考えられる。例えば、賃貸借契約における賃貸人たる地位を譲渡する場合、賃貸人の変更は賃借人に格別の不利益がないことを理由に、賃借人の承諾は不要と解されている（最判昭和46・4・23民集25巻3号388頁）。

　相手方当事者の承諾（同意）の法的性質については、契約の移転が制限されている場合には、その契約の移転の禁止を解除する内容を持ち、また、

契約の移転が許されている場合には、譲渡人の免責を認めるという趣旨を含む点に注意が必要である。そして、相手方当事者の承諾を要するのに、その承諾なく契約上の地位が移転された場合、免責的債務引受と同様に、その移転は相手方当事者との関係で**効果不帰属**（未確定的無効・不確定的無効）になり、後に相手方当事者の承諾を得た場合には**無権代理の追認**（民116条）に準じて考えることができる。

(c) 契約上の地位の移転の対抗要件

民法上の規定がないことから、契約上の地位の移転に関する対抗要件をどのように考えるかにつき問題とされている。判例は、合意に基づく契約当事者の地位の移転について、民法467条の適用または準用を認めている（最判平成8・7・12民集50巻7号1918頁）と考えられている。契約の相手方は契約当事者の交替を知る利益を有していることに鑑みると、判例のように、適用あるいは準用によって同条の手続を利用することが有用であると考えられる。

③ 民法における包括承継による財産の移転

民法上、個々の財産権を包括的に承継する制度して、相続と包括遺贈がある。以下、それぞれ簡単にその内容について確認しておこう。

(1) 相続

相続とは、自然人の財産上の地位（または権利義務）につき、その死後に、法律および死亡者の最終意思の効果として、特定の者に承継させることである。

民法は、「被相続人の一身に専属したもの」（いわゆる**一身専属権**といわれるもの。民896条ただし書）を除き、相続人は、相続開始の時から、被相続人の財産に属した「一切の権利義務を承継する」とする（民896条）。そこで、人が死亡すると、その人の土地や家屋のような不動産、自動車のような動産、預金（債権）などが、子や配偶者などの相続人に承継される。そのような積極財産だけでなく、消極財産である借金（債務）なども承継される。

また、相続人が承継するものには具体的な権利・義務だけでなく、権利・義務として具体的に発生するに至っていない財産法上の法律関係または法的地位、例えば申込みを受けた地位、売主として担保責任を負う地位、善意者・悪意者の地位のようなもの含まれる。

このように、被相続人に属する権利義務がすべて一体として包括的に相

続人に承継される点から、相続は**包括承継**とされている（包括承継の原則）。この包括承継は、相続開始時（被相続人の死亡時）に、**法律の効力に基づいて当然に生じる**ため、被相続人や相続人の意思に基づくものではなく、相続の開始の不知や自己が相続人であることの相続人の不知は、**効力の発生に関係がない**。これが、契約に基づいて特定の財産の移転・承継が問題となる特定承継との違いである。

そして、包括承継である相続は、相続人は被相続人の一切の権利義務を承継するため、相続人は被相続人と法的地位が同一になるので、被相続人の債務と契約上の地位の承継に債権者・契約相手方当事者の承諾（同意）は不要である。このように、包括承継は、**権利・義務等の移転につき、その権利義務等の債権者・契約相手方当事者の承諾（同意）の取得が不要**である点に大きな特徴があり、債権者・契約相手方当事者の承諾（同意）を要するという民法の一般原則に対して**重要な例外**といえる。また、被相続人の権利義務に関する契約の相手方と相続人は**当事者の関係に立ち、対抗関係に立たない**ため、相続財産である権利義務の取得のために対抗要件の具備は不要となる。

(2) 包括遺贈

遺贈とは、被相続人（遺言者）が遺言によって自己の財産を与える無償の処分行為である（民964条本文）。遺贈制度は、人は生前において自由に財産を処分することができたのであるから、その延長として、その者に死後の財産の行方も決定させようという考えに基づき認められた制度である。この遺贈には、特定遺贈と包括遺贈がある。

特定遺贈は、特定名義の遺贈、すなわち、包括遺贈以外の（積極）財産の遺贈であり、特定の具体的な財産的利益の遺贈であり、特定承継である（遺言者の財産に属する特定の不動産を贈与する、一定金額を贈与するなど）。他方、**包括遺贈**とは、包括名義で行われる遺贈、すなわち、遺産の全部または一部を一定の割合で示して行う遺贈である。このような包括遺贈の受遺者は遺産の全部または一部を割合として取得するものであるから、受遺者の地位は相続人に類似するため、包括受遺者は相続人と同一の権利義務を有するとされている（民990条）。そして、遺贈の効力発生と同時に、包括受遺者は、遺言者の一身に専属した権利義務を除き、遺言者の財産に属した一切の権利義務を承継することになるため（民896条）、包括遺贈は**包括承継**と考えられる。

包括承継である包括遺贈は、受遺者は相続人と同一の権利・義務を有す

るため（民990条・896条）、相続の場合と同様に、**被相続人の債務と契約上の地位の承継に債権者・契約相手方当事者の承諾（同意）は不要**となり、また、相続財産となる権利義務の取得のために**対抗要件の具備は不要**となる。

❹　商法・会社法における特定承継——事業譲渡・営業譲渡

　民法における特定承継・包括承継について説明をしてきたが、次に、動産、不動産譲渡、債権譲渡、債務引受、契約上の地位の移転などを含む組織再編の一類型であり、特定承継とされている事業譲渡・営業譲渡について検討しよう。

(1)　**事業譲渡と営業譲渡**

　会社が個々の権利や義務を承継するにあたり、債権譲渡や契約上の地位の移転等の特定承継の手段を用いることが可能である。しかし、会社法は、株式会社が行う事業の譲渡や譲受けといった取引行為のうち、一定の重要なものについて、原則として株主総会の特別決議による承認を要求し（会467条1項1号～4号〔これらの行為を「事業譲渡等」という。468条1項参照〕・309条2項11号）、かつ、反対株主に株式買取請求権を付与して（会469条）、株主の保護を図ることで、一括した権利・義務の特定承継を認める。これが、会社法における**事業譲渡**の制度であり、**会社の維持・強化**の観点から、認められている。

　この事業譲渡（会467条）の意義につき、判例は、①一定の事業目的のため組織化され、有機的一体として機能する財産（得意先関係等の経済的価値のある事実関係をも含む）の全部または重要な一部を譲渡し、これによって、②譲渡会社がその財産によって営んでいた事業活動の全部または重要な一部を譲受人に受け継がせ、③譲渡会社がその譲渡の限度に応じ法律上当然に生じる競業避止義務（会21条）を負う結果を伴うものとしている（最大判昭和40・9・22民集19巻6号1600頁）。

　商法では、会社法上の事業譲渡とは別に、営業譲渡に関する規定を設けている（商16条）。**営業譲渡**は、会社ではない自然人である商人に関する制度として規定されており、営業譲渡の定義は**事業譲渡と同様**に考えられているものの、会社法における事業譲渡のような厳格な手続規定は定められていない。2005（平成17）年改正前は、会社の営業譲渡も商法典の中の第2編（会社）に定められていたが（旧商245条）、改正によって会社の営業譲渡に関する条文は「事業譲渡」という形で会社法に収められた。会社

法においては、商人は商号1個ごとに一つの「営業」を営むものとされていることとの関係から、1個の商号しか持ちえない会社が行うものの総体を「営業」と区別して、「事業」として表現が改められ、用語が整理されたのである。

(2) 事業譲渡・営業譲渡契約と特定承継

　事業譲渡および営業譲渡は、事業および営業を一つの契約によって移転することを意味するが、事業または営業は一つの経済単位であるものの、事業自体を対象物として支配する権利は存在しない。そのため、事業を移転するという準物権契約は成立しえず、譲渡人・譲受人間で**売買契約に類似した債権契約としての事業譲渡・営業譲渡契約**が締結されることになる。

　そして、事業譲渡・営業譲渡契約により、個別に移転しうる権利義務を選別することで、譲受人にとって必要な権利義務のみを取得し、過去の取引に関連して将来何らかの事態が発生した時点で確定的な債務になるおそれがあるものである偶発債務などを引き継がないように遮断することができることが特定承継たる事業譲渡の一つの大きなメリットである。すなわち、包括承継である合併では、譲受人にとってマイナスとなる財産もすべて承継しなければならないが、事業譲渡・営業譲渡は、そのような**マイナスとなる財産を排除することが実現できる**。

　このように、事業譲渡・営業譲渡は合併のような包括承継の制度ではないので、譲受人は、個別に債務引受をしない限り、**譲渡人の債務を承継しない**。もっとも、商法と会社法は、事業・営業の譲受人が譲渡人の商号を続用する場合には、原則として、譲渡人の事業・営業によって生じた債務について、譲渡人と同様に弁済責任を負うとしている（商17条、会22条。**商号続用責任**といわれる）。なぜなら、事業・営業の譲受人が譲渡人の商号を続用している場合には、譲渡人の債権者は事業・営業主の交代を知りえないし、交代を知っていたとしても、譲受人が譲渡人の債務も引き受けたと考えることが通常であろうことから、この債権者の正当な信頼を保護する必要があるからである（取引安全の保護：外観主義）。この結果、譲渡人の商号が続用される場合には、事業譲渡・営業譲渡契約で譲受人が債務引受をしない合意がなされていても、法律の規定により、譲受人により併存的債務引受がなされたものと評価される。

(3) 事業譲渡・営業譲渡の効果と権利・義務取得手続

　事業譲渡・営業譲渡の効力は、当事者が事業譲渡・営業譲渡契約で定めた日に生じる。しかし、事業譲渡・営業譲渡は、権利・義務の包括承継を

認める制度ではなく、あくまで個々の権利・義務の特定承継を1回で行うための契約であるので、譲渡された権利・義務については、一律にその移転の効力が生じるわけではない。

まず、譲渡される動産・不動産に関する物権、債権などの権利については、事業譲渡・営業譲渡契約により移転の効力が生じることになる。しかし、個別の債務の承継については、譲受人による免責的債務引受になる場合には、事業譲渡・営業譲渡契約の効力が生じたとしても、個別に債権者の承認（同意）がなければ、債権者に対して効力は生じない、または効果は帰属しない。また、契約上の地位の移転についても、契約の相手方当事者の承認（同意）がなければ、相手方当事者に対しては、その効力は生じない、または効果は帰属しないのである。

また、移転された権利の取得を第三者に対抗するために、譲受人は各権利の移転・譲渡につき、対抗要件を具備する必要がある（民177条・178条・467条）ことは、通常の特定承継の場合と同様である。契約上の地位の移転に関する対抗要件については、民法467条の適用または準用によることになるが、これも通常の特定承継の場合と同様である。

以上のように、事業譲渡・営業譲渡は、後で説明する合併・会社分割とは異なり、包括承継ではない。あくまでも特定承継として、個別に移転される権利義務を選別することができることに特色があり、**個別の権利義務ごとに移転手続が必要とされている手続**であることから、営業譲渡・事業譲渡については、合併・会社分割手続における債権者異議手続や合併契約などの開示手続に相当する制度は定められていない。債権者や契約の相手方が個別に承諾（同意）しない限り債務や契約関係は移転しないという、**特定承継を原則とする民法の一般原則に従うにすぎないのである。**

⑤　会社法における包括承継

次に、組織再編における包括承継である合併と会社分割について検討しよう。**会社分割は、事業譲渡と合併の中間的な制度**であり、権利義務の一部を他の会社に承継させる点で**特定承継に近い**ものであるが、権利義務の個別の移転手続を回避するため**政策的に包括承継とされている**ものである。

(1) 合併

(a) 意義——吸収合併と新設合併

合併の本質について、従前、学説上様々な議論がなされていたが、会社法が制定された現在では、2個以上の会社間の合併契約によって、これら

を合同させて一会社とすることであるとする**人格合一説**（広義の人格合一説・合併対価株式非限定説）が一般的な考え方となっている。

そして、会社法は、合併一般について定義しておらず、吸収合併と新設合併の2種類を定め、それぞれについて定義規定を設けている。**吸収合併**とは、「会社が他の会社とする合併であって、合併により消滅する会社の権利義務の全部を合併後存続する会社に承継させるものをいう」（会2条27号）とされ、**新設合併**とは、「2以上の会社がする合併であって、合併により消滅する会社の権利義務の全部を合併により設立する会社に承継させるものをいう」（同条28号）とされている。新設合併は、設立会社が新たに事業の許認可を得る必要があるなどの不便があるため、**実務上は、吸収合併が多く使われている**。そして、会社が合併するには、当事会社間で合併契約を締結し（会748条・749条・753条）、原則として各当事会社の株主総会の承認を受けることが必要となる。

(b) 法的性質——包括承継

合併は、二つ以上の会社（合併当事会社）が、合併契約を締結して行う企業組織法上の行為であり、複数の合併当事会社の一部（吸収合併の場合）または全部（新設合併の場合）が解散し、特定承継であれば必要とされる権利義務の移転行為を要することなく、合併により解散する会社（**消滅会社。解散会社**ともいわれる）の権利義務の全部が当然に**存続会社**（吸収合併の場合。「吸収合併存続会社」）または新たに設立される会社（新設合併の場合。「**新設会社**」、「新設合併設立会社」、「設立会社」ともいわれる）に**包括承継**され、消滅会社は清算手続を経ることなく消滅する効果を有するものである（会475条1号参照）。

消滅会社に現に存する営業のための財産には、権利義務だけでなく、得意先関係や仕入先関係、営業上の名声、信用、秘訣等の**財産価値のある事実関係**（暖簾(のれん)といわれる）も含まれ、一体として、存続会社や新設会社に承継される。また、雇用契約等の継続的な法律関係も、特段の合意のない限り、承継される。このように、存続会社または新設会社が、消滅会社の権利義務の**すべての権利義務を包括承継することが合併の本質**であり、消滅会社の権利義務の全部または一部を承継しない旨を合併契約で約定しても、当該約定は無効とされる。

以上のように、合併においては、あたかも相続によって被相続人から相続人に対して財産が包括的に承継されるのと同様に、消滅会社から存続会社・新設会社に財産が包括承継され、また、相続においては被相続人が存

在しないのと同様に、合併の効力発生後は、消滅会社が存在しない点で、**相続と合併は類似する。**

(c) 効果と権利・義務取得手続

(ア) 債務・契約上の地位の承継

相続の包括承継が被相続人の死亡という事件を原因とするものであるのに対して、合併は、合併当事会社の合併契約や合併計画の作成などの意思表示を原因として、合併効力の発生日に存続会社または新設会社が消滅会社の動産や不動産の所有権、債務や契約上の地位などを承継するものである（会748条・750条・754条）。

このように、合併においては、合併契約による債務の承継などが問題となるところ、免責的債務引受および契約上の地位の移転は債権者の承諾（同意）がなければ効力が生じないという特定承継における一般原則を包括承継である合併の場合にも適用することは、合併を困難にする。そこで、合併の手続においては、**消滅会社の債権者の同意に代えて、**消滅会社の債権者が合併について異議を述べることができる手続が定められることで債権者の保護が図られている（**債権者保護手続。**会789条1項1号・810条）。債権者により異議が述べられた場合、消滅会社は弁済、相当の担保提供等の措置を講じなければならない（会789条5項）。債権者には、自分の意に反して組織再編行為がなされようとするとき、自己の債権の満足を得るか、または確実に満足を得られることの保障が与えられるのである。

また、民法においては、債務が承継される場合、債務引受人の債権者について保護は図られておらず、商法・会社法においても、事業譲渡・営業譲渡における譲受人の債権者にも特別の保護は図られていない。しかし、吸収合併については、消滅会社の経営状態・財政状態が悪いときは、存続会社の経営状態・財産状態の悪化が懸念され（例えば、会社法においては、債務超過の会社を消滅会社とする吸収合併も認められている）、存続会社の債権者にとって不利益を生ずるおそれがある。そこで、**存続会社の債権者にも、**消滅会社の債権者に認められるのと同様の**債権者保護手続が認められている**（会799条1項1号）。なお、新設会社の債権者は存在しないことから、新設会社の債権者保護手続は存在しない。

(イ) 対抗要件

合併において、吸収合併の効力発生日前または新設会社の設立（効力発生）の前に消滅会社が第三者に対して不動産の譲渡等を行った場合、存続会社または新設会社は、第三者に対する契約上の移転義務等をも包括的に

承継するので、契約の当事者となるから、その**第三者とは対抗関係にはならない**。これは、民法における相続（包括承継）において、被相続人と生前取引のあった者と相続人が当事者の関係になることと同様の理解である。

　ただ、吸収合併の場合にはやや特殊な問題がある。新設合併の場合には、設立の登記（会922条）による設立会社の成立の日（会49条・754条1項）に効力が生じ、設立登記がされた日と効力発生日でタイムラグは生じない。しかし、**吸収合併の場合には**、吸収合併契約で定められた効力発生日（会749条1項6号・790条）から吸収合併の登記（会921条）をするまでにタイムラグが生じる場合があり、**登記上、消滅会社が存続し、代表者**（会911条3項14号・22号ハ参照）**も存在するような外観を呈する状況が発生しうる**。そのため、効力発生日後、登記の日までに、消滅会社の代表者が消滅会社の所有不動産を第三者に売却するといったことが起こりうる。

　この場合、吸収合併による消滅会社の解散は、吸収合併の登記の後でなければ第三者に対抗できない（法律行為の成立要件である「当事者の存在」の要件が欠けていることを対抗できない）（会750条2項）ことから、吸収合併の効力発生日後、その登記の日までの消滅会社の代表者による第三者への所有不動産の売却は有効となり、その後に、吸収合併の登記がなされると、あたかも第三者への売却と消滅会社を起点とした存続会社への承継は二重譲渡類似の関係になる。そして、不動産の物権変動は物権の「移転」（移転とは、法律関係の変動を意味する）について対抗要件である登記を必要とし（民176条・177条）、包括承継である吸収合併・新設合併においても権利の「移転」であることに変わりはないため対抗要件としての登記を要する。そこで、消滅会社から不動産を購入した第三者と存続会社との関係は、民法177条の対抗問題になるとする見解が主張されている（なお、動産や債権についての第三者対抗要件については、明文上「譲渡」に限定されていることから（民178条・467条）、**包括承継による移転の場合には、存続会社は、対抗要件の具備は不要**であり、二重譲渡類似の問題になるとしても、対抗要件の問題は生じない）。

　しかし、吸収合併の登記がなされることにより、存続会社は、第三者に対して消滅会社から存続会社への権利義務の承継（包括承継）を対抗することができ、消滅会社の第三者に対する権利義務を承継していることとなるため、第三者と存続会社は当事者の関係に立つと考えられる。そして、取引の安全という視点で考えると、第三者からみれば合併の登記がなされていないという状態は同じであるのに、吸収合併の効力の発生前後で異な

る取扱いがなされることに合理性はない。そこで、学説上の多数説は、**効力発生前でも後でも、第三者は所有権移転登記を備えることなく存続会社に対して自己の所有権を主張できると解している**。

　以上のように、合併は、相続と同様、権利義務の包括承継を生じさせ、基本的には対抗関係の問題は生じないと考えられるが、相続では被相続人が死亡することで相続が発生し、**相続発生後に被相続人が権利移転行為を行うことはありえない**のに対し、吸収合併の場合には、吸収合併の効力発生後においても、合併登記がなされる前には消滅会社が外観的には存在する事態が発生し、**消滅会社が権利移転行為を行うことがありうる**。そこで、合併には、対抗関係として解決されるべきか否かの問題があることを覚えておいてほしい。

(2)　会社分割

(a)　意義──吸収分割と新設分割

　会社分割とは、株式会社・合同会社がその事業に関して有する権利義務の全部または一部を他の会社に承継させる制度である。会社分割には、会社がその事業に関して有する権利義務の全部または一部を既存の会社に承継させる**吸収分割**（会2条29号）と、会社がその事業に関して有する権利義務の全部または一部を会社分割により設立する会社（新設会社・設立会社）に承継させる**新設分割**（同条30号）がある。新設分割は、その手続に基づき新設会社が設立され、当該会社に対し分割会社の権利義務の全部または一部が承継されるものであり、**会社設立の手続と吸収分割の手続が一体化したもの**である。

　このような会社分割は、もともと、事業の一部を別会社（子会社）化したり、事業の一部を企業グループ外に切り離す形で移転したりすることを容易にするために、2000（平成12）年に、合併と逆方向の組織法上の行為として法制化されたものである。会社分割の制度導入前も、現物出資などによって子会社を設立し、または企業グループ外の他社への事業譲渡の方法を採ることで同じ目的を達することができたが、債務や契約上の地位を移転するには債権者の個別の承諾（同意）が必要であるなど、手続上煩雑であった。そこで、このような手続を不要とするために、旧商法において制度化されたものが会社分割である。

(b)　法的性質と吸収分割契約・新設分割計画

　吸収分割においては、分割の当事会社間において、分割の対象となる「事業に関して有する権利義務の全部または一部」などを定める**吸収分割**

契約を締結する（会757条）。また、新設分割においては、分割会社は、新設分割に基づいて設立する新設会社に承継する権利義務などを定める**新設分割計画**を作成する（新設分割の場合、**分割契約の相手方当事者となる会社がまだ存在しないため分割契約を締結することはできず**、新設分割計画書が作成されることとなる）（会762条1項・2項）。このように、新設分割では、分割会社の意思のみで分割行為がなされるものであるのに対し、吸収分割では、他の会社との間の合意がなければ分割行為をすることができない。すなわち、新設分割は既存の1社による組織法的な**単独行為**であるのに対して、吸収分割は、既存の複数会社間の組織法的な**契約**であるという本質的な差異がある。

　また、吸収分割契約は、当事会社間において債権的効力を有するにとどまり、吸収分割当事会社は、有効な吸収分割契約が締結されても、会社法上の手続に従って**吸収分割の効力を発生させるために必要な行為や措置を講ずるよう義務づけられるにすぎない**。つまり、吸収合併契約により直接、承継会社に会社分割の対象である資産の引渡請求権が生ずるものではない。

　このような吸収分割契約または新設分割計画に定められた内容に従い、吸収分割における承継会社は吸収分割の効力発生日（会758条7号・759条1項）に、また、新設分割における新設会社は設立登記（会924条）による成立の日に（会49条・764条1項）、それぞれ分割の効力が生じることになり分割会社の権利義務を承継する。

　この吸収分割契約や新設分割計画では、事業の財産のうちのあるものを除外し、または事業の一部を移転することもできる。会社分割の対象とされ承継される分割会社の権利義務について、承継会社または新設会社に法律上当然に全体として一括して承継されるものであり、債務も債権者保護手続を経て、原則として債権者の同意なくして免責的に承継会社または新設会社に移転される。このように会社分割は、事業に関する権利義務の全部または一部（債務を含む）が吸収分割契約や新設分割計画の範囲において、**包括的に承継会社または新設会社に移転される**という点で**合併に類似**する（**部分的一般承継**と呼ばれることがある）。しかしながら、厳密にいえば、合併と異なり、会社分割によって消滅する会社がない点では、合併とは異なり、**包括承継という概念で説明しきれない制度**である。そこで、**会社分割は、事業譲渡と合併の中間的な位置づけにあるものといえる**。

(c) 効果と権利・義務取得手続

(ア) 債務・契約上の地位の承継

会社分割は、吸収分割契約または新設分割計画によって、物権や債権、また、債務や契約上の地位を分割会社から承継会社または新設会社に承継させる。会社分割において、免責的債務引受および契約上の地位の移転は債権者の承諾（同意）がなければ効力が生じないという特定承継の一般原則を適用してしまうと、会社分割を困難にする。そこで、会社法は、合併におけるのと同様に、承継の対象となった**分割会社の債務の債権者の同意に代えて**、この債権者が会社分割について異議を述べることができ、分割会社に対して、弁済、相当の担保提供等の措置を講じるよう求めることができる手続を定めている（**債権者保護手続**。会789条1項2号・5項）。

　しかし、合併の場合と異なり、承継される債務のすべての債権者について、債権者保護手続が必要となるわけではない。一例を挙げておこう。合併と異なり、会社分割によって分割会社は消滅しないし、分割会社の分割対象である事業に関する権利義務は承継会社または新設会社に移転するが、その対価としての株式等が分割会社に交付されることから、債権者の引当てとなっている分割会社の会社財産に実質的な変動はないと考えられる。そこで、分割後も分割会社に債務の履行を請求できる債権者（移転の対象とならなかった債権の債権者、および移転の対象となったが分割会社が併存的債務引受や連帯保証をしているため、分割会社に請求することができる債権者）については、原則として、債権者異議手続をとる必要はない（会789条1項2号・810条1項2号）。

　ただ、会社分割は権利義務の全部または一部を承継させるものであるので、分割会社の重要な積極財産等を承継会社・新設会社に移転し、消極的な財産（債務）のみを分割会社に残すことで、分割会社の積極財産が著しく減少する場合がありうる。この場合には、分割会社の債権者は分割会社に対して債権を持っていても、その債権回収を図ることが極めて困難になる。加えて、会社分割を含む組織再編に対して異議を述べることのできない債権者は会社分割無効の訴えを提起することができない（原告適格を有しない）と考えられており（東京高判平成23・1・26金判1363号30頁）、分割会社に債務の履行を請求できる債権者は、異議を述べることができる者ではないため、分割無効の訴えを提起できず、その債権者の保護として十分でないことが生じうる。そこで、会社分割は包括承継であり本来的には特定承継である事業譲渡の商号続用責任の規定（会22条1項）は適用できないことが原則であるものの、判例は、**分割会社から承継会社・新設会社への会社分割による事業の承継について、同一事業主体による事業が継続**

しているという外形（商号の続用、判例は屋号の続用についても類推適用）に対する信頼が認められる場合には、承継会社・新設会社に**事業譲渡の商号続用責任の類推適用**を認めている（最判平成20・6・10集民228号195頁）。これも、包括承継である会社分割が、**特定承継である事業譲渡と類似する**点を有していることを示すものといえる。

また、吸収分割によって、例えば、不採算部門が承継会社に移転された場合、承継会社の経営状態・財政状態が悪化するおそれがある。この場合、承継会社の債権者は吸収合併における存続会社の債権者と同様のリスクに直面するため、**承継会社の債権者は承継会社に対して、吸収分割について異議を述べることができる**ことは吸収合併の場合と同様である（会799条1項2号）。

(イ) 対抗要件

合併と同様に、会社分割においても、吸収分割の効力発生日前または新設会社の設立の前に、分割会社が第三者に対して不動産の譲渡等を行った場合、承継会社または新設会社は、第三者に対する契約上の移転義務等をも包括的に承継するので、契約の当事者となるから、対抗関係にはならない、とするのが論理的な帰結といえる。

しかしながら、**効力発生日前**の承継対象財産である不動産の譲渡等について、対抗問題となるという見解がおそらく多数説と考えられ、この見解は以下のように考える。①まず、会社分割と合併の相違点を考える。合併においては、消滅会社は解散し、その権利義務が包括的に存続会社または新設会社に承継される。これに対して、会社分割においては、分割会社は依然として存続するため、吸収合併についての対抗関係を定める会社法750条2項のような規定がない。また、②会社分割の対象として承継される権利義務は、その会社分割当事会社の合意または意思に基づき決定され、あくまでもその分割の対象とされた権利義務のみが会社分割手続に基づき移転するので、会社分割の場合の包括承継は、会社分割の対象とされた権利義務について部分的に生ずるにすぎない（部分的一般承継）。そして、会社分割の登記（会923条・924条）からは会社分割の事実がわかるだけで、どの権利義務が会社分割により承継されたのかまでは第三者にはわからない。これらのことから、会社分割においては、包括承継という法的性質から演繹的に単純に対抗問題が発生しないと考えることはできないとする。したがって、会社分割の効力発生前の分割会社からの権利移転と会社分割による権利移転については事業譲渡におけるのと同様に、対抗問題として、

対抗要件の具備が必要**としている。

また、**会社分割の効力発生日後**の承継対象財産である不動産の譲渡等については、**会社分割においては、分割会社およびその代表者は分割後も存続する**ため、分割会社から承継会社・新設会社、そして分割会社からの承継対象財産の不動産の譲受人は分割会社を起点とした二重譲渡類似の関係に立つため、対抗問題になると考えられる。そして、その場合、合併の場合の対抗問題の学説状況とは異なり、動産・債権の譲渡に関しても、民法178条・467条の文理上対抗要件は不要であるが、それらが類推適用されるとして、承継会社・新設会社は、取得した**動産・債権について対抗要件の具備を必要**とするのが多数説である。

以上のように、会社法において、会社分割の効果は、合併と同様に、包括承継と整理されているが、分割会社の債務や契約上の地位が承継される際に債権者の個別の同意を要しないようにするために、法政策上、包括承継と整理され、法制化されているにすぎず、**権利の移転については、特定承継である事業譲渡と同様に対抗要件が必要と解される傾向にある。**

⑥ まとめ

本章においては、商法・会社法における組織再編としての事業譲渡、合併および会社分割を説明したが、これらにつき、**企業の維持・強化**のために、商法・会社法が特に定めた権利・義務の承継手段である点では共通するものの、手続・効果には大きな違いがあることが理解できたであろう。

まず、事業譲渡は、一定の営業目的のため組織化され、有機的一体として機能する財産を一括して特定承継を行うための手段であるのに対して、合併は、消滅会社に属する財産をすべてほかの会社に包括承継させるための手段である点で異なる。

会社分割は、合併と逆方向の組織法上の行為として法制化されたもので、分割会社が承継会社または新設会社に承継させる事業の財産のうちのあるものを除外し、または事業の一部を移転することができるとする制度である。会社分割の効果として、吸収分割契約や新設分割計画の範囲において、分割会社の財産を包括承継させるものとされている。そこで、会社分割は、その効果の点で、合併に類似する。

他方、合併では吸収合併契約および新設合併契約の内容にかかわらず、すべての財産が消滅会社から存続会社または新設会社に承継されるのに対して、会社分割においては、吸収分割契約や新設分割計画により、分割会

社が承継会社または新設会社に承継する事業の財産のうちのあるものを除外し、または事業の一部を移転することができるという点で、また、合併では、合併の効力発生日により消滅会社が消滅するのに対して、会社分割における分割会社は、事業譲渡の譲渡会社と同様に消滅しないという点で、事業譲渡に類似する。

　このように、会社分割は、組織再編の効率化という政策的な観点から、事業の一部移転を包括承継と規定することで権利・義務移転手続を簡略化するための制度であり、事業譲渡と合併の双方と類似点を有する制度となっている。合併を典型とする従前からの意味の包括承継では、もともとの主体が消滅する場合のみが想定されていたと考えられる。もともとの主体が消滅する場合のみを包括承継と呼ぶのであれば、会社分割は、従前の会社が消滅せずに存続する点で相続や合併と同様の意味での包括承継ではなく、中間的な存在といわざるをえない。

　本章では、特定承継である事業譲渡と典型的な包括承継である合併、そしてその二つの中間的な存在である会社分割について、特定承継と包括承継に関する一般理論がどのように修正されるかを検討した。**特定承継と包括承継というフレームワークは、権利義務の移転手続および対抗要件の具備が必要となるか検討する際に有益な視点であるが、会社分割のように単純に「包括承継」と割り切ることができない制度については、原則的な考え方を前提とし、個別具体的な利益状況を勘案して法解釈をすることが必要**である。本章では、原則を学びつつ、例外的な事項について、どのように検討して対応していけばよいかという手法を学んでほしい。

【参考文献】

原始取得と承継取得について　　　金井・知財 79 頁

特定承継と包括承継（一般承継）について　　　山野目 10-11 頁／松尾＝古積 177-178 頁／千葉恵美子ほか『民法 2 物権』196-197 頁〔藤原正則〕（有斐閣、第 2 版補訂版、2011）

債務引受について　　　近江・講義Ⅳ 293-299 頁／淡路・総論 497-508 頁／林良平〔安永正昭補訂〕＝石田喜久夫＝高木多喜男『債権総論』535-545 頁〔石田〕（青林書院、第 3 版、1996）／中田 576-582 頁／野澤・債権法Ⅱ 228-236 頁／平野・総論 512-518 頁／前田達明『口述　債権総論』422-429 頁（成文堂、1993）／亀田浩一郎「債務引受」椿＝中舎編・条文にない 270-274 頁

契約上の地位の譲渡について　　　於保 299-311 頁／奥田 480-482 頁／野澤・債権法Ⅱ 236-245 頁／近江・講義Ⅳ 299-301 頁／潮見・総論Ⅱ 691-701 頁／平野・総論 518-522 頁／池田真朗「契約当事者の地位の移転」池田ほか『マルチラテラル民法』260-276 頁（有斐閣、2002）／遠藤研一郎「契約引受（契約上の地位の移転）」椿＝中舎

編・条文にない 275-279 頁
契約上の地位の譲渡の対抗要件について　　野澤・債権法Ⅱ 244 頁／池田・総論 169-170 頁
包括承継としての相続について　　床谷文雄＝犬伏由子編『現代相続法』62-63 頁〔吉田克己〕（有斐閣、2010）
営業譲渡と事業譲渡の概念の差異について　　藤田＝北村・プライマリー 63-64 頁〔釜田薫子〕／リークエ 433 頁〔田中亘〕
商号続用責任（商 17 条、会 22 条）について　　藤田＝北村・プライマリー 68-71 頁〔釜田〕／コンメ(1) 208-222 頁〔北村雅史〕／森本 85-86 頁〔前田雅弘〕／池野千白「判批」平成 20 年度重判 125-126 頁＊会社分割について、商号続用責任に関する会社法 22 条 1 項が類推適用されることが示された最高裁判決の解説である。
合併の意義・本質について　　コンメ(17) 78-87 頁〔柴田和史〕／江頭 842-851 頁＊合併に関する実務的な問題が解説されている。
合併と吸収分割における債権者保護手続について　　コンメ(18) 172-175 頁、270 頁〔伊藤壽英〕
吸収合併における対抗問題について　　コンメ(17) 159-160 頁〔柴田〕／江頭 846 頁／高橋ほか 472-473 頁〔笠原武朗〕／柴田 427 頁／宍戸善一監修・岩倉正和＝佐藤丈文編著『会社法実務解説』509-510 頁〔松村英寿〕（有斐閣、2012）／新会社 189-190 頁〔相澤哲＝細川充〕
会社分割一般について　　コンメ(18) 237-249 頁〔神作裕之〕
吸収分割契約の法的性質について　　コンメ(17) 274-275 頁〔神作〕
吸収分割における対抗問題について　　＊会社分割効力発生前の分割会社による資産の売却について対抗問題となるとする説として、高井伸夫ほか編『会社分割の理論・実務と書式』135-137 頁〔廣瀬主嘉〕（民事法研究会、第 4 版、2007）／神田 375-376 頁、380 頁／宍戸監修・岩倉＝佐藤編著・前掲 530 頁〔木村剛史〕／リークエ 425 頁〔田中〕。＊会社分割効力発生前の分割会社による資産の売却について対抗問題とならないとする説として、江頭 902-903 頁／コンメ(17) 337 頁〔神作〕／高橋ほか 473 頁〔笠原〕

第 8 章
売買契約
新株予約権と商事売買における瑕疵担保責任

Introduction

　売買契約とは、当事者の一方が、ある財産権を相手方に移転することを約し、相手方がこれに代金を支払うことを約することによって、成立する契約のことをいいます（民555条）。日常生活において、また、取引実務において、売買契約は最も広範に利用される契約類型です。

　この売買契約に関連するのですが、よく耳にする言葉として**予約**という言葉があります。嵐や EXILE などのアイドルやアーティストの DVD の発売前に、予約購入したような経験はないでしょうか。日常用語としては、前もって約束することを予約ということで表現することが多いのですが、民法では、当事者間に将来本契約を締結する義務を生じさせる契約をいい、**日常用語の意味と民法での意味が異なっています**。

　そして、この「予約」に関連して思い出してもらいたいのが、会社法を勉強しているときに出てくる**新株予約権**という用語です。新株予約権とは、株式会社に対して行使することによって、当該会社の株式の交付を受けることができる権利をいいます（会2条21号）。新株予約権でいう「予約」という用語は、民法での「予約」の意味とどのような関係にあるのでしょうか。

　会社法における新株「予約」権の予約には、民法での「予約」の中の特殊な概念である「売買の一方の予約」という概念が関わっています。この**「売買の一方の予約」**とは、一方当事者のみが予約完結権（一方的な意思表示により本契約を成立させる権利）を有し、その予約完結権の行使によって売買契約が成立するというものです。**新株予約権は**、新株予約権者が新株予約権を行使（予約完結権の行使）することで、株式の売買契約（自己株式の処分の場合）が成立する点から**「売買の一方の予約」ということができる**のです。この新株予約権と類似する権利で、逆の権利関係をいう株式買

取請求権というものも会社法上規定されています。この**株式買取請求権**は、第7章で説明した組織再編の際に問題となることが多いのですが、会社の株主が、会社に対して買取請求権を行使すると、自分が保有する株式を会社に売却することができるというものです。

　このように、「予約」や「売買の一方の予約」概念に関連して、会社法では、株主から会社に対する権利として、会社から株式を取得することができる権利（買い取る権利）と会社に株式を買い取ってもらう権利（売り渡す権利）が規定されています。また、会社から株主に対する権利として、株主が保有する株式を買い取る権利があります。その他、株主が他の株主に対してその保有する株式を買い取る権利も認められています。そこで、本章においては、会社法での重要な概念である新株予約権と株式買取請求権を売買の一方の予約の観点から検討します。その前提として、民法の「予約」の概念についても、整理検討しておくことにします。

　さらに、売買契約成立後の問題として、**商法と民法の売買の目的物の瑕疵担保責任**についても考えてみましょう。商法526条は、商人間の売買の目的物の瑕疵担保責任を規定していますが、**民法における売買の目的物の瑕疵担保責任との関係が明らかではありません**。そこで、まずは民法における瑕疵担保責任の法的性質をめぐる議論を確認し、商法526条の意味を探ることにしましょう。

　民法学において、売買の目的物の瑕疵担保責任の法的性質をめぐって学説が分かれています。売買を特定物売買と不特定物売買に分け、民法の瑕疵担保責任は特定物売買に関して法律が特別に売主に課した担保責任であると考える**法定責任説**、そして、売主は契約で合意された目的物を給付する義務を負うもので、このことは特定物であると不特定物であるとを問わず、瑕疵があれば、売主は債務不履行責任に加えて瑕疵担保責任を負うものとする**契約責任説**の大きな対立があります。この点、民法改正案では、「瑕疵」は「契約不適合」という文言に変更され、契約責任説の考え方が採用されているのですが、この新しい条文を理解するうえで、従来の瑕疵担保責任をめぐる民法の議論は、極めて重要です。例えば、「特定物と不特定物の違いは？」「法定責任説の根拠は？」「信頼利益とは？」という基本事項の質問をしても、正確に答えられない学生が大半です。本章の後半では、皆さんの理解が不十分になりがちな部分を中心に、民法・商法における売買の目的物の瑕疵担保責任について考えてみましょう。

❶ 売買契約とは

(1) 売買契約の意義

　まず、売買契約の一般的な説明を簡単にしておこう。**売買契約**は、当事者の一方が、ある財産権を相手方に移転することを約し、相手方がこれに代金を支払うことを約することによって、成立する契約である（民555条）。すなわち、財産権（対象である利益が経済的価値あるいは財産的価値を有する権利、あるいは、金銭的評価に耐えうるものを対象とする権利）の移転に関する債権・債務と、代金支払に関する債権・債務とを発生させる、諾成、有償、双務の契約である。

　商法・会社法との関係で留意しておくべきは、この売買契約はあくまでも「財産権」を移転させる義務を負わせる契約であり、**所有権を移転する契約ではない**点である。第7章で詳細に検討した事業譲渡（営業譲渡）契約も、「事業」という財産権を移転させる義務を負わせる契約であって、その法的性質は売買契約に類似するものなのである。また、序では債権契約と物権契約の区別を説明したが、基本的に売買契約は、債権関係を発生させる**債権契約**であり、物権の変動（物権の発生、変更、移転、および消滅、すなわち処分）を直接の目的とする契約である**物権契約と区別される**ものであることを再確認しておいてほしい。

(2) 売買契約と特別法

　取引実務において、以上のような法的性質を持つ売買契約は、最も広範に利用される契約類型であり、古くから有償契約の典型としての地位を有し、民法上も、売買に関する規定は、他の有償契約に準用される（民559条）。

　もっとも、民法は売買を、財産権と代金の交換という抽象的な要素のみを中心に規定しているため、今日の多様な取引形態とそれらをめぐる紛争を民法の売買の規定によって適切に解決することには限界が生じている。そこで、今日では民法典のほかに、**各種の売買契約の個性や性質に即して多くの特別法が設けられ、それぞれにおいて民法の売買の規定が修正**されている。例えば、商事売買については商法上の特則があり（商524条以下）、消費者取引に関しては、割賦販売法、特定商取引法などがある。また、事業者・消費者間の消費者契約に関する一般的な民事的ルールを規定する消費者契約法も重要なものである。

❷ 売買の一方の予約とコールオプション・プットオプション

(1) 民法における売買の一方の予約

　第2章において契約の成立について説明をしたので、典型的な売買契約の成立の問題は、第2章の内容を確認してもらいたい。本章では、新株予約権や株式買取請求権等の会社法上の制度が、一方当事者の意思表示によって売買契約類似の法律関係を生じさせる民法上の「売買の一方の予約」の制度を基礎としているものであることを説明する。そこで、まずは、前提知識として「売買の一方の予約」と、その基礎となる「予約」概念について確認しておこう。

(a) 予約とは

　日常用語では、前もって約束することを一般的に「予約」と呼ぶが、その意味は多種多様である。例えば、イントロダクションにおいて例示したDVDの予約が一つであり、他にもホテルやタクシーの予約、また、建築中の住宅の購入の予約など、いまだできあがっていない物を売買することを予約と呼ぶ場合もある。

　民法において「予約」に関する一般的な定めはないが、予約概念が民法典に存在しないわけではない。民法における基本的な「予約」の意味で条文上「予約」という用語が用いられているものには、民法589条の消費貸借の予約があるが、売買の予約については、民法上規定がない。しかし、売買の予約は、将来において売買契約を締結する旨の合意とされており、例えば、Aが将来希望するならばAB間にBが所有する有名な画家の絵を300万円で売却する旨の契約（本契約）を成立させることを合意する場合をいう。このように、民法における「予約」とは、**当事者間に将来本契約を締結する義務を生じさせる債権契約の一種**であって、その機能は、**将来、当事者に契約を締結すべき義務**（本契約を成立させる債務、すなわち、申込みに対して承諾する義務）**を負わせる**ことにある。したがって、予約がなされると、当事者の一方は、相手方が本契約の申込みをした場合には、必ずそれに対して承諾する義務を負う関係にあり、本契約の申込みだけで本契約が成立するわけではなく、申込みに対する相手方の承諾の意思表示またはそれに代わる判決があって初めて本契約が成立するのである。

　とすると、ホテルやタクシーの予約は、予約の時点で本契約は締結されており、単にサービスの提供や代金支払の履行期が将来の時点に設定されているにすぎず、民法における「予約」とは異なる。このように、世間一

般で使われている予約の概念と、民法における予約の概念との間にはギャップがある。

(b) 売買の一方の予約

すでに指摘したように、売買の予約について民法に明文の規定はないが、売買の一方の予約については、民法556条1項で「売買の一方の予約は、相手方が売買を完結する意思を表示した時から、売買の効力を生ずる」と規定されている。そこで、次に、売買の一方の予約について考えてみよう。

判例（大判大正8・6・10民録25輯1007頁）・多数説では、この**売買の一方の予約**とは、一方当事者のみの意思表示によって法律関係を生じさせることができる形成権（当事者の一方的な意思表示で法律関係を形成させることができる権利）の一種である「予約完結権」を行使することによって、他の当事者の意思表示を待たずして当然に売買契約を成立させるものであると解されている。

そもそも売買の予約は、当事者に本契約締結義務を負わせる契約であるから、当事者が権利行使をしても相手方が任意に応じなければ、相手方に対して承諾という債務の履行を求める訴えを起こし、意思表示に代わる判決を得なければならない（民414条2項ただし書）。しかし、売買契約のような諾成契約について、このような順序・手続を踏むのは迂遠である。そこで、民法は、当事者の一方が将来売買をすることを相手方に約束したとき、すなわち、予約義務者（予約完結権の行使をされる者）と予約権利者（予約完結権を持つ者）の間に、予約権利者の一方的意思表示によって売買契約の成立という両者間の権利関係の変動を生ぜしめることができる予約完結権を与える契約（予約権授与契約）が成立したときには、その後、予約権利者が売買を完結する意思を表示した時より、予約義務者の承諾の意思表示を要することなく売買が成立するものとしたのである。これは、自己の権利実現のために、一方的な意思表示によって直ちに法律関係を形成して実現行為（例えば、売買関係を成立させて引渡請求を行う）へ入るという便宜的手段を特別に認めたものなのである。

(2) コール・オプションとプット・オプション

(a) コール・オプション（買付選択権）

以上のような売買の一方の予約に関連して、会社法では、新株予約権のように一定の事由が生じた場合に、相手方当事者に対してその所有株式を自らに売り渡す義務を発生させる権利である**コール・オプション**〔call option〕**（買付選択権）**が規定されている。一般的には、このコール・オプ

ションとは、**株式等を「買う権利」**であり、投資商品（金融商品）として扱われる場合もある。例えば、現時点で1株200円のA社の株式を保有したいと考えているとする。しかし、例えば購入後にA社の株価が100円に下落した場合のように、実際に購入すると将来的に株価下落のリスクを負うことにもなる（200円から100円の差額である100円を損することになる）。そこで、行使価格200円・行使期間1年のコール・オプションを購入すると「1年以内に200円でA社の株を買う権利」を取得したことになる。もし株価が250円に上昇した場合、コール・オプションを行使してA社の株式を200円で購入して市場で売却すれば、差額の50円の利益を得ることができる。一方、株価が150円に下落したら、コール・オプションを行使して200円で購入する意味がないので、そのままにすればよい。コール・オプションは一般的には以上のような投資商品を意味する用語として使われており、投資家の権利の問題であるが、会社法では、**オプション権を有する者の一方的な意思表示によって、相手方当事者を売主とする売買契約類似の法律関係を発生させる形成権**として、より狭義の意味で使われる場合が多い。

(b) プット・オプション（売付選択権）

他方、一定の事由が生じた場合に、相手方当事者に対して自ら所有する株式を売り付けることができる権利である**プット・オプション**〔put option〕（売付選択権）も会社法上規定されている。一般的には、プット・オプションは、**株式等を「売る権利」**であり、これも投資商品として扱われる場合がある。例えば、現時点で1株200円のA社株式を保有しているとする。将来的な株価下落のリスクを避けるために、行使価格200円・行使期間1年のプット・オプションを買うと「1年以内に200円でA社の株を売る権利」を手に入れたことになる。もし株価が150円に下落したら、プット・オプションを行使して、この株式を200円で売却する。一方、株価が250円に上昇した場合、A社の株式は市場において250円で売れるため、わざわざ200円で売る必要はない。プット・オプションも一般的には以上のような投資商品を意味する用語として使われており、投資家の権利の問題であるが、会社法では、オプション権を有する者の一方的な意思表示によって、相手方当事者を買主とする売買契約類似の法律関係を発生させる形成権として、より狭義の意味で使われる場合が多い。

(c) コール・オプションとプット・オプションの分類

以上のように、コール・オプション、プット・オプションともに、一方

当事者による権利行使がなされた場合に当事者間に売買契約と同様の法律関係を発生させるものであり、会社法では、**株主・会社間の株式の移転の場合**と**株主間の株式の移転の場合**の二つがある。

㈠　株主・会社間の株式の移転

　株主（新株予約権者）が会社に対して有するオプションとしては、二つを考えることができる。

　まず、①-1 株主の会社に対するコール・オプションとして、後で詳しく説明する**新株予約権**がある。また、**単位未満株主の株式売渡請求権**（会194条）がある。

　次に、①-2 株主の会社に対するプット・オプションとして、主なものとして、反対株主（種類株主）の株式買取請求権、金銭を取得対価とする取得請求権付株式（会2条18号・108条1項5号）などがある。この**反対株主（種類株主）の株式買取請求権**は、後で詳しく説明するが、株主に重大な影響を及ぼす一定の行為に関する決議に反対した株主の保護の観点から、株主が自己の有する株式を公正な価格で買い取ることを株式会社に請求することができる権利である。そして、**取得請求権付株式**とは、株式会社がその発行する全部または一部の株式の内容として、株主が当該株式会社に対して当該株式の取得を請求することができる旨の定めを設けている場合における当該株式のことをいう（会2条18号）。この取得請求権付株式は、会社から交付される財産の内容につき制限がなく（この交付される財産が他の種類の株式である場合には、株主からみれば、取得請求権付株式は、典型的な意味での売買に関するプット・オプションやコール・オプションではなく、権利行使により交換契約と同様の法律関係を発生させるという意義を有するプット・オプションとコール・オプションを同時に持つものであると評価しうる）、取得の対価として財産を交付するには、定款に定めを置かなければならず、金銭が取得対価として定められている場合（義務償還〔買受〕株式型）には、株主による取得請求権の行使により売買契約が成立する。この「取得」という文言は、債権契約としての売買・交換契約等を意味するものではなく、株式の移転を意味するもので、株主の会社に対する取得請求権は形成権であり、一方的意思表示により会社による株式の取得という準物権的な効果を発生させることを意味する。

　これらに対して、②会社の株主に対するコール・オプションも認められており、これには、**相続人等に対する売渡しの請求**（会174条）などがある。相続という包括・一般承継（民896条）による株式の移転は、株式譲

渡制限制度下においても、会社による承認の対象にはならないことから、譲渡制限会社にとって好ましくない株主が出現することを阻止する必要がある。そこで、会社法は、相続された株式についての売買契約を成立させる形成権として、会社による相続人等に対する株式売渡しの請求を認めている（会176条1項）。

　以上それぞれを説明したが、特に、①-2と②については、会社が自ら発行した株式を取得する**自己株式の取得**となることに注意が必要である。

　自己株式の取得については、株主は「会社の所有者」と呼ばれており、社団法理の考え方からすれば、株式会社が同時に自己の所有者であり構成員である社員になることは論理的に不可能であるように思われるし、混同の法理（民179条参照）にも反するように思われる。

　しかし、会社法は、自己株式の取得に関しては、(i)株主への出資の返還と同様の結果を生じさせる（会社債権者の利益が害される）、(ii)株主間に不平等が生じる、(iii)会社の支配権に関する影響を生じさせる、(iv)相場操縦やインサイダー取引など不公正な証券取引に用いられる、という理由により、限定的に分配可能額の限度内で行われるべきもの（財源規制）等として、規制しながらも認めている。したがって、①-2と②の請求権についても、**原則として分配可能額の限度内で認められている**。ただ、**株式買取請求権は**、反対株主という少数株主保護の観点から、**財源規制に服さない**という例外的な取扱いがされている。

(イ)　株主間の株式の移転

　次に、株主間のコール・オプションを確認しておこう。株主間の売買の一方の予約は従前制度化されていなかったが、③2014（平成26）年の会社法改正で**特別支配株主の株式等売渡請求権**としてコール・オプションが規定されるに至った。これは、株式会社（対象会社）の総株主の議決権の9割（これを上回る割合を定款で定めた場合はその割合）以上を有する者（**特別支配株主**）は、対象会社の他の株主（売渡株主）全員に対し、その保有株式全部（売渡株式）の売渡を請求することができるとするものである（会179条1項）。これは現金を対価とする少数株主の締め出し（いわゆる**キャッシュ・アウト**またはスクイーズ・アウト）のため、時間的・手続的コストの低減と、少数株主に交付される対価の適正を確保するという観点から、改正法により新たに設けられたものである。株式等売渡請求は、対象会社の承認（会179条の3第1項）を経て、対象会社から売渡株主等（売渡株主および売新株予約権者。会179条の4第1項1号）に対する通知等（同条1

項・2項）がなされることにより、特別支配株主から売渡株主等に対し、株式等売渡請求がされたものとみなされると（同条3項）、売渡株主等の個別の承諾を要することなく、特別支配株主と売渡株主との間に売渡株式等（179条の2第1項5号）の売買契約が成立したのと同様の法律関係を生じさせるものであり、一種の形成権として認められている。

(d) まとめ

以上をまとめると、次のようになる。

権利者 \ 権利の種類		コール・オプション	プット・オプション
会社―株主間	株主が権利を保有する場合	①-1 新株予約権 単位未満株主の株式売渡請求権	①-2 反対株主（種類株主）の株式買取請求権、取得請求権付株式など
	会社が権利を保有する場合	② 相続人等に対する売渡請求など	
株主―株主間		③ 特別支配株主の株式等売渡請求権（2014年改正会社法で新設）	

本章では、売買の一方の予約との関係で、特に重要な、①-1 株主の会社に対するコール・オプションとして**新株予約権**、①-2 株主の会社に対するプット・オプションとして**株式買取請求権**について検討する。

③ 新株予約権と株式買取請求権

(1) 新株予約権と「売買の一方の予約」

(a) 新株予約権とは

新株予約権は、株式会社に対して行使することによって、当該会社の株式の交付を受けることができる権利である（会2条21号）。新株予約権の権利者は、権利を行使してもしなくてもよく、その意味でオプション（選択権）を有している。

新株予約権を会社側からみると、権利者に対して、株式を交付すべき義務を負うことを意味する。もし、会社が株式による資金調達を行いたいのであれば、端的に募集株式の発行手続をすればよいように思える。それにもかかわらず、会社法が新株予約権を認めているのは、**資金調達以外の実**

用価値が認められるからである。例えば、上場会社の取締役等のインセンティブ報酬（人の意欲を引き出すために会社が与える報酬）として新株予約権（このような場合、**ストックオプション**と呼ばれることが多い）を利用すれば、この権利を保有する取締役等は、株価が上がることについて強い期待を有することから、株価を上昇させるべく効率的な経営を行い、ひいては株主の利益につながることが期待できる。また、新株予約権は、**株主における支配権の取得・維持**や**敵対的買収に対する防衛策**のためにも用いられている。

(b) 新株予約権の発行手続

株式会社が新株予約権を提供する方法として、募集の方法によりこれを発行する方法と、それ以外の方法がある。それ以外の方法としては、例えば、取得請求権付種類株式や一定の事由が生じたことを条件として会社が株式を取得できる取得条項付種類株式の対価としての新株予約権の発行（会107条2項2号ハ・3号ホ・108条2項5号イ・6号イ）、新株予約権無償割当てに伴う発行（会277条～279条）、あるいは吸収合併・吸収分割・株式交換に際しての対価としての新株予約権発行（例えば吸収合併の場合につき、会749条1項2号ハ参照）などがある。ここでは、一般的な提供方法である募集により発行する方法（募集新株予約権）について説明しよう。

募集新株予約権の発行は、①募集事項の決定（会238条）、②募集新株予約権の引受けにかかる申込み（会242条）、③申込みに対する割当て（会243条）、④株式会社が、金銭の払込みを要するものとして募集新株予約権を発行する場合、新株予約権者の払込期日内の払込金額全額の払込み（会246条1項）によって行われる。③の割当てにつき、申込者および総数引受契約（発行会社・引受者間で締結する、発行新株予約権の総数の引受けを行う旨の契約）を締結した者は、割当日に新株予約権者となる（会245条1項）。

(c) 新株予約権の引受契約の法的性質

それでは、募集新株予約権の引受契約の法的性質はどのようなものであろうか。

まず、募集新株予約権の引受行為は、当該会社との契約であり、申込みと承諾によって成立する引受契約であると考えられている。つまり、募集が行われる場合には、引受けの申込みが契約の申込みとなり（②）、会社は割当てを行い、これを申込者に通知することが承諾になり（③）、募集新株予約権の引受契約が成立する。したがって、ここでいう募集は「申込

みの誘引」ということになる。

　この募集新株予約権の引受契約において、新株予約権者が新株予約権を行使すると（会280条）、会社は新株予約権者に対して、新株を発行するか、または会社の有する自己株式を交付する義務を負うことになる。また、新株予約権の無償での割当ては可能であるが（会277条）、新株予約権の権利行使価額（会236条1項2号）をゼロにすることはできない（1円以上でなければならない）と解されている。そして民法555条によれば、売買契約が成立するためには、①財産権（目的物）の移転の合意、②その対価たる代金支払いについての合意、が必要となる。新株予約権の権利行使により、新株（財産権）を割り当てる（移転）という合意がされ（①に該当）、それに対して少なくとも1円以上の権利行使価額が必要（対価の支払合意）となるから（②に該当）、**新株予約権の行使により、売買契約と同様の法律関係が生じる**（民556条）。このように、新株予約権の権利行使は、すでに簡単には述べたが、売買の一方の予約の「予約完結権」の行使である。

　ただ、厳密に考えれば、売買契約と同視できるのは、権利行使者に会社が保有する既発行の自己株式を交付する場合であり、新株を発行する場合は売買と異なる法律関係として、会社法上、様々な手続的規定が置かれており、企業組織法的規制の面から契約法の適用が大幅に制限される法律関係になっている。

(2) 株式買取請求権

(a) 株式買取請求権とは

　株主は、一定の場合に、自己の有する株式を公正な価格で買い取ることを株式会社に請求することができる。この請求権を**株式買取請求権**という。これには大別して、①会社が株主の利益に重大な影響を及ぼす一定の行為を行うときに問題となる、**反対株主に認められる株式買取請求権**、また、ほかに、②譲渡不承認の場合の**譲渡制限株式の買取請求権**（会140条1項）、および③**単元未満株主の株式買取請求権**（会192条）がある。

　例として①の反対株主に認められる株式買取請求権を詳しく説明すると、この株式買取請求権が認められるのは、会社が(i)事業譲渡・合併・会社分割・株式交換・株式移転をする場合（会469条・785条・797条・806条）、(ii)株式の併合（数個の株式をあわせて、一つの株式にまとめること）をする場合（併合により端数となる株主に限る。会182条の4）、(iii)株式の譲渡制限をする場合（会116条1項1号・2号）、(iv)株式に全部取得条項（株主総会の特別決議によりある種類の株式の全部を会社が取得することができるとする内容

の条項）を付す場合（同条1項2号）、(v)ある種類の株式の種類株主に損害を及ぼすおそれのある一定の行為を行う場合であって、種類株主総会の決議が定款で排除されている場合（同項3号）である。このように、株式買取請求権は、株主に重大な影響を及ぼす一定の行為に関する決議に反対した株主の保護の観点から、反対株主に対して**会社から離脱してその持分を払い戻してもらうこと（投下資本の回収）を実質的に認める制度**である。株式会社においては、株式譲渡の自由が認められているから（会127条）、株式が会社から離脱しようと思えば、株式を譲渡すればよいとも思われるかもしれないが、株式買取請求権には、**「公正な価格」による株式の買取り**が認められており、かつ、反対株主の保護の観点から取得請求権付株式と異なり**財源規制にも服さない**点で、株式譲渡とは別に制度化される意義がある。このように、株式買取請求権は、実質的には、決議の反対株主に対し会社から脱退してその持分の払戻しを受けることを認めるに等しく、株式会社の団体性の見地からいえば、本来的には存在しない権利（売買の予約完結権）を少数株主保護の法政策的考慮に基づいて法定の権利として認めた異例の制度ということができる。

(b) 株式買取請求権の法的性質

　株式買取請求権は一種の形成権であって、株主の請求があるときは、これにより会社の承諾を要しないで、その株主と会社との間に株式の売買契約が成立したのと同様の法律関係が生ずる。そして、買取請求の後は、請求株主は会社の承諾がある場合にのみ買取請求を撤回することができるとされている（会116条7項・469条7項等）。これは、民法の観点からは、株主・会社間に株式の売買契約が成立したのと同様の法律関係が生ずるため、「契約の拘束力」に基づき、一方的な撤回は許されないことを確認したものといえる。

　この点につき、会社法の観点からは、法政策的な説明がされる。会社法以前の商法では、株式買取請求後の請求の撤回について制限がなかったため、反対株主は、とりあえず株式買取請求権を行使しておき、その後の株価の動向等をみながら、市場で売却する価格のほうが裁判所において決定される価格（価格決定について株主との協議が整わなかったときは、裁判所に価格決定の申立てができる〔会786条1項・2項等〕）よりも有利であると判断した場合には、その請求を取り下げて株式を市場で売却するなど、会社を振り回すような株主の投機的な行動が問題視されていた。そこで、本条項は、このような株主の投機的行動を防止するため、株式買取請求権の撤

回の制限を明確にしたものと説明されている（画一的取扱主義）。

(c) 株式買取請求権における「公正な価格」の算定時期

　株式買取請求権における株式の買取価格は「公正な価格」とされているが（会116条1項柱書・469条1項柱書・785条1項柱書等）、**いつの時点を基準に公正な価格を算定すべきか**、条文上明らかでないため問題となる。判例は、組織再編における反対株主の株式買取請求権の場合には、買取請求によって売買契約が成立したのと同様の法律関係が生じることから、**買取請求の日を価格算定の基準日**としている（最決平成23・4・19民集65巻3号1311頁、最決平成23・4・26集民236号519頁、最決平成24・2・29民集66巻3号1784頁）。

　この価格算定の時期について、民法との関係で考えてみよう。まず、民法における売買契約では、代金支払の約束が契約の成立要件となっているが、代金額は契約締結当時に確定している必要はない。契約締結時に当事者が代金額につき明示的な約定をしなかった場合でも、種々の事情、特に「時価」によってこれを確定することができるときは、売買は有効に成立するとされている。

　そして、民法の借地・借家に関する特別法である借地借家法において、売買契約が成立したのと同一の効果を発生させる形成権として、建物買取請求権（借地借家13条1項）と造作買取請求権（借地借家33条1項）がある。株式買取請求権における公正な価格の算定時期との比較のため、建物買取請求権についての価格算定の時期についても考えてみよう。

　建物買取請求権とは、借地権の存続期間が満了した場合において、契約の更新がないときは、借地権者は、借地権設定者に対し、建物その他借地権者が権原により土地に付属させた物を時価で買い取るべきことを請求することができる権利である。この建物買取請求権は、借地人が借地上の建物等のために投下した資本の回収を保障し（投下資本の回収）、また、借地上の建物等を保存すること（社会経済的要請）を趣旨として認められた権利である。建物買取請求権は、建物等について当事者間に売買契約が成立したのと同一の効果を発生させる形成権であるので、借地人の買取請求権の行使時を基準として、「時価」で買取価格が算定されるものと解されている（大判昭和11・5・26民集15巻998頁）。このように、組織再編における反対株主の買取請求権の価格算定時期は、建物買取請求権の価格算定時期と同様に解されている。

❹ 売買の目的物の瑕疵担保責任

(1) 瑕疵担保責任とは

　商法・民法において、目的物の権利や性質に完全ではないところがあることを「**瑕疵がある**」という。例えば、Bが購入の契約を結んだマンションが売主Aではなく他人のものであったり、納入を受けた家電製品に欠陥があったりというような場合である。そして、「瑕疵」がある場合には、その「瑕疵」につき売主に過失がなくても買主は売主に対して、損害賠償請求をしたり、契約を解除したりすることができる。このような場合の売主の責任が**担保責任**である。担保責任は、買った土地が他人の物だった場合など、権利に瑕疵がある場合の担保責任（**権利の瑕疵に対する担保責任**）と、買った物に隠れた瑕疵がある場合の担保責任（**瑕疵担保責任**）とに大別されている。

(2) 民法・商法の売買の目的物の瑕疵担保責任

　商法では、商人間の売買における目的物の瑕疵担保責任についての規定が設けられている。すなわち、買主は受け取った目的物を遅滞なく検査し（商526条1項）、検査により瑕疵・数量不足を発見したら直ちに売主にその旨を発しなければ、契約解除、代金減額または損害賠償ができないものとされ（同条2項前段）、もし、瑕疵が直ちに発見することができないものであるときは、6カ月内に発見して直ちに通知すれば、請求権を失なわないものとされている（同項後段）。

　他方、民法では売買の瑕疵担保責任につき「売買の目的物に隠れた瑕疵があったときは、第566条の規定を準用する」としており（民570条）、民法570条により準用される民法566条によれば、①損害賠償請求（民566条1項後段）、②瑕疵の存在により契約目的が達成できないときは解除ができるとしている（同項前段）。

　これらの商法・民法の売買の目的物の瑕疵担保責任の規定は、どのような関係にあるのだろうか。この両者の規定関係につき、**民法566条・570条の「目的物」と商法526条の「目的物」の解釈問題が重要**である。この両規定における「目的物」の概念の問題は、**特定物・不特定物の双方を含むかどうか**という問題である。まず、民法における瑕疵担保責任をめぐる議論を確認してみよう。

(3) 民法の売買の目的物の瑕疵担保責任

(a) 問題の所在

民法における売買の瑕疵担保責任の法的性質、特に債務不履行責任（民415条）との関係については、これまで長く議論されてきた。その根本的な対立点は、取引の目的物に隠れた瑕疵がある場合、契約によって当事者が実現しようとした状態が実現されていないのであるから、広い意味で契約違反に当たるとみることができるにもかかわらず、民法は目的物に瑕疵がある場合について特に担保責任の規定を置き、売主に対して債務不履行の一般的規律と異なる責任を課しているのはなぜか、という点の理解の相違にある。以下、学説の対立をみてみよう。

(b)　法定責任説

　長く通説とされてきた典型的な「法定責任説」は、売買の目的物の瑕疵担保責任を、特定物にのみ適用されると考え、債務不履行責任とは性質の異なる法定責任とする（民566条の「売買の目的物」を特定物と制限解釈する）。

(ア)　特定物ドグマ

　考え方の基本には、いわゆる**特定物ドグマ**が置かれている。すなわち、特定物売買においては、当事者はその物の個性に着目して目的物を選択するから、当該売買の目的物は当事者が選択した「この物」以外にはありえず、物の品質・性能は債務の内容にならないと考え、そのため、**「この物」を給付（所有権移転）すれば、買主が期待した品質・性能を有しなかったとしても、売主の債務不履行責任は生じない**、とする考え方である。とすると、特定物売買の目的物に契約締結前から瑕疵がある場合、瑕疵のない物を給付することは不可能であるから、瑕疵のない物を給付する債務を売主が負ったとしても、その債務は原始的に一部不能であり、原始的に不能な債務は無効であるから、結果として瑕疵のある物を給付しても、売主に債務不履行責任は生じないはずであるが、このような**債権者を保護するために特別に認められた責任を瑕疵担保責任であると**考えるものである。

　ここで、当事者の主観的な基準による区分、すなわち、当事者がその物の個性に着眼し、当初から「これ」と定めて合意した物か否かの区別である**特定物・不特定物**と、世間一般で考える物の性質に着目した客観的な基準による区分である**代替物・不代替物**の関係に注意したい。瑕疵担保責任における特定物ドグマの考え方は、主に、売買の目的物が名画や中古家電製品のように、**不代替物としての特定物であることを前提としている**ことを理解しておこう（解釈論的にいえば、民法566条の「売買の目的物」を不代替的特定物と制限解釈をする）。

(イ) 損害賠償の範囲

典型的な法定責任説は、損害賠償の範囲を「信頼利益」の範囲とする（民566条1項の「損害賠償」を「信頼利益の賠償」と制限解釈する）。この「信頼利益」という概念は、民法に定めがない。一般的に、**信頼利益**とは、契約が無効または不成立であるのに、それを有効に信じたことによって債権者が被った損害といわれ、契約締結上の過失による責任を負う者、錯誤により契約無効を来した表意者（民95条）、債務不履行によって契約を解除された債務者（民545条3項・判例は履行利益の賠償とする）、担保責任を負う贈与者（民551条）および無権代理人（民117条1項・判例は履行利益の賠償とする）などの賠償責任の範囲の問題として言及されることがある。不代替的特定物の売買契約は全体としては有効に成立し（原始的全部不能ではないので契約は無効にはならない）、給付義務は尽くされているが、目的物の瑕疵が存在する部分について原始的一部不能（その部分については給付ができず理論的には無効となる）と考えられ、その原始的一部不能の部分が無効であるのに、それを有効と信じたことによって債権者が被った損害として、信頼利益の賠償を認めるべきとされている。

(ウ) 瑕疵担保責任の効果に関する帰結

法定責任説に立つ場合、①瑕疵のない物の調達が可能な**不特定物売買には、民法570条の根拠が妥当せず、同条は適用されない**、②契約締結時に瑕疵が存在した場合にだけ適用され、**契約締結後に生じた瑕疵は、保管義務違反による債務不履行責任または危険負担の問題**となる、そして、③瑕疵のない「この物」を観念しえない以上、代物交付請求権や修補請求権という**追完・完全履行請求権は認められない**、ことになる。

(c) 契約責任説（債務不履行責任説）

現在の多数説である契約責任説（債務不履行責任説）は、瑕疵担保責任を**債務不履行責任と構成する**。売主は、契約で合意された目的物を給付する義務を負うが、このことは**特定物であると不特定物であるとを問わない**（民法566条の「売買の目的物」は特定物と不特定物の両方を含むとする文理解釈）。したがって、目的物に物質的な瑕疵が存する場合には、目的物の種類を問わず、売主は、債務不履行責任（民415条）と瑕疵担保責任（民570条）とを負う。この際、後者につき売買についての特則と考えるため、両者が抵触する場合は後者が適用され、後者に規定のない事項に関して前者（不完全履行）の規定ないし考え方が適用されるとする（**一般法・特別法の関係**）。

以上のような法的性質からすると、**損害賠償の範囲**としては、民法416条の原則に従うとする、あるいは、**履行利益**の賠償となるとする考え方になる。また、債務不履行責任であることの効果として、**契約の解除および追完・完全履行請求権（代物交付請求権・修補請求権）も認められる**ことになる。ここの「履行利益」という概念は、信頼利益に対置される概念であり、債務の本旨に従った履行がなされていたら債権者が得られたであろう利益を意味する。例えば、絵画の売買契約で、売主の帰責事由により引渡しが不能となった場合、買主がその絵画を第三者に転売する契約を結んでいたとすると、その転売利益は、履行利益の賠償の範囲に含まれる。

(d) 判例

　瑕疵担保責任をめぐる判例が、どのような考え方をとっているかについては必ずしも明確ではないが、判例は、**不特定物売買**においては、一旦目的物を受領したとしても、**買主が「瑕疵の存在を認識したうえでこれを履行として認容」しない限り、完全履行請求が可能である**とする（最判昭和36・12・15民集15巻11号2852頁）。

　この判例を説明すると、本来履行の価値のない物を履行として認容することは、買主が売主の履行を認めることであり、それは、売主は、瑕疵ある物を引き渡したが、もはや債務不履行はないと認めることと同視できるものである。これは、特定物売買における「特定物ドグマ」と同じ状況になることから、瑕疵担保責任の適用を認めることができると考えるのである。判例においては、履行認容後について、法定責任説のように瑕疵担保責任は債務不履行責任とは異質の責任であるとの前提で立論がなされていると考えられる。

　そして、判例のいう「瑕疵の存在を認識したうえでこれを履行として認容」とは、具体的には、例えば、映像制作企業が、パソコンメーカーからインテル社の一定レベルのCPU（コンピュータの集中処理装置で人間でいう「脳」の部分に当たる部品）の入ったパソコンを指定して購入したところ、それよりも機能の劣る下位レベルのCPU（注文したCPUよりも低価格のもの）が登載されているパソコンが納入された。映像制作企業では、使用開始の後、そのパソコンについて注文レベルのCPUよりも処理速度が遅いことが判明した。そこで、映像制作会社はパソコンメーカーにパソコンの交換を頼んだが、再納品まで約1カ月かかるという事情であったところ、映像制作業務の繁忙期であり、また、その下位レベルのCPUが登載されているパソコンでも制作業務に大きな支障がなかったため、映像制作会社

としては、交換を諦め、履行として認めた、という事例が想定できると思われる。

(4) 商法の売買の目的物の瑕疵担保責任

(a) 商法526条の適用範囲

それでは、商法526条の商人間の売買の目的物の瑕疵担保責任の規定は、特定物・不特定物のどちらに適用されるのだろうか。商法526条1項・2項の趣旨は、売主を長期間不安定な地位に置かないようにし、また、売主に仕入先との交渉などの善後策を講じる機会を与え、さらに、買主が売主のリスクにおいて、目的物の相場の変動に応じて自己に有利な時期を選んで契約の解除や損害賠償請求をするなどの投機的な行為を行うことを防止するものであるとともに、商人としての専門知識を有する買主は容易に瑕疵を発見できるだろうということに基づく（簡易迅速性〔簡易迅速主義〕）。これらの趣旨は、特定物・不特定物問わず等しく妥当するので、商法526条1項・2項は**特定物・不特定物ともに適用される**ことになる（商法526条の「売買の目的物」に特定物・不特定物の両方を含むとする文理解釈）（最判昭和35・12・2民集14巻13号2893頁）。

(b) 商法526条の瑕疵担保責任の法的性質

商法526条2項前段では、買主が直ちに瑕疵についての通知を行わなければ、契約の解除または代金減額もしくは損害賠償請求ができないとされ、後段では、発見し難い瑕疵に関する責任追及についても6カ月間の短期の期間制限が設けられている。また、民法でも瑕疵担保責任の期間制限、そして損害賠償請求と解除について定めている。ともに行使できる権利内容を規定しており、両者の関係が問題となる。

この問題につき、判例は、商法526条は契約解除等の権利を行使するための前提要件を規定したものであり、権利の内容については、まずは、民法の一般原則によるものと考えている。

まず、権利行使期間につき、民法では、売買の目的物に瑕疵または数量不足があるときは、買主はその事実を知った時から1年内であれば、売主の瑕疵担保責任を追及できる（民570条・566条3項・565条・564条）。しかし、このように長期にわたって売主を不安定な地位に置くことは商取引の迅速性に反するものであり、すでに説明した商法526条1項・2項の趣旨から、商法526条は、買主に検査通知義務を課し（1項・2項前段）、発見し難い瑕疵に関する責任であっても短期の期間制限（6カ月間）を設けている（2項後段）のである。

売買の瑕疵担保責任の法的性質

	法定責任説	契約責任説 （債務不履行責任説）
基本的内容	特定物ドグマを前提に、瑕疵ある特定物の引渡しには、債務不履行がないことから、特定物に認められる法定の責任である。不特定物の場合には、債務不履行と解除の一般規定が適用される。	特定物・不特定物の区別なく瑕疵ある物の引渡しは、債務不履行であり、民法570条は民法415条に対する特則である。瑕疵担保責任の特別規定以外は、債務不履行と解除の一般規定が適用される。
法的性質	無過失責任	過失責任
責任の内容	損害賠償・解除	損害賠償・解除・完全履行請求
民法570条「売買の目的物」の解釈	特定物（不代替物）に適用を限定。売買の「目的物」につき「（特定物〔不代替物〕である）目的物」として制限解釈する。	特定物・不特定物（種類物）を問わず適用する。売買の「目的物」につき、文言・文理解釈をする。
瑕疵の存在時期	契約締結時	引渡し時（受領時）
賠償範囲	信頼利益の賠償＝原始的一部不能の部分が無効であるのに、それを有効と信じたことによって債権者が被った損害（売主が瑕疵なき物を引き渡すことができないのは、原始的一部不能ということであり、契約締結上の過失と同様に信頼利益の賠償のみ）	民法416条の原則による損害賠償の範囲、または、履行利益

　また、売買の瑕疵担保責任の内容につき、買主が検査通知義務を果たさなかった場合、商法526条2項前段では「契約の解除又は代金減額若しくは損害賠償の請求をすることができない」とされており、検査通知義務を果たしていた場合には、代金減額が請求できるように読める。しかし、民法において物の数量不足の場合には契約の解除または代金減額もしくは損害賠償が規定されている一方で（民565条・563条・564条）、目的物の瑕疵の場合には民法570条が準用する民法566条によれば、契約の解除と損害賠償しか認められていない。民法566条が代金減額請求権を認めていない趣旨は、隠れた瑕疵に相当する代金減少額の評価が困難であるし、損害賠償を認めることによって同じ目的を達しうると考えられたためである。以上から、前述のように、商法526条は売買の瑕疵担保責任の権利行使の前

提要件にすぎないものであることからすれば、売買の目的物の瑕疵担保責任の権利の内容を定める民法で代金減額請求を認めてない以上、物の数量不足の場合には代金減額請求が認められるのと異なり、代金減額請求はできないと考えられる（最判昭和29・1・22民集8巻1号198頁）。ただ、瑕疵に基づく損害賠償請求権を自動債権とする相殺を買主に認めることにより、事実上代金減額請求に類似する効果を認めたものがある（最判昭和50・2・25民集29巻2号168頁）。

【参考文献】
形成権について　　椿寿夫「形成権」椿＝中舎・条文にない20-24頁／近江・講義Ⅰ19-20頁
取得請求権付株式の法的性質について　　コンメ(4)45頁〔山下友信〕／江頭150-153頁
相続人等に対する売渡請求の法的性質について　　コンメ(4)127-131頁〔伊藤雄司〕／江頭261-262頁
特別支配株主の株式等売渡請求権について　　一問一答・平成26年改正250-255頁／第一東京弁護士会総合法律研究所会社法研究部会『Q＆A平成26年改正会社法』112-127頁〔大槻規子＝畑中淳子〕（新日本法規出版、2014）／リークエ381-385頁〔田中亘〕
予約一般と売買の一方の予約について　　金井・学習179頁／平野・契約268-276頁／武川幸嗣「民法典に規定がない概念・制度⑭予約」NBL786号66頁以下（2004）／椿久美子「予約」椿＝中舎・条文にない296-300頁／来栖22-28頁／新注民⒁151-168頁〔柚木馨＝生熊長幸〕／潮見・契約各論Ⅰ66-70頁
新株予約権の機能と発行手続について　　リークエ332-338頁〔松井秀征〕
新株予約権の法的性質について　　龍田306頁／木俣237-242頁
株式買取請求権一般について　　泉田151-154頁／リークエ71-73頁〔田中〕／大隅ほか・概説130頁／森田181-182頁
株式買取請求権の法的性質について　　大隅ほか・概説132-133頁／コンメ⒅111-112頁〔柳明昌〕
反対株主の株式買取請求権の「公正な価格」の算定時期について　　リークエ404-407頁〔田中〕／山本真知子「判批」平成23年度重判100-102頁
建物買取請求権について　　笠井＝片山271-273頁／潮見・債権各論Ⅰ179-180頁
商法526条について　　平出130-136頁＊商法526条の趣旨について詳しく説明がされているので参考にしてもらいたい。／森本編・商行為28-33頁〔小柿徳武〕／弥永・総則・商行為107-108頁
売買の瑕疵担保責任の法的性質をめぐる議論について　　潮見・契約各論Ⅰ161-209頁／潮見佳男「不完全履行と瑕疵担保」椿＝新美・関連でみるⅡ17-25頁／平野・契約324-342頁／野澤・債権法Ⅰ115-129頁／近江・講義Ⅴ138-143頁
特定物・種類物と代替物・非代替物について　　中田33-35頁／松尾ほか・ハイブリッド310-16頁〔松尾弘〕

信頼利益と履行利益について　　中田159-162頁／山川一陽「信頼利益と履行利益――信頼利益による損害賠償が問題となる場面を中心として」民事法情報214号111-115頁（2004）／近江・講義Ⅴ 145-146頁

第 ❾ 章
委任と取締役
善管注意義務・忠実義務と報酬

Introduction

　本章では、会社・取締役間の委任契約について考えてみます。取締役と会社の関係は、「委任に関する規定」に従うとされ（会330条）、両者の間には委任契約が成立しますので、取締役は善管注意義務（民644条）を負います。他方、会社法上、取締役は忠実義務（会355条）も負います。**善管注意義務と忠実義務の相互関係**は、民法や会社法の基本事項の理解のための重要な論点ですので、最初にこの問題を考えてみましょう。

　まずは、**善管注意義務**です。そもそも、民法644条は「受任者は、委任の本旨に従い、善良な管理者の注意をもって、委任事務を処理する義務を負う」とし、委任契約によって受任者に課せられる本来的な義務（これは「債務」である行為義務）は「委任の本旨に従って事務を処理する義務」（**委任事務処理義務**）であり、その履行にあたり「善良な管理者の注意（善管注意義務）をもって」行わなければいけないと規定されています。

　委任契約の内容は受任者の専門性や能力により多種多様で、受任者がどのような事務処理義務を履行すべきか一義的ではありません。そこで、**委任事務処理義務という「行為義務」の内容を確定する基準が問題**となりますが、委任者の期待を保護するため、受任者と同一のグループに属する平均的な人が合理的に尽くすべき注意（善良な管理者の注意＝善管注意義務）が基準となります。**「善良な管理者の注意」という基準**によって具体的に委任事務処理義務（行為義務）の内容が確定されるのです。委任契約では、こうして確定される委任事務処理義務自体も「善管注意義務」と呼びます。

　そこで、委任契約において、委任事務処理義務違反のことを善管注意義務違反と呼ぶこともありますが、民法における善管注意義務違反の一般的な意味は、**債務不履行などの帰責事由の「過失」**のことです。したがって、**委任事務処理義務違反につき善管注意義務違反と呼ぶことは例外的**なので

す。そこで、まずは、委任における善管注意義務は、委任事務処理義務という行為義務であることを理解しましょう。

次に、**忠実義務**を考えてみます。判例は、忠実義務につき、「民法644条に定める善管義務を敷衍し、かつ一層明確にしたにとどまる」とし、**善管注意義務と同質の概念**、または**善管注意義務に内包される概念**としています。委任契約における善管注意義務は、委任事務処理義務という行為義務のことであり、忠実義務は、会社の利益の犠牲の下に自己または第三者の利益を図るような地位に自己を置いてはならない行為義務とされます。受任者の善管注意義務が「行為義務」であることを理解すれば、判例のいう「民法644条に定める善管義務を敷衍し」たものということの具体的な意味を理解できるでしょう。本章を読むことで、民法の委任契約における善管注意義務、会社法の忠実義務、そしてそれらの関係について理解をしてもらいたいと思います。また、善管注意義務は、委任契約以外でも問題になる一般的な意味を持ち、「過失」の定義に関する重要な概念です。この点も理解しましょう。

そして、**無償委任と取締役の報酬・契約の解除の問題**も考えましょう。まず、民法は**委任契約の無償性**を原則とするため、理論上、取締役は無報酬で働くのが原則です。ただ実務上、取締役・会社間では有償の委任契約が締結され、役員報酬が支払われるのが通常で、会社法では役員報酬を定款または株主総会の決議により定めるものとし（会361条）、判例は、一度確定された報酬額をその取締役の同意なく減額することは許されないとしています。さらに、**委任契約の任意解除権**について、民法では、各当事者の一方的な意思表示により、**自由に委任契約を解除**でき（民651条1項）、相手方に不利な時期にされたことで相手方に損害が生じた場合には、相手方は**解除者に損害賠償**ができるとされています（同条2項）。民法では、会社もいつでも取締役を解任できるはずですが、会社法では、**取締役の地位の安定**のために、株主総会の解任決議がなければ解任できないとしています（会339条1項）。また、解任決議について「正当な理由がある場合」を除き、解任された取締役は会社に対して「解任によって生じた損害の賠償」をすることができます（同条2項）。民法における任意解除権と会社法における解任決議がどのように違うのか、考えてみましょう。

最後に、委任契約または準委任契約と関係する商法・会社法上の制度として、**代理商**、**仲立人**および問屋営業などの**取次ぎ**があり、実務上も重要性の高い制度ですので、確認しておきましょう。

① 善管注意義務と忠実義務

会社法では、株式会社の業務執行のための機関である**取締役を設けることが必要**である。そして、取締役を含む役員と株式会社との関係は**委任**の規定に従うと定められている（会330条）。この条文は、取締役・会社間の法律関係が委任契約であることを明確にしたものであり、具体的には、株主総会の選任決議は会社の内部的意思決定にすぎず、会社代表者（代表取締役）が会社に代わって被選任者との間で委任契約（任用契約）を締結することにより、被選任者が取締役に就任する。

民法上、委任契約の受任者は**善管注意義務**（民644条）を負うことから、受任者である取締役は善管注意義務を負うことになる。他方で、会社法は、取締役の**忠実義務**（会355条）を定めている。そこで、取締役の善管注意義務と忠実義務の相互関係について検討しよう。

(1) 委任契約における善管注意義務

まず、**善管注意義務**から考える。民法644条は「受任者は、委任の本旨に従い、善良な管理者の注意をもって、委任事務を処理する義務を負う」としており、この条文における受任者の義務を一般的に善管注意義務と呼ぶ。善管注意義務が受任者に課せられるのは、委任における委任者・受任者間の**人的信頼関係**という特殊性によるところが大きい。すなわち、受任者個人に対して委任者から与えられた特別の信頼の下で委任者の利益のために受任者が委任者の事務を処理し、また委任者がそれを期待して自己の有する管理権限を受任者に付託したものであるから、受任者としては**有償・無償に関係なく**、善良な管理者の注意を尽くすべきものとされている。

ただ、この善管注意義務を定める民法644条を注意深く読んでみると、委任契約によって受任者に課せられる本来的な義務（この義務の意味は「債務」という行為義務の意味である）は「委任の本旨に従い……事務を処理する義務」（**委任事務処理義務**）であり、受任者はその義務を履行するにあたり「善良な管理者の注意（善管注意義務）をもって」行わなければならないと規定されていることがわかる。そこで、同条で**受任者に課せられる義務は、本来的には「委任事務処理義務」**と捉えることが正確である。

もっとも、委任契約の内容は受任者の専門性や能力により多種多様であり、受任者がどのような内容の事務処理義務を履行すべきかは一義的に決まるものではない。そこで、**委任事務処理義務という「行為義務」の内容を確定する基準**が問題となるが、委任者の期待を保護するため、受任者と

同一のグループに属する平均的な人が合理的に尽くすべき注意（善良な管理者の注意）が基準となるとされている。「善良な管理者の注意」という基準によって具体的に委任事務処理義務（行為義務）の内容が確定されることになる。つまり、**「善良な管理者の注意」とは、委任事務処理義務を確定させるための基準**として機能しているのである。委任契約では、このように「善良な管理者の注意」によって確定された委任事務処理義務自体のことを「善管注意義務」と呼んでいることになる。

(2) 債務不履行における善管注意義務との関係
(a) 債務者の「過失」

委任契約においては、委任事務処理義務のことを善管注意義務と呼ぶが、善管注意義務の概念は、本来的には、民法415条の規定する債務不履行一般について用いられているものである。債権者が債務者に対して債務不履行責任を追及するにあたっては、債務不履行の要件の一つとして債務者の「責めに帰すべき事由」、すなわち、故意もしくは過失または信義則上それらと同視すべき事由が要求されるが、その事由の一つである**債務者の「過失」に関しては善管注意義務違反を意味する**、といわれている。

この「過失」とは、従来の通説では、違法な結果が発生すべきことを予見することが可能でありながら、不注意のために予見しないでその行為をするという**心理状態（内心の意思）**とされているが（主観的過失論）、判例や現在の通説は、「過失」につき、違法な結果の発生に関する行為義務（違法な結果の発生を予見すべき義務〔**予見義務**〕および違法な結果の発生を妨げるための適切な措置をとるべき義務〔**結果回避義務**〕）違反として捉え、「過失」につき、行為者の具体的な意思（主観）を離れ、客観的な**行為義務違反（注意義務違反）**であるとする（**客観的過失論**）。そして、予見義務と結果回避義務という行為義務違反の有無を確定するための基準として、民法400条で規定されている「善良な管理者の注意」という基準が用いられて、それらの行為義務違反の内容が確定されると解している。このような「善良な管理者の注意」の違反、すなわち、善管注意義務違反は、**抽象的過失**といわれる。

(b) 民法400条の沿革と抽象的過失

ところで、民法400条は、特定物の引渡しの場合の注意義務の規定であり、一見すると民法415条の「責めに帰すべき事由」と関係がないようにみえるが、それらの関係性については民法400条の沿革が関わっている。この民法400条は、特定物の売買契約における売主は、代金という利益を

得るのだから、売却した特定物を買主に引き渡すまでは、**取引上必要とされる十分な注意義務をもって、その目的物を保存すべき**とする。旧民法の起草者は、同条の基礎となっている旧民法財産編第334条につき、1項で、有償での特定物の引渡しを目的とする債務について規定しつつ、人に対して一定の債務を負う場合には、その債務は善良な管理者の注意、すなわち、すべての人が払うべき一定程度の注意はいつも尽くすべきであるという原則を定めるとし、2項で、無償での特定物の引渡しを目的とする債務について規定しつつ、寄託などにおいて注意の程度を低くする場合には個別に規定するという原則を定めると考えていた。このような沿革を基礎に持つ民法400条の趣旨に鑑み、取引上必要とされる十分な注意義務（善管注意義務）は、特定物売主の目的物保存義務に限らず、**契約の相手方から対価を得てそれと引替えに何らかの義務を果たすべき債務者に共通して求められるもの**であるとされている。言い換えれば、民法400条は物の保管についての注意義務の基準のみを定めた規定ではなく、民法415条を過失責任の規定と理解することを前提とし、その過失の内容につき**民法400条の善管注意義務＝抽象的過失であることを宣言する一般的規定**として評価されているのである。

(c) 民法400条と民法644条の「善良な管理者の注意」

　そうだとすると、民法644条によって委任契約の受任者に善管注意義務が課されているとしても、その受任者の義務の程度は民法400条の「善良な管理者の注意」という原則と同じであり、**民法644条が別途「善良な管理者の注意」と定めていることの意義**が問題となる。

　この点、民法644条は、①民法400条は有体物に関する規定であり、その善管注意義務の規定を委任に適用しにくいとも考えられ、委任契約における受任者の債務にも善管注意義務があることを明示的に規定し、また、②委任契約は有償・無償を問わないことから、無償委任の場合にも受任者に注意義務が軽減されないことを明示的に規定した点に意義があると考えられる。そして、最も重要なのは、③あくまで注意義務の標準である「善良な管理者の注意」に一種の債務性を与えたものであるということ、すなわち、委任契約における委任事務処理義務（これは、特定の結果の実現を約束するものではなく、その実現に向けて努力することを約束する債務である手段債務である）の内容が、善管注意義務により定められる、言い換えると、善管注意義務に委任事務処理義務（債務）の内容を決める機能があり、その結果、**善管注意義務が委任事務処理義務の内容になることを示すために**

規定されている、ということである。このように、善管注意義務により委任事務処理義務の内容が決められることから、民法644条の委任事務処理義務は善管注意義務と呼ばれているのである。

(d) まとめ

以上のように、委任契約に基づき受任者は、「善良な管理者の注意」によって内容が確定された委任事務処理義務という行為義務（債務）を負うことになり、これが委任契約における善管注意義務と呼ばれているものであり、**通常の善管注意義務の意味とは異なる意味で用いられている**ことを正確に理解してほしい。

(3) 抽象的過失と具体的過失

善管注意義務は、一般的に過失の基準となり、善管注意義務違反が「抽象的過失」と呼ばれることを説明したが、抽象的過失の反対概念である具体的過失についても説明しておこう。

具体的過失とは、自己の財産に対するのと同一の注意（行為者その人の具体的注意能力に応じた注意）を欠くことであり、言い換えれば、当該行為者の具体的注意能力を基準として、その人が平常の注意を欠くことである。これは、抽象的過失と比較して、法律が**過失責任を軽くする**ために定めたものであり、契約の相手方から対価を得ず、無償で義務を負う債務者の注意義務の基準とされている。例えば、特に報酬を得ることなく他人から物を預かって保管する者（無償寄託の受寄者）が自己の財産に対するのと同一の注意を用いて目的物の保管義務を負う（民659条）ような場合である。

(4) 善管注意義務と忠実義務の関係

このように、委任契約における善管注意義務とは、「善良な管理者の注意」によって内容が確定された委任処理義務という行為義務（債務）のことを意味している。この理解を前提に、会社法355条の**忠実義務との関係**を考えてみる。

(a) 忠実義務の一般的義務内容

会社法355条は「取締役は、法令及び定款並びに株主総会の決議を遵守し、株式会社のため忠実にその職務を行わなければならない」としており、この取締役の義務は忠実義務と呼ばれている。この忠実義務の概念は、その歴史的淵源をみると、当事者間の信認に基づく高度な人的信頼関係（信認関係）を基礎とし、イギリス封建制度下の信託にまで遡る数百年の歴史的背景を持つ。取締役は、会社において、株主から会社へ出資された金銭等の運用を任されている者と評価され、信託における信託財産の受託者の

地位に類似する者であると考えられることから、忠実義務を負う者とされている。

この**忠実義務の一般的な義務内容**としては、委任者と受任者との信認関係に基づき、受任者はもっぱら委任者の利益のために行動しなければならないという義務、具体的には、①委任者と利益が相反する地位に身を置いてはならない、②委任者の不利益において第三者の利益を図ってはならない、また、③事務処理によって自ら利益を受けてはならない、という義務である。このような一般的な意義を前提として、会社法355条における忠実義務を簡単にいえば、取締役は、会社の利益の犠牲の下に自己または第三者の利益を図るような地位に自己を置いてはならない行為義務であると考えられ、このような忠実義務違反の具体例としては、取締役による賄賂やリベート（謝礼名目で授受される金銭のこと）の受領、取締役自身の事業のために会社の内部情報を利用することなどが挙げられている。

(b) 判例・多数説

善管注意義務と忠実義務の関係について、それらは性質・機能を異にするものであると考える少数説に対して、判例（最大判昭和45・6・24民集24巻6号625頁）や多数説は、忠実義務につき「民法644条に定める善管義務を敷衍し、かつ一層明確にしたにとどまる」（判例の文言）としており（「敷衍」とは、例などを挙げて詳しく説明することを意味する）、**善管注意義務と同質の概念**、または**善管注意義務に内包される概念**だとしている（同質説）。

そもそも、委任契約における受任者の民法644条における善管注意義務の意味内容は、受任者と同一のグループに属する平均的な人が合理的に尽くすべき注意（「善良な管理者の注意」）によって内容が確定された委任事務処理義務という行為義務（債務）であり、会社法の取締役についていえば、ある株式会社の取締役と同一のグループに属する平均的な取締役が合理的に尽くすべき注意（「善良な管理者の注意」）により定まる行為義務である委任事務処理義務（債務）のことである。そして、前述のように、忠実義務は、会社の利益の犠牲の下に自己または第三者の利益を図るような地位に自己を置いてはならない行為義務（債務）であるとされている。これらの理解を前提として、判例・多数説は、忠実義務も民法644条によって確定される行為義務の具体例・一類型であるとしている。言い換えると、民法644条の善管注意義務（行為義務としての委任事務処理義務）の中に、会社の利益の犠牲の下に自己または第三者の利益を図るような地位に自己

を置いてはならない行為義務（忠実義務）が含まれると考えているのである。これが、「民法644条に定める善管義務を敷衍し」たものということの具体的な意味である。民法644条における**善管注意義務（委任事務処理義務）**も会社法355条の**忠実義務**も**行為義務の規定である**ことを理解することで、判例・多数説の見解を正確に理解することができるのである。

このような理解に立つと、民法644条とは別にあえて会社法355条が規定されている意義が問題となるが、同条は、会社が委任関係における**取締役の善管注意義務（委任事務処理義務）を軽減させることができない**という内容を有する強行規定である点に意義があるとされている。

② 忠実義務と競業取引・利益相反取引

次に、競業取引と第3章で説明をした利益相反取引について、忠実義務との関係を検討しておこう。会社法では、忠実義務を定める会社法355条の後に、競業・利益相反取引に関する規制を定めている（会356条・365条）。それらの趣旨は、取締役が**会社の利益を犠牲にして自己または第三者の利益を図る危険性の大きい行為を類型化**し、取締役が当該行為を行うこと、また、会社が取締役の利益を図るような行為を行うことにつき、規制することにある。そこで、競業取引および利益相反取引をしようとするときは、取締役会においてその取引につき重要な事実を開示し、その承認を受けなければならないとされている（会356条1項・365条1項）。一定の類型の自己または第三者の利益を図る行為を禁止させるという意味において、競業・利益相反取引の規制は、会社法355条の**忠実義務を具体化した規定**といいうる。

この競業・利益相反取引の規制と、後に述べる取締役の報酬の規制（会361条）は、忠実義務が問題となるいくつかの典型的な類型について特に条文を設けて問題の処理を図っており、これらの類型については一般原則として忠実義務を持ち出すまでもなく問題が処理されることになる。その限りでは特に忠実義務を論ずる実益は少ないが、これらの類型以外において取締役と会社との間に利害の対立が生じたときは、一般原則である忠実義務を適用することになる。

上で説明をしたように、善管注意義務（民644）と忠実義務（会355条）が同質または忠実義務が善管注意義務に内包されるのであれば、民法典の委任契約の節においても、忠実義務を具体化した競業・利益相反取引に関する条文があってもよいはずである。しかし、民法において受任者の競

善管注意義務と忠実義務の関係

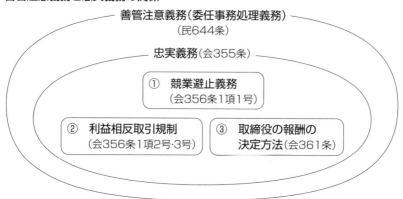

業・利益相反取引に関する規定はなく、代理の自己契約・双方代理（民108条。なお、同条は、代理人は本人に対して忠実義務を負うことを前提としており、自己契約・双方代理そのものに該当しないけれども、本人と代理人の利益が相反する行為に拡張解釈ないし類推適用されている）および親権者の利益相反行為（民826条）について規定がある程度である。

③ 取締役の地位と無償委任

次に、無償委任と取締役の報酬の関係について考えてみよう。

日本の民法は、委任契約は無償であることを原則とし、有償委任は特約がある場合の例外であるとしている（民648条1項。**無償委任の原則**と呼ばれている）。この「無償委任の原則」は、ローマ法の「教師・医師・弁護士等の知的労働は高尚であり、対価性を与えるべきではない」という考え方を基礎とし、知的高級労働者に対してはその者に社会的名声（名誉）が与えられることが、いわば報酬に対応する反対価値をなすとの思想に立脚している。

前述のように、取締役は民法644条の善管注意義務を負い、義務違反に対しては**任務懈怠責任**（会423条）を負うため、会社経営のために常に尽力する必要があり、リスクが大きい役職である。しかし、会社法・民法上、取締役と会社間の契約関係は委任契約となるため、「無償委任の原則」により、選任・任用された**取締役は報酬なしで働くことが原則**である。ただ、実務上、取締役と会社間では有償（取締役報酬）の委任契約（任用契約）が成立し、一般的に取締役は、役員報酬を得ている。ここで注意してほしい

のは、取締役は株主総会の決議によって選任されるが（会329条1項）、選任決議は会社の内部的意思決定にとどまり、被選任者となった取締役候補者の承諾なくして一方的に被選任者が取締役に就任することはないことである（あくまで委任契約が成立しなければ取締役にならない）。

そこで、もし**取締役の報酬額の決定**を、会社代表者が被選任者（取締役候補者）と締結する委任契約の内容に委ねた場合、取締役同士の慣れ合いによって報酬額をつり上げる弊害、つまり**「お手盛り」の危険性**が生じうる（「お手盛り」とは、偉い人が茶碗に好きなだけご飯を盛ることから転じて、偉い人が思うがままに自己の利益を図ることを意味する言葉である）。そのような弊害を防止するために、会社法は、定款または株主総会の決議により、報酬等について定めるべきことを要求しており（会361条）、その定めがない限り取締役に報酬請求権は発生しないと解されている。民法では、有償委任の特別な成立要件について定めていないが、会社法では取締役の報酬等についてお手盛り禁止という趣旨から、定款または株主総会の定めという厳格な手続を求めており、前述のように、競業取引・利益相反取引規制と同様に、会社法361条も、一般原則である忠実義務を具体化した規律である。

そして、取締役の報酬については、**報酬額の株主総会決議による減額の可否**という議論がある。取締役と会社間では委任契約が成立しており、その報酬も委任契約の中身として定められている以上、契約内容につき、契約の拘束力から、一方当事者が一方的に契約内容を変更することができないことから、**減額をすることは原則としてできない**と考えられる。判例（最判平成4・12・18民集46巻9号3006頁）も「報酬額は、会社と取締役間の契約内容となり、契約当事者である会社と取締役の双方を拘束する」ことを理由に、原則として無報酬とする決議を認めていない。このような会社法の論点についても、民法的な発想に立ちかえることが非常に大切である。

④ 取締役の解任決議と委任契約の任意解除権

次に、取締役の解任決議と委任契約の任意解除権との関係についても考えてみよう。

会社法では、株式会社は、役員（取締役を含む概念である）および会計監査人につき、いつでも、株主総会の決議によって解任できるとしている（会339条1項）。しかし、会社と取締役間では委任契約が成立している以

上（会330条）、本来的には、その契約の一方的解消の規律は民法の委任契約の規律に従うことになるはずである。

(1) **民法における委任契約の一方的解消**

民法では、各当事者の一方的な意思表示により、自由に委任契約を解除でき（民651条1項）、任意解除が相手方に不利な時期にされたことで相手方に損害が生じた場合には、相手方は解除者に損害賠償をすることができるとしている（同条2項）。委任契約の両当事者に任意解除権を認める趣旨は、委任は当事者間の信頼を基礎とするものであり、雇用の場合のように受任者の地位を保証する必要もないので、受任者からも委任者からも、何ら特別の理由なく任意に終了させることができるとしたものである。他方、同条の趣旨につき、委任の無償性と関係するものであると考え、この点から委任契約の法的拘束力が緩やかにされ、契約解除が広く認められたものとする立場がある。その立場からは、同条の適用を無償委任の場合に限り、有償委任の場合や受任者の利益のためにもなる委任契約の場合には、任意解除権を制限すべきとの問題提起がなされている。このような議論の中で、判例は紆余曲折を経たものの、現在では有償の委任契約や受任者の利益のためにもなる委任契約であっても、条文に素直な解釈を採用し、**広く任意解除権を認める**立場に立っている（最判昭和56・1・19民集35巻1号1頁）。

(2) **取締役の解任**

そこで、取締役と会社の関係も委任契約である以上、会社は、民法651条1項の任意解除権によりいつでも取締役を解任できるはずである。しかし、会社法では、株主総会の解任決議がなければ取締役を解任できず（会339条1項）、**取締役の地位の安定**のために、代表取締役や業務執行を担当する取締役の意思のみでは取締役を解任することはできないこと、すなわち、取締役を解任するための手続上の要件として株主総会決議が必要であることを明らかにしている。なお、会社法339条は、会社が取締役を解任することについて規定するにすぎず、取締役の側から会社との委任契約を解除すること、すなわち、**取締役が辞任**することについては、民法651条のみが適用される。

(3) **損害賠償請求**

また、民法651条2項の損害賠償請求権が定められているのは、委任契約の各当事者は委任契約をいつでも一方的意思により解除して契約関係から離脱できるものとするが、これによって生じる相手方の不利益を金銭で

調整すべきである、との趣旨である。その損害賠償の範囲については、両当事者に任意解除権が規定されている以上、当事者としては解除されることを予期すべきであると考えられるため、「解除が不利益な時期であったことから生じる損害」に限るべきとされ、得られたであろう報酬額の賠償は対象にならないと解されている。例えば、委任者が自らあるいは第三者に依頼して事務処理を続行するのが困難な時期に受任者において委任契約を解除し委任者に損害を与えた場合、また、有償の受任者が他の仕事を見出すのが困難な時期に委任者において委任契約を解除し受任者に損害を与えた場合である。有償の受任者が解除によって報酬全額を取得することができなくなっても、それが直ちに賠償されるべき損害になるとはいえないとされている。

他方、会社法では、解任決議について「正当な理由がある場合」を除き、解任された取締役は会社に対して「解任によって生じた損害の賠償」をすることができるとしている（会339条2項）。これは、株主に取締役の解任の自由を保障し、他方では、取締役の任期に対する期待を保護して両者の利益の調和を図る趣旨で、会社に対して一種の法定責任を定めたものであると解されている。そして、会社の賠償すべき損害の範囲については、取締役を解任されなければ残存任期中および任期満了時に得られたであろう利益の喪失（残存期間分の報酬等）による損害と解されている。

会社と取締役間の委任関係からすれば、本来、委任契約の解除による損害賠償（民651条2項）の範囲は、委任が解除されたこと自体から生ずる損害ではなく、解除が不利益な時期であったことから生ずる損害に限られるが、会社法339条2項の責任は、正当な理由なく解任された役員の損害を填補するために会社に課された法定責任として、賠償されるべき損害の範囲は民法の委任契約の解除より広くされているのである。

⑤ 委任に関係する商法・会社法上の制度

商法・会社法には、委任契約または準委任契約と関連する制度として、**代理商、仲立人**および問屋営業などの**取次ぎ**がある。本章の最後に、これらの制度についても簡単に確認しておこう。

(1) 代理商

代理商は、特定の商人のために継続的にその営業の部類に属する取引の代理または媒介をする者で、商業使用人（雇用契約によって特定の商人に従属し、その商業上の業務を対外的に補助する者）・会社の使用人ではない者で

ある（商27条、会16条）。代理商制度は、保険業、海上運送業などの分野において利用され、身近なところでは、損害保険代理店が代理商の典型例である。代理商制度の趣旨は、受託者（代理商）の能力を生かして、商人・会社の営業活動を拡大することにある（労力の拡充）。具体的には、商人や会社がその営業地域を拡大しようとするとき、当初より支店を設け、その使用人を派遣して営業を行わせるよりも、各地に居住する者に取引の代理や媒介を委託して、これらの者（代理商）の知識経験・人脈等を利用する方が合理的だと考えられるところにある。商業使用人は雇用者と雇用契約の下での従属関係に立つ一方、代理商は独立の商人であり、代理商と本人との関係は委任契約の関係となる。

　代理商の定義からわかるように、代理商には二つの種類がある。「代理」を目的とする者は**締結代理商**、「媒介」を目的とする者は**媒介代理商**と呼ばれている。締結代理商は、本人としての商人の名において第三者と契約を締結するため代理権の存在が前提となっており、その契約の成立について本人から報酬（手数料）を受け取る（商512条）。これに対し、媒介（「仲介」も同義である。また、実務的に使われる用語である「あっせん」「周旋」も同義である）とは、当事者の一方（本人＝委託者）が他方（媒介者）に対し、本人と第三者との法律行為が成立するよう尽力することを委託することであり、媒介代理商は、本人と第三者との契約成立のために尽力し、契約が成立したときに報酬（手数料）を受け取る（商512条）という媒介者である。媒介代理商については、本人からの取引の媒介の委託は法律行為でない事務（事実行為）の委託であるから、その内部関係は準委任契約（民656条）であり、代理商といっても代理権を有しないことに注意が必要である。

　代理商契約には、特約または他の法令上の別段の定めがない限り、民法・商法の委任に関する規定が適用される（民643条以下、商504条〜506条など）。したがって、代理商の制度を理解するには、基本的には民法の委任の規定を理解し、商法における特則を理解することが大切なことになる。

(2) 仲立人

　媒介代理商が特定の商人のために契約の成立のあっせんをするのに対し、身近な例では、旅行代理店のように、特定の者のためではなく、幅広く顧客とホテルや航空会社との契約の成立をあっせんする者を**仲立人**（なかだちにん）という。仲立人と依頼者との仲立契約は、媒介（仲介）という事実行為をすることについての依頼者からの委託関係であるので、準委任契約の一種である。

このような他人間の商行為の媒介（＝仲介）をすることを業とするものにつき、講学上**商事仲立人**という（商543条）。上で例とした旅客運送契約・宿泊契約の締結を媒介する旅行業者や商行為である不動産取引を媒介する不動産仲介業者（宅地建物取引業者）などが挙げられる。これに対し、当事者のいずれにとっても商行為でない行為の媒介をする者を**民事仲立人**という。結婚の媒介を行う結婚相談所や職業のあっせん所などは、民事仲立人の例である。民事仲立人は、商法における仲立人の規定が適用されない。

(3) 取次ぎ

取次ぎとは、自己の名をもって他人の計算において法律行為をすることを引き受ける行為をいう。取次ぎは、仲立ちと異なり、法律上、受託者が権利義務の主体となる。証券会社、商品取引員（農産物や鉱工業材料等の商品を将来の一定日時に一定の価格で売買することを現時点で約束する取引である商品先物取引の受託業務を営む会社）、物品運送を行う運送取扱人（商559条）等が行う営業や委託販売は、取次ぎである。身近な委託販売の例は書籍であり、出版社が卸売を経由して書店に本を置く場合の多くは委託販売である。書店はその販売する書籍の所有権を有しておらず、出版社から書籍を預かり（販売の委託を受けている状況）、消費者に販売しているのである（その販売は、ある意味、他人物売買を行っているともいいうる形態である）。そして、取次ぎのうち、物品の販売または買入れを業とする者を**問屋**（とんや）という（商551条）。証券会社、商品取引員、委託販売を行う会社などは問屋である。商法は、問屋について委任と代理に関する規定が準用される旨を規定する（商552条2項）。なお、物品の販売を業とする問屋につき、本人に効果が帰属する法的根拠については、第4章の処分授権についての説明を確認してほしい。

【参考文献】

民法644条の善管注意義務について　潮見・債権各論Ⅰ246-248頁＊善管注意義務について、正確かつわかりやすい説明がなされているので読んでもらいたい。／新注民(16)221-237頁〔中川高男〕＊民法644条が規定されている理由について、民法の起草者の見解などの説明がなされている。／道垣内弘人「論点講座 民法かゆいところ 第20回 善管注意義務をめぐって」法教305号37-44頁（2006）＊善管注意義務の意味や課題について整理がなされているもので、難しいかもしれないが、善管注意義務について興味を持ったら読んでもらいたい。

民法400条の善管注意義務について　加藤・大系Ⅲ22-23頁／平野・総論15頁／渡辺＝野澤13-14頁／新注民(10)161-162頁〔金山正信＝金山直樹〕＊民法400条が善

管注意義務の一般規定であることの立法の沿革について解説がなされている。
過失について　　金井・学習79頁＊過失について参考になる文献を掲げている
忠実義務について　　《民法の参考文献》潮見・債権各論Ⅰ247-248頁／加藤・大系Ⅳ415-418頁／詳解Ⅴ97-99頁／長谷川貞之『担保権信託の法理』169-186頁（勁草書房、2011）＊民法の視点から善管注意義務と忠実義務の関係について詳しく説明がなされているもので極めて参考になる。《会社法の参考文献》江頭429-432頁／コンメ(8)51-60頁〔近藤光男〕＊善管注意義務と忠実義務の関係についての学説が整理されている。／柴田222-224頁
利益相反取引について　　江頭439-445頁／コンメ(8)60-91頁〔北村雅史〕／詳解Ⅰ226-238頁＊代理における利益相反行為について網羅的に検討がなされている。
無償委任について　　潮見・債権各論Ⅰ245頁／加藤・大系Ⅳ414-415頁／新注民(16)218-220頁〔中川〕／詳解Ⅴ113-114頁
取締役の解任決議について　　江頭394-395頁／コンメ(7)512-534頁〔加藤貴仁〕／基本コンメ(2)109-116頁〔潘阿憲〕／逐条(4)324-330頁〔奥島孝康〕
委任契約の任意解除権について　　潮見・債権各論Ⅰ256-261頁＊民法651条の任意解除権の制限に関する裁判例の変遷について的確に整理されているので参考にしてもらいたい。／平野・契約637-645頁＊民法651条の任意解除権の制限に関する裁判例の理論的な分析がされているので参考にしてもらいたい。／加藤・大系Ⅳ429-432頁／詳解Ⅴ122-128頁
代理商・仲立・取次ぎについて　　加藤・大系Ⅳ433-435頁／弥永・総則・商行為81-84頁、119-133頁／森本編・商行為102-124頁〔洲崎博史〔第1節・2節〕＝小林量〔第3節〕〕／江頭・取引219-276頁／長畑周史「第6講 代理商」北居＝高田122-135頁、横尾亘「第15講 仲立営業」274-288頁、来住野究「第16講 取次営業（問屋）」289-305頁＊北居＝高田は、本書と同じように、商法総則と商行為法（会社法は対象にしていない）について民法とつなげて説明をしている書籍であり、本書で取り上げていない商行為法の論点を深く勉強するために参考になるので、民法と商法のつながりに興味を持ったら読んでもらいたい。／詳解Ⅴ133-161頁

第10章
組合と営利企業の形態
無限責任・有限責任と営利企業の機関構造

Introduction

　現代において、その経済活動の担い手は会社です。大学の会社法の講義の中でも、最も説明されるのは**株式会社**です。この株式会社に代表される**営利企業**は、少なくとも企業の収入と支出のバランスがとれること、また、対外的な活動で得た利益を構成員に分配することを目的とする企業です。資本主義経済においては、営利企業の存在は非常に重要で、詳細は後述するとして、その法的な企業形態として、民法上の組合、会社法上の株式会社、合名会社、合資会社、および合同会社、商法上の匿名組合と船舶共有、その他特別法上の有限責任事業組合と投資事業有限責任組合があります。

　沿革的には、これらの企業形態の**原初的な形態は組合**とされ、民法上の組合の組合員は**無限責任**を負います。組合員が無限責任を負うことは、組合員が組合の運営主体であるため、**自己責任の原理**からも当然です。このように、**営利企業の企業形態では、出資者の無限責任が原則**です。しかし、大衆から資本を集めるなどの**政策的な観点から出資者の有限責任が認められている**企業形態があります。

　そして、出資者の無限責任と有限責任は、企業形態における**機関の仕組みの制度設計に影響**を与えています。出資者が**無限責任**のような重い責任を負う場合、経営を他人に任せておくわけにはいきません。そこで、出資者は社員として自らその経営に当たり、その結果、**所有と経営の一致**が認められます。この場合、企業の所有者たる出資者が経営者のチェックを行うことは不要となるので、**監督機関等の機関の仕組みは単純**になります。

　他方、出資者が**有限責任**しか負わない場合、事業の経営を他人に任せることも考えられます。このとき、**所有と経営の分離**という状況が起こり、出資者としては、経営者を監視・監督する必要が出てきます。そこで、**監督機関等の機関の仕組みは複雑**なものにならざるをえません。

企業形態の機関の仕組みを細かく覚えることは、非常に複雑なので難しいことです。しかし、**無限責任であれば機関の仕組みは簡単に、有限責任であれば機関の仕組みは複雑になるという基本となるフレームワーク**を把握していれば、企業形態における機関の仕組みの理解がはかどります。

　まず、**無限責任の出資者のみ**の企業形態には、民法上の**組合**と会社法における**合名会社**があります。いずれも前述の理由で、機関の仕組みは単純になっています。次に、**有限責任の出資者のみ**の企業形態としては、会社法上の**株式会社**と**合同会社**、**有限責任事業組合**、そして、商法上の**匿名組合**があります。株式会社では、出資者が有限責任とされ、出資者は自ら経営を行う必要はなく、**所有と経営の分離**の状態が生じうるため、経営を監視するための機関を定める必要があります。そこで、機関の仕組みは複雑になります。ただ、株式会社であっても、株主（経営者）間に信頼関係があり、信頼関係のない第三者が株主となり会社経営に関与することを阻止しようとする閉鎖会社においては、株式の保有は会社経営に関与するための前提・手段であり、所有と経営の一致が認められます。また、合同会社では、出資者による会社経営への参加が制度上求められるため、所有と経営の一致が認められます。そして、有限責任事業組合は、本来無限責任の仕組みである民法上の組合を政策的な観点から有限責任の仕組みとしたもので、組合員が共同して事業活動に参加することが要請されることから、所有と経営の一致が認められます。このように、**閉鎖会社（株式会社）、合同会社および有限責任事業組合**の出資者は、**有限責任**を負うものの、**所有と経営の一致**が認められることから、結果的に**機関の仕組みは単純**なものになっています。商法上の匿名組合は、出資者が経営に関与しない点で所有と経営の分離が認められますが、営業者と匿名組合員間の金銭消費貸借（消費寄託）契約に類似する契約にすぎず、監督機関等につき複雑な機関の仕組みはありません。

　そして、**無限責任と有限責任が併存する**企業形態として、会社法上の**合資会社**と特別法上の**投資事業有限責任組合**があります。合資会社は無限責任社員・有限責任社員ともに業務執行が可能とされている仕組みで、他方、投資事業有限責任組合は、無限責任の組合員のみ業務執行をする仕組みです。**双方とも、有限責任の出資者がいるものの、基本的に、所有と経営が一致するため、監督機関等につき単純な機関設計**になっています。

　以上、概略を説明しましたので、営利企業の企業形態ごとに細かくみていくことにしましょう。

① 組合から株式会社への論理

　本章では、営利企業の様々な形態につき、**出資者の無限・有限責任の観点**から、無限責任の民法上の組合と有限責任の株式会社を軸に検討していく。そこで、企業形態や営利企業の概念を説明し、また、企業形態の分析との関係で**組合や社団が具体的にどのような概念**であるのかを確認する。そのうえで、企業形態を分析する基本的な法的性格の問題として、**組合の出資者の無限責任**と**株式会社の出資者の有限責任**を検討していく。

(1) 企業形態と営利企業

　そもそも、**企業**とは、営利行為を継続的かつ計画的に行う独立した経済主体である。**営利行為**とは、少なくとも、収入と支出のバランスがとれること（**収支相償**といわれるもの）を目的とし、または、予定して活動することを意味する。実際の活動の結果、利益が上がらなかったとしても構わない。この収支相償という意味での営利は、広い意味の営利である（**広義の営利**）。営利には、ほかに、狭義の営利という概念がある。**狭義の営利**とは、対外的な活動で得た利益を構成員に分配することを意味する。

　広義の営利を目的とする企業形態については、経済的性格による分類と法的性格に基づく分類がなされる。**経済的性格による分類**として、企業は、大きく**私企業と公企業**に分類される。私企業は、その設立と運営が当事者に委ねられる事業であるのに対し、公企業は、国または公共団体等の行政主体が、法律に基づいて出資をなし、直接または間接に経営する非権力的事業の総称である。資本主義経済の日本社会では、私有財産制（憲29条）が採用され、職業選択の自由や営業の自由（憲22条1項）が認められていることから、**私企業が企業活動の中心**を占める。

　私企業はさらに、**個人企業と共同企業**に分類される。個人企業では、出資（資本）＝経営（経営活動の指揮）＝支配（経営者を任免できる事実上の権限）が同一人に帰属するとされ、所有と経営が一致しているが、自己責任の原理から、事業に失敗すると自分の全財産で責任を負うことになる。

　そこで、企業を拡大するには、獲得した利益を事業にまわすか（資本の集積）、他人から借入れをするしか方法はない。そして、事業が大きくなれば1人で切り盛りすることは困難となる。経営者が死亡すれば、企業の存続も難しい。そこで、危険の分散、資本の集中、労働力の補充および企業の維持・強化という長所を有する**共同企業形態が出現する**ことになる。

　この共同企業は、広義の営利も狭義の営利も目的とする**営利企業**、広義

企業の分類

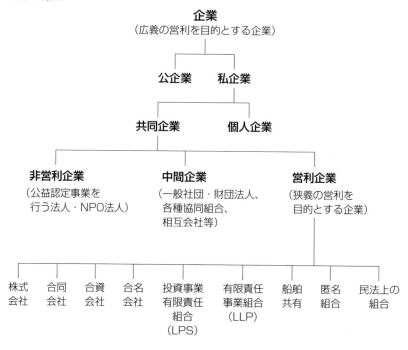

の営利は目的とするが狭義の営利は目的としない**非営利企業および中間企業**に分類される。非営利企業の代表は公益認定事業を行う法人と各種のNPO（nonprofit organization）法人（特定非営利活動法人）である。中間企業は一般社団法人・一般財団法人、各種の共同組合、相互会社などで、それらの種類は少なくない。そして、資本主義経済においては、**営利企業の存在が重要**であり、営利企業としては、民法上の組合、匿名組合、船舶共有（数人の者が共同して航海業を営むため船舶を共有する制度。商法693条以下で規定されており、共有者間に当然に組合関係が存在するものである。ただ、株式会社制度の普及から今日ではほとんど利用されていない）、有限責任事業組合（LLP）、投資事業有限責任組合（LPS）、合名会社、合資会社、合同会社および株式会社が挙げられる。そして、これらの営利企業については、**事業の規模、出資者の種類や責任などの要素を含めた法的性格に基づき分類**がなされる。

　そこで、資本主義経済において特に有用な営利企業について、法的性格に基づく分類を次に検討しよう。

(2) 社団と組合

　営利企業の**法的主体**には、**自然人**と自然人の集団（**団体と呼ばれる**）がある。この団体は、その組織形態により、大きく、**社団型の団体**と**組合型の団体**に分けられ、法制度上、法人格が付与される場合とされない場合がある。

　まず、**社団型の団体**は、代表・総会・財産管理などの方法に関する規則が確定され、団体自体の意思決定と財産管理が行われるなど、団体自体の組織化が進み、構成員の変更にもかかわらず、団体自体が存続するために、意思決定や法律行為を行う際の権限の面でも、義務・責任の負担の面でも、**構成員の個性・独立性が弱い団体**である。

　他方、**組合型の団体**は、共同の事業を遂行ないし経営するために複数の構成員が結合する団体であるが、団体自体の組織が確立されていない反面、意思決定や法律行為を行う際の権限の面でも、義務・責任の負担の面でも**構成員の個性・独立性が強い団体**である。

　団体は、このように大きく分類されるが、法制度上、団体を主体とする営利企業が、このように明確に区分されるとは限らない。営利企業として、すでに示した、民法上の組合、匿名組合、船舶共有、有限責任事業組合（LLP）、投資事業有限責任組合（LPS）、合名会社、合資会社、合同会社および株式会社が挙げられるが、社団型の団体の性格と組合型の団体の性格がどのように現われているか、また、法人格が付与されるか否かについては**個別に検討**されなければならない。

(3) 組合の「無限責任」と株式会社の「有限責任」

　営利企業において、社団型の団体として特に重要なのは**株式会社**である。株式会社は、会社法上の4種類の会社のうちの一つであるが、その数をみても会社の大部分は株式会社であり（例えば国税庁の2013年度分「会社標本調査」によると全会社約252万社のうち株式会社は約247万社である）、株式会社のみが証券取引所に上場することができ（2015年末現在で3,511社）、大規模な会社のほとんどは株式会社であるから、その意味でも最も重要な種類の会社である。この**株式会社形態における出資者側のメリット**として、株式会社の債務について、出資者は特定の限度額までは責任を負うが、それ以上は責任を負わないという**有限責任**が挙げられる。しかし、この**有限責任の制度自体は決して当たり前のものではない**。

　そもそも会社の起源は、中世イタリアでの貿易目的で航海事業を行う事業家と投資家との関係から始まった。当初は一航海ごとの契約がなされ当

座組合と呼ばれていたが、後にこれが一定期間を区切った継続的な関係となり、やがて共同企業形態に発展していった、といわれる。そこで、**組合は共同企業形態の原初的な形態**ということができる。そして、組合型の団体の典型である民法上の組合においては、組合債務について組合員は個人財産によっても責任を負うという**無限責任**が課されている。組合は、社会的に一つの団体として活動するものであるが、組合員の個性が失われた団体ではなく、組合の活動は**組合員全員**による活動であり、組合の財産は**「彼ら」の財産**である。このように、民法上の組合においては、組合員は**自分達の出資した財産を運用して自ら共同事業を行う**。組合の運営主体である組合員全員が、組合の活動に伴う債務につき無限責任を負うのは、**自己責任の原理**（序を参照）または**自己の財産を運用して利益を受ける者は損失をも負担すべし**との原理から、当然のことである。

以上のように、無限責任を原則とする企業の原初的な形態である組合からの沿革に鑑みると、現代の資本主義経済社会における**株式会社の有限責任は、発展的・例外的な制度**であるといえる。そして、現在の法制度では、株式会社における出資者の有限責任と民法上の組合における無限責任という制度の間に、会社法やその他特別法で、無限責任・有限責任およびその両方の組合せにより**様々にパッケージ化された営利企業・共同企業の制度**が設けられている。ある企業形態に無限責任・有限責任をどのようにパッケージ化するかの基準は、法人格の有無には関係なく、企業・団体の経済的実体や債権者保護に配慮した政策的な観点によるものである。

そして、**出資者が負う責任の重さが出資者の企業経営への参画の濃度に反映される**ことになる。すなわち、個人の無限責任のように重い責任を生じさせる可能性のある企業の事業の経営を他人に任せておくわけにはいかないから、出資者は自らその経営に当らざるをえないのであって、全出資者は企業の所有者かつ経営者として参画し、**所有と経営が一致する**ことになる。また、所有と経営が一致するならば、企業の所有者たる出資者が経営者をチェックする必要がないので、**企業の監督機関等の機関の仕組みは単純**なものになる。

このように、出資者の責任の重さは企業の業務執行者に対する監督のための機関を中心とする機関の仕組みの複雑・単純の度合いに影響を及ぼす。そこで、まず、それぞれの営利企業の企業形態を、無限責任と有限責任の観点から検討してみよう。

❷ 出資者の無限責任形態の営利企業

(1) 民法上の組合
(a) 組合の意味

　まず、企業形態の原初的な形態である民法上の組合について説明しよう。民法上、**組合**とは、次の二つの意味で用いられる。

　① **組合契約**　民法第3編第2章第12節の表題「組合」は、典型契約の一つという意味での列挙であり、ここでの組合とは組合契約の意味である。

　② **設立された団体としての組合**　組合に関する個々の規定の中で使われている「組合」の語は、契約の意味ではなく成立した団体たる組合の意味で使われている（民670条1項）。

　民法は、条文の中では、契約の意味のときは特に「組合契約」といい（民667条1項・670条2項・672条・678条など）、単に「組合」というときは、組合契約によって創設される団体の意味として用いている。すなわち、「組合財産」（民668条・673条・676条）、組合の業務執行（民670条〜676条）、「組合の債権者」（民675条）、組合の債務者（民677条）、組合の解散・清算（民682条以下）などという場合の「組合」は、通常の契約のような単なる当事者相互間の法律関係を示すものではなく、全当事者（組合員）が多かれ少なかれ客観的・組織的な統一性を持って第三者との法律関係に入るところの団体を示す意味である。

　民法上の組合の具体例としては、同業組合や商店街の組合などが身近であろう。また、建設工事を複数の建設会社が共同で請け負って実施する場合のいわゆる共同企業体（ジョイント・ベンチャー）も、一般に、その工事だけのために共同事業体を組成する、一時的な組合である。大まかにいえば、会社などの一つの法人の形成までに至らない、**共同事業のために出資した人々の、緩い結合体**である。他方、労働組合、消費生活協同組合（生協）、農業協同組合（農協）、漁業協同組合（漁協）等は、それぞれの根拠法令によってその成立が認められている。これらの団体は、それぞれの法律によって「組合」と呼ばれるが、その組織は社団であるのみならず、ほとんど例外なく法人格が与えられているので、民法の組合とは法的性質を異にする。

　民法上の組合につき、企業形態の一類型として検討する際には、**設立された団体としての意味が重要**になる。そこで、組合という団体の意義に関係して、民法における「会社」の扱いを説明し、また、組合という団体の

基礎として組合契約を前提に、組合の財産関係・法律関係についても確認する。

(b) 組合と会社・法人格

まず、民法第3編第2章第12節には典型契約の一つとして「組合」契約が定められているが、旧民法では財産取得編に第6章「会社」という形で規定されていた。そして、115条に「会社」の定義規定が置かれていた。しかし、民法で「会社」という用語を使用すると商法の会社（特に株式会社）ないし法人と混同されるのではないかという意見から（なお、英米法やドイツ法では「会社」という法律用語に、法人格のある団体と法人格がない団体の二つの場合が含まれている）、現行民法の直接の基礎となった、いわゆる「民法中修正案」では「会社」や「会社契約」とされていたものが、当時通俗語であった「組合」や「組合契約」という用語に改められた。このような「会社」と「組合」の用語に使い分けがなされ、日本法では、現在、「会社」はすべて法人である（会3条）。

また、民法第1編第3章では「法人は、この法律その他の法律の規定によらなければ、成立しない」（民33条1項）としており、**法人に関する一般規定**を定めている。この民法33条1項の立法理由は、法人たる資格を得ることができる団体の存在と、その団体の受けることができる法人たる資格を区別し、さらに、団体は自然に存在するが、その団体が人格を得るためには法律の効力によらなければならないことを示すことにある。したがって、この立法理由によれば、**法人と組合は、実体上の対立概念ではなく**、両者の差異は、**法人格が承認されるか否かの差異にすぎない**ことになる。このように、組合と株式会社に代表される法人は、**連続性のある概念**なのである。

(c) 組合契約と組合の財産関係

組合契約とは、2人以上が出資（労務でもよい）をして、共同の事業を営むことを目的とする契約のことをいう（民667条）。ここでは、①**全員の出資**と、②**共同の事業**とが、契約の要素である。また、「組合契約は、……約することによって、その効力を生ずる」（同条1項）ものであり（条文の文言は「効力を生ずる」とされているが、これは「成立する」という意味である）、**諾成契約であり不要式契約**である。

そして、民法は、組合契約が締結された結果、組合という団体が出現する点に着目して、組合契約により作り出された団体自体の財産を組合員個人の固有財産から区別し、**組合財産**として捉えている。そのうえで、民法

は、組合契約により成立された団体に法人格がないことから、この組合員個人の固有財産から区別した**組合財産の帰属**については、「組合財産は、総組合員の共有に属する」としている（民 668 条）。組合財産の帰属主体は「組合員全員」であり、これらの者により**共有**されるとの立場が示されている。

　もっとも、そこにいう「共有」が物権法にいう「共有」（民 249 条以下）と同じ意味のものかどうかは問題とされている（共有に関する一般的説明は第 5 章を参照）。これは、物権法上の共有は、いわば個々人の所有への過渡的な形態として捉えられ、個人所有へ解体させるための制度として成り立っているのに対して、組合の場合には、組合員相互の共同目的のために組合を維持・存続させるという団体的な人的結合関係が存在しているからである。ここでは、各構成員の持分が認められるものの、民法第 2 編の物権編の「共有」と異なり、持分が表面に出ない共同的帰属形態が観念されている。具体的には、物権法上の共有につき本質的な特質が制限・否定されている。すなわち、①持分処分の自由の制限・否定（民 676 条 1 項）と②分割請求の自由の制限・否定（同条 2 項）がなされている。そこで、組合財産における「共有」は、理論上、**合有**とされている。

(d) 組合の法律関係

　組合内部の業務執行については、契約上の定めがあればそれによることになるが、そのような定めがない場合のために、民法はいくつかの規律を設けている。そこでは、①組合契約中で業務執行者（業務執行組合員）を指定している場合と、②業務執行者の指定がない場合とに分けて規律されている。

　組合においては、**各組合員が業務執行権を持つのが原則**である。「共同の事業を営む」といえるためには、各組合員が組合の目的のために事業執行に関与する権利を持たなければならないからである。組合の常務（組合にとって日常の軽微な事務と認められるもの）以外の組合業務は、組合員の過半数で決する（民 670 条 1 項）。他方、組合の常務は、各組合員が単独で行うことができるが（同条 3 項本文）、その完了前に他の組合員は異議を述べることができる（同項ただし書）。もっとも、各組合員は、自らの業務執行権を一部の組合員その他の第三者（業務執行者）に行わせることができる。この場合において、業務執行者が複数存在するとき、組合の常務に属さない業務については、業務執行者の過半数で決定する（同条 2 項）。

　このように、原則として、組合においては組合員全員が業務執行に関与

することが前提となっており、出資者たる組合員が経営に参画するという意味において**所有と経営が一致**している。組合員が業務執行を行うため、業務執行を監視する機関を別に定める必要がなく、機関の仕組みとしては、業務執行者を置くか否かという極めて単純なものとなっている。

(e) 組合の無限責任

　前述のように、組合員の全員が、組合の活動に伴う債務につき無限責任を負うのは**自己責任の原理**または**自己の財産を運用して利益を受ける者は損失をも負担すべし**との原理から、当然のことといえる。また、組合債務の引当てとなる組合財産の公示性が不完全であり、**組合財産と個人財産の分離が不完全**であることも無限責任とされている理由に挙げることができる。このような**組合の無限責任の具体的意味**について確認しておこう。

　まず、組合が負う債務は、**組合員に合有的に帰属**し、それについては**組合財産が債務の引当て**になる。しかし、それと同時に、各組合員も組合の債務については**個人的に分割債務**（民 427 条参照）を負う。そして、この両者のうち、どちらの責任を追及するかは、債権者の選択に任されると解されている（組合の場合、合名会社の社員が個人責任を負う場合について規定する会社法 580 条に相当する規定がないことによる）。したがって、組合に対する債権者は、①組合（すなわち、組合員全員）を被告として訴え、その勝訴判決に基づいて組合財産に対して執行するか、②各組合員に対して個人として、債権発生当時の損失分担の割合に応じた債務について履行請求し、その個人財産に対して執行することになる。損失分担の割合は、組合契約等による組合員間の合意によって定められるが、かかる合意がないときには出資の価額に応じて決定される（民 674 条）。しかし、債権発生当時にそのような損失分担の割合について知らなかった債権者は、各組合員に対し、債権を等しい割合で分担しているものとして、弁済請求しうる（民 675 条）。ここには、**社団とは異なり、団体としての組織性が弱い分だけ構成員の個性・独立性が強い**という、民法上の組合の特色が現われている。

(2) 合名会社

　組合の業務執行に伴い、他人と法律行為をする必要が生ずることがある。ただ、**組合には法人格がなく、権利義務の主体**とはなりえないため、組合員全員が法律行為の当事者となる。しかし、組合の対外的な法律関係については、誰が法律行為をすることができるのか、また、その効果は「団体としての組合」に帰属させるべきではないか、という問題が生じる。これ

に対し、会社には法人格が認められ、出資者とは別の主体として扱われるので、出資された財産は会社自身に帰属することになり、企業活動から生じた権利義務も会社に帰属するので、**法律関係が明瞭となり、組合ほどに出資者間に高度な信頼関係は必要なくなる**。このような長所を備えることから、いくつもの企業形態の中で**会社が選択されるようになってきている**。

そこで、民法上の組合のような団体でありながら、会社法で、法人格が付与されていて、無限責任社員のみをもって組織される**合名会社**という会社形態・共同企業形態が認められている。合名会社は法人格が付与されているため、その対外的業務に伴う他人との法律行為につき、**合名会社が契約の当事者**となり、**合名会社自体に効果を帰属**させることが可能となる。

(a) 持分会社とその特徴

合名会社は、会社法上**持分会社の一つ**として、他の持分会社である合資会社・合同会社と基本的に同様の規律に服する。そこで、合名会社について検討する前に、まず、持分会社一般に関する規律の確認をしておく。

会社法は、合名会社・合資会社・合同会社を併せて**持分会社**と呼ぶ（会575条1項を参照）。「持分会社」の名称については、条文上、合名・合資・合同会社の三つの会社の名称を羅列することは冗長であり、また、「合名会社等」の略称ではその対象が一見して明らかにはならないという問題があったことから、合名・合資・合同会社の三つの会社における**社員の地位を表わす「持分」という語を用いることとしたもの**である（持「株」会社〔序を参照〕と間違いやすいので注意）。持分会社の制度は、法規定の適用関係を明確にし、同一内容の規定を3種類の会社につき繰り返し定めることを避けるために持分会社という上位概念を定めて法文を整備したものである。**社員（出資者）が会社債権者に対して負う責任の性質**に対応して、すべての社員が無限責任社員である持分会社が**合名会社**、無限責任社員と有限責任社員が混在するものが**合資会社**、有限責任社員のみからなるものが**合同会社**である（会576条2項〜4項）。

持分会社である合名会社、合資会社、合同会社は、社員の責任という観点からはそれぞれが異なる類型に属することとなるが、社員間の関係の結付きが強いこと、また、私的自治がより強く要求される会社形態であることから、**会社の内部関係については組合的な規制**がなされている。旧商法では、内部関係については準用規定により民法の組合契約の条文に依拠していたが、会社法の中の持分会社制度は、自己完結的に規制を行うものとしている。会社法は、この3者をまとめて持分会社とし、これらの会社に

共通する事項については同一の規制に服させるとする一方で、それぞれの会社に個別的な事項については特則という形で規制を設けている。

株式会社と比較すると、持分会社には次のような**特徴**がある。

第1に、株式会社では社員（出資者）である株主と業務執行を行う取締役とが制度上分離されているのに対して、持分会社では社員でなければ業務執行者となることができない（会590条。業務執行を行わない社員がいることは可能である）。株式会社は、そのほかにも監査役や会計監査人等の様々な機関を置くことができるが（機関の分化）、持分会社においては機関の分化は予定されていない。このように、持分会社には、**所有と経営の分離が進んでいない**ことに特徴がある。

第2に、持分会社では社員の氏名が定款の必要的記載事項とされ（会576条1項4号）、持分の譲渡には他の社員の承諾が必要とされている（会585条）ことから、**持分が投資家によって頻繁に売買されることは考えにくい**。

第3に、**社員が投資を回収する方法**として、株式会社では株式の譲渡が中心であるのに対して、持分会社では、**社員が退社して**（会606条）、持分の経済的価値に相当する財産を会社から受け取る権利が認められている（持分の払戻し〔会611条〕）。

第4に、株式会社（主に公開会社）では、株主の個性が会社経営や他の株主の利益にはあまり影響を与えず、株主の会社に対する貢献は出資を行うことを中心とする、との考えが根底にある。これに対して、持分会社では社員は原則として会社経営に関与することから、その**個性が会社経営や他の社員の利益に及ぼす影響が大きい**。

第5に、株式会社においては、**利害当事者の権利義務**が詳細に定められているのに対して、持分会社においては、それらに関する定めは**それほど詳細ではない**。

以上のような持分会社の共通の特徴をよく理解しておいてほしい。

(b)　合名会社

持分会社のうち、合名会社は、**無限責任社員のみ**からなる会社である。合名会社の全社員は、会社債務につき、会社債権者に対して無限責任を負い、持分会社の財産をもってその債務を完済することができないなどの場合には直接に責任を負うことになる（**直接責任**〔会580条1項1号・2号〕）。この直接責任とは、出資者が会社債権者に直接に責任を負うことをいい、これに対して、**間接責任**とは、出資者が会社債権者に会社の財産を通して

のみ責任を負うこと、言い換えれば、出資者が会社債権者に責任を負わないことをいう。理論的には、企業形態について、法人化により、社員と会社債権者との間には法人たる会社が介在するため、**社員と会社債権者との間の直接の関係はなくなるはず**である。したがって、社員の会社債権者に対する責任は間接化することになるのが理論的で、**持分会社の社員の直接責任**は会社債権者保護のため**法が特に認めた責任**と位置づけうると考えられる。

　また、特に除外されない限り、社員は、社員として当然に会社の業務を執行し会社を代表する権限を有する（会590条1項）。すなわち、合名会社においては、社員は会社の所有者であるとともにその経営者であって**所有と経営が一致**しており、合名会社は経済的には**個人企業の共同経営**にほかならない。このような合名会社の性格はその全体の法律構造に反映されており、実際にも合名会社は親族・知友など少数の近親者の間において利用されるのが普通である。合名会社は法人格が付与されているが（会3条）、それは前述のように法律関係の処理の便宜を考慮したためであって、その**実質は組合的なものにすぎない**のである。この全社員が無限責任を負うことが合名会社の基本的特徴であって、全社員（出資者）は自ら経営を行い、無限責任を負うものであり、所有と経営が一致している。このことから、社員（出資者）のために経営を監視する機関を定める必要はなく、**機関の仕組みが単純なものとなっている点で、組合と同様のことがいえる**。

③　出資者の有限責任形態の営利企業

　会社の原初的な形態である組合においては、出資者たる組合員が無限責任を負うが、株式会社に代表される有限責任の営利企業では、**政策的な観点から責任の有限性が認められている**。民法上の組合の対極に位置する形態が株式会社であり、民法上の組合との対比の視点から、会社法上の株式会社、特例有限会社（会社法の特例としての「会社法の施行に伴う関係法律の整備等に関する法律」の適用を受けるもの）、そして、合同会社について説明をしていこう。続いて、特別法に基づく企業形態である有限責任事業組合（LLP）を説明し、商法における匿名組合の説明をする。

(1)　**会社法に規定される有限責任形態の営利企業**

(a)　**株式会社**

　株式会社とは、社員の地位が**株式**という細分化された均一の割合的単位的持分の形をとり、社員（株主）の全員がその有する株式の引受価額を限

度とする出資義務を負うのみで、会社債務については何らの責任を負わない会社をいう。株式会社では、出資者である株主と業務執行を行う取締役とが制度上分離されており、**所有と経営の分離が最も進んだ会社形態**である。多くの株式会社では株主が取締役ともなっているが、**株主でない者が取締役となりうる**ことが株式会社の制度上の特徴である。

(ア) 株主有限責任の原則

会社法 104 条が「株主の責任は、その有する株式の引受価額を限度とする」と定めている。これは**株主有限責任の原則**を明らかにする規定であり、株主としては、会社債務について弁済義務を負わされることはなく、たとえ会社が債務超過になって倒産した場合でも、保有する株式の価値がゼロになることだけを甘受すればよいという趣旨である。

まず、**株主有限責任の原則を採用した理由**として、株式会社一般に妥当するものとして、以下のものが挙げられる。①仮に株主が会社債務について責任を負わされるとした場合、株主個人と取引しようとするものは、会社の財産状態にまで目を配らないと、株主個人の信用リスクを判断することができないため、取引コストが増えてしまう。②株主としても、他の株主の財産状態如何によって、自己が実際に負担する責任の大きさが変わる可能性があるため、他の株主の財産状態を監視するコストを負担しなければならない。③株主有限責任の原則があることで、失敗の可能性が高くても社会的に望ましい企業活動が推進され、その意味でも、社会の富が最大化されることが期待される。**株式会社の株主の有限責任**は、以上のような効用から**政策的に認められている**。

次に、株式会社における理念的な形態である**上場会社に関して、株主有限責任の原則が採用されている理由**について考えてみると、以下のものも付加的に挙げることができる。①有限責任という形で出資のリスクを小さくすることで、多数の投資家からの多額の出資を集めることが可能となる。また、②仮に株主が会社債務について責任を負わされるとした場合には、会社債権者はもっぱら資力のある株主の責任を追及すると考えられるため、各株主の資力によってリスクが異なることになる。この結果、同じ会社の株式でも投資家によって客観的価値が大きく異なることになって、株式市場での価格形成が困難となるが、株主有限責任の原則はそのような状況をもたらさない。

(イ) 株主有限責任の原則と大規模な公開会社

以上のように株式会社の出資者たる株主が有限責任しか負わないとなる

と、基本的には株主は自ら経営する必要はなくなり、**所有と経営の分離が顕著**になる。しかし、所有と経営の分離が顕著になると、経営者が実質的に会社の所有・支配をなし、いわゆる**経営者支配**の状況が生じることになる（第5章参照）。

そこで、**株主が経営者の業務執行を監視する必要**が出てくるため、会社法では少数株主権として、会計帳簿等閲覧請求権（会433条）を認め、また、会社の業務および財産の状況を調査してもらうため、裁判所に対する検査役の選任請求権（会358条）等を認めている。このほか、個々の株主に取締役の違法行為差止請求権（会360条）や、新株等の発行差止請求権（会210条・247条）等が認められている。

しかし、**個々の株主の監視には自ずと限界**がある。そこで、会社法は、業務執行機関の業務の適正性を確保するために**監査機関を組織の中に制度化**している。監査機関につきどのような形態とするのが最適かという議論が**コーポレート・ガバナンス（企業統治）**と呼ばれるものである。所有と経営の分離した株式会社、特に上場会社のような大規模な会社においては、監査に関する機関が設けられ、**会社の機関の仕組みが複雑になる傾向**がある（株式会社の機関の仕組みの詳細については、一般の会社法の教科書を見てもらいたい）。例えば、多数の利害関係者（消費者〔顧客〕、取引先、株主等）の利害が関係することになる**大会社**（資本金5億円以上または負債が200億以上の会社〔会2条6号〕）でかつ**公開会社**（株式の譲渡制限を行っていない会社〔同条5号〕）のような株式を証券取引所に上場している上場会社の場合、会計監査人の設置が義務づけられ、また、原則として監査役会の設置も義務づけられる（会328条1項）。

まず、**会計監査人**とは、会計監査（計算書類とその附属証明書を含む会計に関する書類の監査）を行うために、公認会計士または監査法人（5名以上の公認会計士を社員として設立される法人）から選任される機関である（会337条1項）。大会社では、会社債権者を保護するため計算書類の適正化を図る要請が大きく、そして、会計監査人設置に伴う費用を負担することができると考えられるからである。

また、複数の監査役が監査の業務を分担しつつも組織的・機能的に監査活動を行いうるようにすることを目的とする**監査役会**という機関がある。大会社であり公開会社である場合には、業務執行者を監視・監督する必要性が大きく、個々の株主の監視・監督が期待できないため、監査役会の設置も義務づけられている。そして、所有と経営が分離した大規模な公開会

社においては、経営者が株主のコントロールを脱することで、株主の利益最大化以外の目標を追求すること（経営者支配）を防止するために、取締役等の経営者の善管注意義務（会330条、民644条）および忠実義務（会355条）が特に重要となってくるのである（善管注意義務と忠実義務については第9章参照）。

(ウ)　**株主有限責任の原則と閉鎖的な非公開会社**

　他方、同じ株式会社でも、閉鎖的な非公開会社の場合は別の考慮が必要である。**非公開会社**とは、発行する全株式について定款で譲渡制限を定める会社、すなわち、**全株式譲渡制限会社**（株式譲渡制限会社）のことをいう。この非公開会社は**閉鎖会社の典型**である。

　閉鎖会社とは、会社法上の用語ではなく実務上の用語であるが、株主が、信頼関係のない第三者が株主になって会社経営に関与してくるのを阻止したいという意思を持つ会社のことである。このような**閉鎖会社の特徴**は、以下の四つの点にある。①**株主の全員または多くが会社経営に関与**している（株主が出資をして株式を保有するのは、純然たる投資が目的ではなく、会社経営に関与することが目的である）。②**株主間に信頼関係がある**ことが多く、少なくとも面識はある。③**株主の数が少ない**（このことから①②が維持される）。④**株式が流通することは稀**である（これは①の結果である）。こうした特徴から分かるように、**閉鎖会社の多くは中小規模の会社**である。このように、会社法における非公開会社はまさに閉鎖会社の典型例である。

　この**閉鎖会社**では、株主の多くが会社の経営者になっているため**所有と経営が一致**している現状がある。もし自分が取締役として効率的な会社経営を行わなければ、株主としての自分に不利益が生じるから、**取締役による私的利益追求の危険は比較的小さい**。このような事情から、非公開会社については、会社法が株主に代わって経営者を監視・監督する者を置くよう強制する必要性は少ないといえる。

　そこで、会社法上、非公開会社では、株主総会と取締役の設置が強制されるにすぎず、取締役会の設置は任意とされるなど、基本的に**どのような機関を置くかは株主の判断に委ねられている**（どの機関を置くかは定款で定めるが〔会326条2項〕、定款変更は株主総会決議によって行われるから〔会466条・309条2項11号〕、終局的には株主の判断に委ねられているといえる）。また、非公開会社が取締役会を設置しない場合には、株主総会が取締役会の代わりになって、日常的な経営判断を行うことも認められている（会295条1項）。

以上のように、非公開会社の場合には、**株主は有限責任であるが、株主が経営を担う所有と経営の一致が想定されている**ため、会社法において監視機関の設置を強制する必要はなく、**単純な機関の仕組み**とされている。

(b)　特例有限会社

　現在、会社法は、小規模な閉鎖的な会社向けに非公開会社というカテゴリーを承認しているが、昭和初期においては、小規模な閉鎖会社向けに**有限会社法**を用意し、大規模な上場会社向けには、いわゆる株式会社法（商法典の第2編〔会社法の制定により削除された〕）を用意していた。

　しかしながら、2005（平成17）年に制定された会社法は、有限会社法を廃止して、有限会社を株式会社に取り込んだうえで、会社法内で会社の規模等による区分規制を徹底させている。会社法は、株式会社について、主に、公開会社かどうか、大会社かどうかという二つの基準を用いて規制内容を区分している。そして、**従前の有限会社は法律上株式会社となったが**、経過措置として、従前どおり有限会社の商号を用いて、旧有限会社法に近いルールの適用を受ける会社とされている。このような会社を**特例有限会社**という（会社法の施行に伴う関係法律の整備等に関する法律2条・3条）。実際の経済社会では、この特例有限会社が多く存在することに留意しておく必要がある。

(c)　合同会社

㋐　合同会社とは

　合同会社は、2005年の会社法制定の際に**新たに創設された会社形態**である。**会社の内部関係あるいは構成員間の関係**については自由な合意に基づく**民法上の組合と同様の規制**がなされるが、**外部関係では社員全員が出資を限度とする有限責任を負う**会社である。

　会社の組織内の種々の面で自由が認められる会社の種類としては、持分会社の説明の箇所で簡単に説明をした合名会社と合資会社があるが、これらは、対外関係では、会社債権者に対して**無限責任を負う社員の存在が不可欠である**という点で、**リスクの大きい事業を行うには適さない**。他方、対外的な社員の責任が限定されているものとしては、既に説明をした有限責任社員のみからなる株式会社があるが、株式会社である以上、株主総会・取締役等の機関の設置が義務づけられ、それらの機関の権限や運営の規制は強行規定とされ、さらに剰余金配当についても債権者の利益を考慮し厳格な規制がなされるなど、**会社組織内部における自由度が欠ける**。そこで、**ジョイント・ベンチャー**（合弁企業。複数の企業が、ある目的を達成

するために資金を出し合って設立した企業）や**ベンチャー企業**（革新的なアイデアや技術等をもとに、新しい形態のサービスやビジネスを展開し、株式上場を目指す中・小規模の企業）などからは、会社組織の内部的規律は自由度が極めて高く、なおかつ外部関係では社員の有限責任が確保されるような会社形態に対するニーズが高かった。これらの理由から、アメリカの各州法で導入されていた**LLC（Limited Liability Company）を念頭に置いて合同会社制度が採用**された（2014〔平成26〕年3月末現在、約6万社）。

このように、合同会社は、**極めて政策的な観点**から出資者を有限責任としている。そして、持分会社における有限責任社員は、会社に出資すべき価額（会576条1項6号）からすでに履行した出資の価額を差し引いた金額を限度に責任を負うものとされているが（会580条2項）、合同会社の社員の場合には後に説明する合資会社の有限責任社員の場合と異なり、社員は**会社の社員となる前に出資のすべてを履行しなければならない**（会578条・604条3項）。そのため、合同会社の社員となった後に会社債権者に対して社員が責任を負うことはなく（会580条2項が問題となるのは合資会社の有限責任社員である）、**間接責任を負うだけ**となる。

合同会社については、株式会社における非公開会社のように、**出資者は有限責任**であるが、出資者たる社員が経営を担う**所有と経営の一致が想定**されており（所有と経営の分離も一部可能）、経営者を監視する機関を制度上強制する必要はないため、**機関の仕組みは単純**なものとなっている。

(イ)　合同会社に対する特別の規制

以上のように、合同会社は、株式会社と同様に出資者は有限責任とされているものの、機関の仕組みは極めて単純でかつ定款自治に委ねられているため、**会社の経営者にとって「いいとこ取り」の制度**である。それゆえに、合名会社・合資会社においては、無限責任社員・有限責任社員が会社債権者に直接責任を負うことがあり、ある程度債権者が保護されるのに対して、合同会社では社員が債権者に対して直接責任を負うことはなく、また、有限責任社員しかいないにもかかわらず、会社財産のみが会社債権者の引当てとなっており、**債権者の保護が不十分**になるおそれがある。そこで、合同会社においては、他の持分会社である合名会社と合資会社では規制がされていない特別な規制として、**利益配当等について規制**がなされている（利益配当につき、会628条。資本金減少についての債権者保護手続につき、会627条）。

(2) **特別法に規定される有限責任形態の営利企業
——有限責任事業組合**
(a) 合同会社の限界と有限責任事業組合

　合同会社は、会社組織内の自治が広く認められ、かつ出資者の有限責任が認められており、その利用が想定されているベンチャー企業には有用な制度である。しかし、わが国の法人税法は、基本的に「法人格」を基準に法人課税の対象を決めているため、合同会社で発生した利益に対して法人税が課され、さらに、出資者に配当がなされると出資者にはそれに対して所得税が課されることになる（「二重課税」）。この、二重課税を避けるためには、法人格がない企業形態、すなわち民法上の組合を利用することが考えられるが、ベンチャー企業などによる挑戦的な事業の促進のためには、民法上の組合の無限責任を避けたいという要請がある。そこで、**有限責任事業組合に関する規律を創設する必要**があるとされ、民法上の組合規定の特則としての、**有限責任事業組合法**（Limited Liability Partnership〔通称「LLP法」〕）が制定された。

(b) 有限責任事業組合の性質

　有限責任事業組合（LLP）の性質については、民法上の組合の基本的性質と共通する部分が多い。もっとも、LLP法は、組合員が共同して事業を行うこと（**共同事業性**）が強行法規的に定められていることに大きな特徴がある。例えば、民法上の組合では組合員の過半数（民670条1項）、または業務執行者を定めた場合はその過半数（同条2項）で業務執行の決定を行うが、有限責任事業組合の場合には原則として総組合員の同意によらなければならないとされている（LLP法12条）。このように、有限責任事業組合は、共同事業性を強行法規的に定めていることで、**民法上の組合の仕組み以上に所有と経営の一致がみられる企業形態であり、機関の仕組みも単純**である。

(3) **商法に規定される有限責任形態の営利企業——匿名組合**
(a) 匿名組合とは

　匿名組合とは、当事者の一方が相手方の営業のために出資をなし、相手方はその営業より生ずる利益を分配することを約する契約である（商535条）。例えば、レストランを営む者のために、知人が営業資金の20％を出資し、毎年その営業から生ずる利益の20％をその知人に分配することを約束するといった契約である。言い換えると、匿名組合員と営業者（営業者は出資を受ける者であって、出資者ではないことに注意）とが、出資とこれ

に対する見返りを約束する契約によって結び付き、しかも、その契約は一時的なものではなくて、継続的な企業を作ることを共通の目的としているものである。つまり、匿名組合は、**人**（営業者＝経営を直接行う人〔機能資本家〕＝無限責任）と**資本**（匿名組合員＝出資はするが、経営を直接行わず利益の配分に預かるだけの人〔無機能資本家〕＝有限責任）**とが結合した企業体**である。

匿名組合は、**実質的には営業者と匿名組合員の共同事業であるが、対外的には、営業者の単独事業**である。したがって、自己の名前が外部に現われず、社会的地位等から匿名での出資がよいと考える出資者の意図に適い、営業者としても匿名組合員の干渉を受けずに営業を行うことができる利点がある。このように、匿名組合は、純粋には企業形態というよりも、**企業活動を補充する制度**であるため、わが国では商行為法において規定されている（商535条以下）。

(b) 匿名組合契約

この匿名組合は、営業者と匿名組合員間の**匿名組合契約により成立**するものである。その法的性質については、当事者の一方が相手方の営業のために出資をなし、相手方はその営業から生ずる利益を分配することを約することにより成立する、**諾成・有償・双務の契約**である（商535条）。匿名組合契約は、**金銭消費貸借（消費寄託）契約に類似**する契約であるが、通説は、商法により認められた**特殊な契約**であるとしている。

(c) 匿名組合の業務執行と責任

業務執行の点では、民法上の組合では組合員自ら行うか、組合契約で委任した業務執行者にさせるが（民670条）、匿名組合員は、営業者の業務を執行し、または営業者を代表することはできず（商536条3項）、**匿名組合員には監視権が認められるにすぎない**（商539条）。

さらに、組合の債権者に対する責任の点では、民法上の組合では組合員が無限責任を負うのに対して（民675条）、匿名組合員は、営業者の行為について、第三者に対して権利を有さず、義務を負わない（商536条4項）。つまり、匿名組合員は、**法律的には営業者の債権者・債務者とは無関係**なのであって（上でレストラン経営に関する匿名組合契約の例を挙げたが、レストランの客が食中毒になり、あるいは、食材の納入業者への支払が滞っても、出資者たる匿名組合員はなんらの責任も負わない）、損失の分担という形で、また、出資した財産の有限責任の限度で、**営業者の事業の失敗のリスクを負担する**にすぎない（商538条・542条）。

構成員の有限・無限責任と機関設計の関係

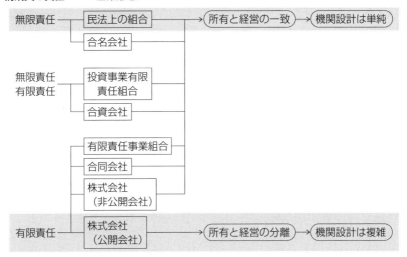

　このように、匿名組合における匿名組合員と営業者との間の関係は、金銭消費貸借類似の契約関係にすぎず、匿名組合員は営業に関与することが予定されていない。匿名組合は、純粋な企業形態と言い難い側面もあるが、営利企業の形態としては**所有と経営の分離が顕著な形態**といいうるものである。

④　無限責任・有限責任の出資者が併存する営利企業

　❷と❸では、無限責任の企業形態と有限責任の企業形態につき、それぞれ検討してきたが、両責任が併存・複合した企業形態もあるので、最後に確認していこう。

(1)　**会社法に規定される企業形態──合資会社**

(a)　匿名組合の問題点と合資会社

　匿名組合は、人（営業者─機能資本家）と資本（匿名組合員─無機能資本家）とが結合した企業体であり、機能資本家と無機能資本家が協業するために有用な制度である。ただ、匿名組合では、匿名組合員は**やむをえない事由がある**と**いつでも契約を解除できる**から（商540条2項）、営業者が行う**事業の継続が不安定**となりうる。また、匿名組合の仕組みを利用して営業者が資本の増強を図るには、**多数の匿名組合員と匿名組合契約を締結し**

なければならない。また、匿名組合の方法では、匿名組合員（出資者）に持分の概念がなく、その**出資に関する権利を他人に譲渡することができない**。匿名組合には、このような問題点もあるため、会社法における**合資会社の利用**が考えられることになる。**合資会社**とは、無限責任社員と有限責任社員から構成されている会社である（会576条3項）。合資会社の有限責任社員は、会社に出資すべき価額（同条1項6号）からすでに履行した出資の価額を差し引いた金額を限度に責任を負うものとされている（会580条2項）。ただ、合資会社の有限責任社員の出資義務の履行期は法定されておらず、定款の別段の定めまたは社員全員の同意がない限り、会社が請求した時と解されている。

(b) 会社法制定前の合資会社

前述のように、匿名組合員は商人の陰に隠れ、その存在が外部に知らされない（匿名性）があるため、匿名組合は、営業者・出資者がお互いの関係を秘密にしたい場合に利用されてきた。こうした経済的機能の面では、合資会社は、匿名組合とよく似ている。合資会社もまた、無限責任社員（機能資本家）と有限責任社員（無機能資本家）とが結合した企業形態である（上記の例で、レストランの営業者を無限責任社員、出資者を有限責任社員として合資会社を設立した場合）。この二つの企業形態が似ているのは、歴史的にみて、両者は中世の海上貿易におけるコンメンダ契約という共通の源から発しているからである。

このような歴史的な背景を有する合資会社について、平成17年改正前商法の下では、無限責任社員は業務執行・代表権を有するのに対し、有限責任社員については、業務執行・代表権を有せず、その代わりに監視権が認められていた。そこでは、所有と経営の分離が制度化されていた。無限責任社員は匿名組合の営業者—機能資本家に該当し、有限責任社員は匿名組合員—無機能資本家に相当したが、無限責任社員と有限責任社員は各々1人以上で、上限には制限がない点で、匿名組合と異なっていた。

(c) 会社法における合資会社

しかしながら、会社法は、有限責任を負う社員が会社代表権を有する合同会社を認め（会590条）、会社代表行為を行うことが無限責任社員であるとの誤認を生じさせるという問題をなくした。すなわち、責任の無限・有限と業務執行・代表権の有無との関係を切断し、有限責任社員であっても、会社の業務執行・代表を行うことを認めたのである（会590条1項・599条1項）。

それに伴い、①業務を執行しない有限責任社員の持分の譲渡は、業務執行社員の全員の承諾を要するとされ（会585条2項。かつては、無限責任社員の承諾は必要であったが、有限責任社員の承諾は不要であった）、②有限責任か否かにかかわらず、社員が死亡および後見開始の審判を受けたことは退社原因となるが（会607条1項3号・7号）、定款で退社原因とならないと定めることができる（同条2項・608条1項。かつては有限責任社員が死亡しても退社原因とならず、相続人が社員になるとされていた）ように改められている。

以上のように合資会社には、有限責任社員と無限責任社員が存在し、無限責任社員のみならず有限責任社員の業務執行も認められていることから、**所有と経営の一致があり、機関の仕組みは単純**なものとなっている。

(2) 特別法に規定される企業形態——投資事業有限責任組合

(a) 投資事業有限責任組合とは

投資家から資金を集め、投資先企業等に対し、主として投資の形で資金を供給する組合が多くあるが、これらは、ビジネス上、一般的に、「**投資事業組合**」（あるいは**投資ファンド**）といわれる。簡単にいえば「お金を集めて、事業や資産に投資して、もうかった利益を出資比率などに応じて分配する仕組み」である。この投資事業組合をどのような法律に基づき組成するかにつき、民法上の組合形式を利用すると、投資家が無限責任を負うことになり、出資を募ることが難しい。他方、ある程度のプロ投資家が参加するようなケースでは、匿名性が好まれない傾向にあるため、匿名組合の利用も適切ではない。そこで、**投資事業組合に用いることができる投資家の有限責任を認める法的仕組みの創設**が求められた。そこで、投資家の有限責任性の投資事業組合を規律するものとして、「投資事業有限責任組合契約に関する法律」（Limited Partnership〔いわゆるLPS法〕）が制定された。

(b) 投資事業有限責任組合の特徴

投資事業有限責任組合（LPS）は、合名会社と同様に、**無限責任組合員と有限責任組合員が併存**している。特に、投資事業有限責任組合の業務執行は、無限責任組合員が業務執行をし、無限責任組合員が複数いる場合は、その過半数をもって業務の執行を決定することが定められており（LPS法7条）、**有限責任組合員の業務執行は想定されていない**。これは、無限責任社員にのみ業務執行権限を認めていた会社法制定前の合資会社や、営業者が匿名組合員の干渉を受けずに営業が可能である匿名組合と近い制度設

計がなされているといえる。

このように、投資事業有限責任組合では、有限責任組合員と無限責任組合員が存在するが、**無限責任組合員については、自ら経営を行うものであり、基本的に所有と経営の一致が想定**されているため、合資会社と同様に**単純な機関の仕組み**となっているのである。

【参考文献】

企業の分類について　　泉田 7-22 頁＊企業形態について詳しく説明されており、また、営利企業の分類が整理されており、参考になる。

営利性について　　近藤ほか 1-2 頁／神作裕之「一般社団法人と会社―営利性と非営利性」ジュリ 1328 号（2007）38-40 頁

社団と組合について　　四宮＝能見 89-90 頁／松尾弘『民法の体系――市民法の基礎』（慶應義塾大学出版会、第 5 版、2010）94-95 頁

民法 33 条 1 項の立法理由について　　阿久澤利明「権利能力なき社団」星野英一編集代表『民法講座　第 1 巻　民法総則』（有斐閣、1984）244 頁

民法上の組合の組合員の無限責任について　　新注民⒄ 129-130 頁〔品川孝次〕＊組合員の無限責任の理由について詳しく説明がなされている。／潮見・債権各論Ⅰ 273 頁／松尾・前掲 131-132 頁

株式会社の社員の有限責任について　　高橋ほか 14-15 頁〔久保田安彦〕＊株主有限責任の原則の採用のメリットと株主有限責任の原則の採用のデメリットについて詳しく説明がなされているので参照してもらいたい。／河本 36-37 頁／基本コンメ⑴ 198-201 頁〔鳥山恭一〕／逐条⑵ 18-20 頁〔森淳二朗〕

民法上の組合に関する一般的な説明について　　平野・契約 685-723 頁／加藤・大系Ⅳ 455-490 頁／潮見・債権各論Ⅰ 268-277 頁／池田・各論 131-134 頁

持分会社に関する一般的な説明について　　リークエ 455-466 頁〔大杉謙一〕／宮島・エッセンス 409-434 頁

合名会社に関する一般的な説明について　　大隅ほか・概説 539-558 頁／加藤・大系Ⅳ 469-470 頁

合名会社における利益配当・出資の払戻し・持分の払戻しについて　　リークエ 464 頁〔大杉〕

合名会社の歴史について　　上柳克郎ほか編集代表『新版注釈会社法⑴会社総則、合名会社、合資会社』192 頁〔谷川久〕（有斐閣、1985）

株式会社の機関について　　泉田 18-19 頁、335-337 頁／リークエ 136-139 頁〔大杉〕／高橋ほか 18-19 頁〔久保田〕、98-108 頁〔高橋美加〕＊会社法上の株式会社の機関構成についての複数かつ複雑なルールについてわかりやすく解説されているので、参考にしてもらいたい。

閉鎖的な非公開会社について　　高橋ほか 20-22 頁〔久保田〕＊経済社会において重要な閉鎖会社・非公開会社について説明がなされているので参考にしてもらいたい。

特例有限会社について　　高橋ほか 22 頁〔久保田〕／泉田 20-22 頁

合同会社に関する一般的な説明について　　宮島・エッセンス 413-414 頁／泉田 13 頁／大隅ほか・概説 564-574 頁＊詳しい説明がなされているもので参考にしてもらいたい。

合同会社に関する利益配当等の特別の規制について　　リークエ 464-465 頁〔大杉〕
合資会社に関する一般的な説明について　　大隅ほか・概説 559-563 頁
有限責任事業組合（LLP）について　　宮島・エッセンス 414 頁／石綿学＝須田徹編著『日本版 LLP の法務と税務・会計』5-27 頁〔石綿〕（清文社、2006）＊有限責任事業組合の制度が設けられた理由や他の企業形態との比較の説明がなされているので参考にしてもらいたい。
匿名組合について　　高田晴仁「第 14 講 匿名組合」北居＝高田 260-273 頁／森本編・商行為 97-101 頁〔森本〕／藤田＝北村・プライマリー 147-151 頁〔吉井敦子〕／泉田 14-15 頁
合資会社について　　泉田 15-16 頁／高田・前掲 260-262 頁／宮島・エッセンス 413 頁
投資事業組合について　　田中慎一＝保田隆明『投資事業組合とは何か』14-16 頁、40-51 頁（ダイヤモンド社、2006）
投資事業有限責任組合（LPS）について　　ホワイト＆ケース法律事務所・税理士法人編『Q＆A 投資事業有限責任組合の法務・税務』4-7 頁〔大森吉之〕、68-71 頁〔酒井英司〕（税務経理協会、2010）

第11章
取締役の責任
民法上の不法行為・使用者責任との関係

Introduction

　会社が事業展開を進めると、数多くの消費者（顧客）、取引先、株主等の利害関係者（**ステークホルダー〔stakeholder〕**と呼ばれています）がかかわってきます。もし、会社の従業員や取締役等、または代表者が詐欺的取引や不適切な経営を行えば、多くのステークホルダーが損害を被ることになります。そのような場合のために、民法や会社法において、**従業員等の行為に関する会社の損害賠償責任や取締役等の損害賠償責任**が規定されています。

　まず、会社が負うことになる責任について考えます。民法上、従業員や取締役等の詐欺的取引行為、不適切な経営などでステークホルダーが損害を被った場合、従業員や取締役等の行為が**民法709条の不法行為**の要件を満たせば、従業員や取締役等自身がその利害関係者に対して損害賠償責任を負うことになります。そして、従業員や取締役等が同条に基づき損害賠償責任を負うことを前提として、会社には**民法715条の使用者責任**が適用され、会社は損害賠償責任を負うことになります。

　会社法では、従業員や取締役等ではない**代表者の行為**に関して**会社法350条において会社が負う損害賠償責任**を定めています。この会社法上の責任と民法の使用者の責任とは、**他人の行為による責任**という点で共通しますが、使用者責任は被用者（従業員等）の行為による責任であり、会社法350条は代表者の行為による責任です。両規定とも他人を自己の利益のために使用し経済活動の領域を拡大しているのであるから、そのような活動により他人に与えた損害については、使用している者にその責任を負わせるのが公平であるとする**報償責任**の考え方に基づきます。このように、両規定は、他人の行為による会社・使用者の責任という点で共通し、帰責の根拠を報償責任とする点も共通しており、**同様の法的効果を持つ**と

考えられています。そこで、会社法350条の解釈には、民法715条の解釈論を使うことができると解されるので、両責任の関係性を考えましょう。

次に、取締役等が負うことになる責任について考えますが、民法709条の責任を負うことは前述のとおりです。さらに、会社法429条1項では、「役員等がその職務を行うについて悪意又は重大な過失があったときは、当該役員等は、これによって第三者に生じた損害を賠償する責任を負う」と定められ、**取締役等の第三者に対する損害賠償責任**が定められています。取締役等がその任務に違反した場合には、**本来的には会社に対する関係で責任を負うにすぎない**のですが、その結果、株主や会社債権者が損害を受ける場合を想定し、取締役等に会社以外の第三者に対する特別の責任を認めているのです。この責任は、判例上、民法の一般的な不法行為責任（民709条）と異なる**特別の法定責任**とされています。

そこで、本章においては、取締役等の責任について、会社法429条1項の制度趣旨から、法定責任であると解されている理由を考えることにします。まず、被害者である第三者は、**取締役等の任務懈怠**についての**取締役等の悪意・重過失を証明すればよい**とされています。この点、被害者自身に対する加害について故意または過失の証明をしなければならないとする民法の不法行為責任と異なります。この任務懈怠に対する悪意・重過失とされている理由を考えてみましょう。次に、取締役等による被害者である第三者に対する責任は、取締役等の任務懈怠と第三者の損害の間に**相当因果関係**がある限り、取締役等の任務懈怠によって第三者が直接に被る損害である**直接損害**と、取締役等の任務懈怠によって会社が損害を被り、その結果、第三者も被る損害である**間接損害**を問わず、賠償の対象になるとされています。この会社法で用いられている「直接損害」と「間接損害」の概念は、会社法の法文上にはなく、わが国の法律では規定がない特殊な概念です。そもそも、民法では、不法行為責任の相当因果関係のルールとされている民法416条では通常生ずべき損害である**通常損害**（同条1項）および特別な事情によって生じた損害である**特別損害**（同条2項）という概念を用いて賠償の範囲を限定しています。そこで、直接損害および間接損害の意味と民法416条の通常損害および特別損害との違いについて、また、それらの損害概念の関係について、検討しましょう。

❶ 代表者の行為についての損害賠償責任

(1) 民法 715 条の使用者責任と会社法 350 条の会社の損害賠償責任の関係

　従業員や取締役等（なお、会社法上、「役員」とは取締役、会計参与および監査役を意味し、「役員等」には、これらに加えて、執行役および会計監査人が含まれる）の会社の被用者が、詐欺的取引行為、不適切な経営活動などを行い、利害関係者が損害を被った場合、民法上、従業員や取締役等の行為が**民法 709 条の不法行為**の要件を満たせば、その利害関係者に対して損害賠償責任を負うことになる。そして、従業員や取締役等が同条に基づき損害賠償責任を負うことを前提として、会社には、「ある事業のために他人を使用する者は、被用者がその事業の執行について第三者に加えた損害を賠償する責任を負う」と定める**民法 715 条の使用者責任**が適用され、会社は損害賠償責任を負うことになる。

　他方、従業員や取締役等ではない代表者の行為については、会社法 350 条の会社の損害賠償責任の規定が設けられており、「株式会社は、代表取締役その他の代表者がその職務を行うについて第三者に加えた損害を賠償する責任を負う」と定められている。この会社の責任の成立にも、代表取締役が民法 709 条の不法行為責任を負うことが必要であると解されている（最判昭和 49・2・28 判時 735 号 97 頁）。

　民法 715 条と会社法 350 条の責任の前提として、被用者や代表者に民法 709 条の不法行為責任が成立することが必要であるとされていることから、会社法 350 条の会社の損害賠償責任を検討する前提として、さらには、本章の次の検討事項である、取締役等の第三者に対する責任を規定する会社法 429 条の理解の前提として、**民法 709 条の不法行為責任の内容**を検討しよう。

(2) 民法における不法行為

(a) 不法行為責任の要件

　まず、民法 709 条の不法行為責任の要件を整理すると以下のようになる。
① 故意または過失（帰責事由）のある加害行為
② 他人の権利または法律上保護される利益の侵害（権利侵害または利益侵害）
③ 損害の発生（損害額）
④ 権利侵害または利益侵害と損害発生の間の因果関係（相当因果関係）

これらの詳細については不法行為法の教科書に譲り、不法行為責任の成立要件の重要な点をここでは検討していこう。

(b) 過失概念

「過失」概念については、契約法でも問題となることから、第9章と多少重複する部分もあるが、重要なので簡単に説明しておく。

「過失」については**主観的過失論**（過失につき加害者が不注意であったという心理状態を意味すると考える）と**客観的過失論**（過失につき社会的にしてはならないことをしたという行為義務違反を意味すると考える〔現在の通説〕）の議論があるが、どちらの立場でも、通常、過失の内容を、**結果の予見**（予見可能性・予見義務）と**結果の回避**（回避可能性・回避義務）との二つの要素に分ける。

そして、過失を注意義務（予見義務・回避義務）違反と捉えるとして、次に、**誰を基準として注意義務の水準を考えるのか**という問題がある。ここできちんと理解しておく必要があるのは、**①過失の内容と②それを判断する義務の水準の区別**である。上で述べた結果の予見と結果の回避の義務が過失の内容であり、それを判断する義務の水準により、伝統的に過失概念は、抽象的過失と具体的過失に区分されている。**抽象的過失**とは、一般人・通常人を基準とした注意義務を怠ったことである。民法上、抽象的過失に関する注意義務の基準として「善良な管理者の注意」（**善管注意義務**）という用語が用いられている。他方、**具体的過失**とは、抽象的過失を軽減するための概念であり、行為者当人の能力を基準とした注意義務を怠ったことである（民659条・827条・918条1項本文）。しかし、不法行為法で問題となるのは、抽象的過失であり**具体的過失は問題とされない**ことに注意をしよう。

(c) 権利侵害または利益侵害

2004（平成16）年改正前の民法では、709条は「故意又ハ過失ニ因リテ他人ノ権利ヲ侵害シタル者ハ之ニ因リテ生シタル損害ヲ賠償スル責ニ任ス」と規定されていた。ここでは「権利侵害」のみが不法行為成立の要件となっており、「権利」の意味内容について議論がなされていたが、判例・通説とも、この「権利」について、①法律上「権利」と規定されているもの（厳密な意味での権利）と②不法行為により保護されるべき利益をあわせて、民法709条の「権利」の意味・外延としていた。このことから、現行民法では「故意又は過失によって他人の『権利又は法律上保護される利益』を侵害した者は、これによって生じた損害を賠償する責任を負う」

とされている。

ただ、権利侵害または法律上保護される利益の侵害そのものが、一般には、「違法」と評価されるものであり、不法行為とされるには違法でなければならないことに間違いはなく、民法は、違法と評価されるべき行為を「権利侵害」という用語で表した（「違法な行為」の徴表）とされ、「権利又は法律上保護される利益」は**「違法性」と解釈されている**（条文の文理からは、はずれている）。

(d) 損害

不法行為法の趣旨・目的は損害の賠償であることから「損害」の発生がその要件であり、民法709条は要件として、「損害が発生したこと」と規定している。判例・通説は、この損害を金銭で表わされるものと捉え、不法行為がなければ被害者が置かれているであろう財産状態（仮定的財産状態）と、不法行為があったために被害者が置かれている財産状態（現実的財産状態）との差額であるとしている（**差額説**）。そして、損害は、財産が積極的に減少し、または財産を支出した場合（**積極的損害**）か、あるいは、増えるべきものが増えなかったとか、入るべき収入が入らなかったというような場合（**消極的損害・得べかりし利益〔逸失利益〕**）かは問われず、財産的不利益（**財産的損害**）か精神的苦痛・不利益（**精神的損害・非財産的損害**）かをも問われるものでもない。

(e) 因果関係

㋐ 帰責性と事実的因果関係

民法の規定は、故意・過失行為→権利侵害・利益侵害→損害という流れの因果を規定している。このような因果関係を**相当因果関係**という。この相当因果関係という用語は、①「相当」＋②「因果関係」というように分けて表現すると、②の事実的因果関係（**条件的因果関係**）の部分と①の**帰責相当性判断**という二種類の要素に分けられることがわかるだろう。

一般的には、「加害行為なかりせば結果なし」（あれなければこれなし）という**条件関係**があった場合に、不法行為における事実的因果関係が肯定される。不法行為法は、被害者の救済（被害者の損害の補填）を基本にしたうえで、損害を**故意・過失ある者にその帰責性の程度に基づき分担させる制度**であるから、損害賠償は、社会的にみて公平かつ妥当と評価されうる範囲（合理的な範囲）に限定して加害者に責任を負担させるべきものである。ゆえに、帰責相当性判断においては、事実的因果関係を前提とし、それに法的判断を加えることにより、加害者に対して損害賠償責任を負わ

民法 416 条の損害賠償の範囲

基礎事情＼損害	事実的因果関係（有） 通常生すべき損害	異例な損害	（無）
(i) 通常の事情	(a) ○	(b) ×	×
(ii) 特別の事情 　予　有 　予　無	(a) ○ (b) ×	(c) ×	

予有 ／予無 ｝予見可能性の有無　　○＝賠償対象　×＝賠償対象外

（米倉明『プレップ民法』111頁〔弘文堂、第4版増補版、2009年〕から引用）

せることが適当か否かという判断（**賠償範囲の限定判断**）が行われる。しかし、民法の不法行為規定は、どのような基準でこれを行うべきかについて、債務不履行の損害賠償（民416条）とは異なり、**何も定めていない**。

(イ)　帰責相当性判断の内容

　不法行為法独自の帰責相当性の判断をすべきであるとする有力説があるが、現在の判例・通説的見解は、賠償されるべき範囲は、加害行為と相当因果関係のある損害であるところ、民法416条は相当因果関係を定める規定であることから、**民法416条**（この内容については上の表を参照）**を類推適用**するとしている。

　まず、類推適用される民法416条1項は、相当因果関係の原則（債務不履行と相当な因果関係がある損害だけを賠償範囲とする原則）を宣言したものであり、同条2項は、その相当性の判断の基礎となる特別事情の範囲を、債務不履行時に予見可能なものに限定することを示すものであるとする。これらの類推適用の結果として、**不法行為の損害賠償の範囲**は、その不法行為から**通常生ずべき損害**となるのを原則とし、特別の事情によって生じた損害であっても、**加害者がその事情につき予見または予見可能性があった場合**には、**例外的に賠償範囲**とされることになる。

　以上が民法709条の要件の概略である。代表者が職務執行につき不法行為責任の要件を満たした場合に、**会社法350条の適用**が問題となる。次に、会社法350条の検討に進もう。

(3) 代表者の行為についての損害賠償責任と使用者責任
(a) 報償責任の原理

　会社法350条では、「株式会社は、代表取締役その他の代表者がその職務を行うについて第三者に加えた損害を賠償する責任を負う」とされている。すでに説明をしたように、本条の責任の成立には、代表取締役その他の代表者がその職務を行うにつき民法709条の不法行為責任を負うことが必要であり、会社は、代表者が不法行為責任を負うことによって初めて責任を負う。**一次的には代表者が第三者に責任を負う**ものであるが、代表者の無資力の場合等を考えれば明らかなとおり、第三者が必ずしも保護されるとは限らないことから、本条は第三者の保護を強化した規定である。また、法人である株式会社の活動は、代表者によるほかなく、その行為によって他人に加えた損害については、**会社自身も責任を負うものとすることが公平**であるとの見地から定められている。この責任は、利益の帰するところ損失もまた帰するという**報償責任の原理**に基づくものである。

　この会社法350条の責任と近い責任類型として**民法715条の使用者責任**があり、同条1項は、「ある事業のために他人を使用する者は、被用者がその事業の執行について第三者に加えた損害を賠償する責任を負う。ただし、使用者が被用者の選任及びその事業の監督について相当の注意をしたとき、又は相当の注意をしても損害が生ずべきであったときは、この限りでない」とする。つまり、被用者が事業の執行について第三者に対し（不法行為による）損害を加えたときは、使用者が選任監督上の過失がないことの立証をしない限り、使用者はその損害を（被用者と連帯して）賠償しなければならないとするものである（立証責任が使用者に転換されていることから、使用者責任は、民法709条の不法行為より責任が加重された**中間責任**といわれている）。この責任も**報償責任の原理**に基づく。

　もっとも、報償責任を根拠に判例・通説は、被用者の選任監督上の無過失を容易に認めるべきではないとし、**使用者責任は事実上無過失責任**となっている。他方、会社法350条では、代表者が不法行為責任を負う場合には、会社は、その選任監督上の過失の有無を問わず、本条の責任を負うことになり、会社法350条の責任は、**会社そのものの「過失」を問題としない**。

　以上のように、会社法350条の責任と民法715条の使用者責任は、他人の行為による責任という点で共通し、また、帰責の根拠を報償責任とする点も共通し、**同様の法的効果を持つ**と考えられている。そこで、会社法

350条の解釈論は**民法715条の解釈論と基本的にはパラレル**に考えることができる。以下では、会社法350条の責任について特に問題となる要件のみ確認しよう。

(b) 事業執行性

民法715条1項本文では、被用者は、「事業の執行について」生じた損害について賠償責任を負うとしている（以下「事業執行性」とする）。この点、民法715条の根拠である報償責任の観点からは、被用者の使用によって使用者の活動領域が客観的に認められる範囲における被用者の行為は、その事業の執行についてなされたものと解すべきとし、行為の外形を標準とする**外形理論（外形標準説）**が判例上採用されている。

もっとも、取引が行われる場合で被用者がその権限を逸脱した、また権限を濫用したというような**取引的不法行為**の場合と、事業の執行との関係性が微妙な**事実的不法行為**（被用者の暴力行為、けんか、交通事故等）に分けて議論され、**事実的不法行為に外形理論が適合的か**という議論がある。会社法350条も、使用者責任と同質の責任といえることから、この使用者責任の議論とパラレルに考えることができる。すなわち、会社法350条の「その職務を行うについて」は、判例・通説は外形理論に立っており、代表者の行為が外形からみてその職務に属すると認められる場合であるとされている。そして、会社法350条において問題となる場合が多いと考えられる**取引的不法行為**について、**第三者が代表者の当該行為がその職務に属さないことにつき悪意・重過失がある場合**には、**会社は責任を負わない**ものと考えられている（最判昭和44・11・21民集23巻11号2097頁、最判昭和50・7・14民集29巻6号1012頁等）。第4章で説明した権利外観法理におけるのと同様に、このような第三者は、外形に対する正当な信頼がなく、保護に値しないからである。

(c) 求償権の行使

民法715条3項では、使用者が被用者に代わって損害を賠償した場合、「使用者又は監督者から被用者に対する求償権の行使を妨げない」とされている。ただ、判例は、損害の公平な分担の原理から、信義則上相当な限度で求償権の行使を制限する（最判昭和51・7・8民集30巻7号689頁）。

他方、会社法350条では会社からの求償権の行使を妨げない旨の定めはないが、同条が民法715条と同趣旨の規定であることからすれば、求償権の行使を否定する必要はなく、求償が可能であるとされている。この場合の求償権の根拠については議論がありうるが、代表者の会社に対する善管

注意義務・忠実義務違反による損害賠償責任と考えうる（会423条1項）。

② 取締役の第三者に対する責任と不法行為責任との関係

(1) はじめに

　会社法350条も民法715条も、代表者や被用者が第三者に不法行為責任を負う場合に、会社にも重ねて責任を負わせる規定である。では、第三者が、取締役等に対して、その個人責任を追及するにはどうするか。民法の一般原則からすれば、民法709条の不法行為責任を追及することが考えられる。しかし、会社法では、第三者を保護するために、民法709条とは別に、429条1項において、「役員等がその職務を行うについて悪意又は重大な過失があったときは、当該役員等は、これによって第三者に生じた損害を賠償する責任を負う」として、**役員等の第三者に対する損害賠償責任**を定めている（以下「対第三者責任」と呼ぶ）。以下では、役員等の中心である取締役の責任として説明する。

　この会社法429条1項の前身の規定である改正前商法266条ノ3第1項は、財産的基盤の弱い小規模会社が倒産した場合に、**会社の無資力により弁済を受けられなかった会社債権者等**の倒産会社の取締役の損害賠償責任を追及するために用いられることが多く、改正前商法の規定の中でも裁判実務上最も使用頻度の高い規定の一つであった。具体的に問題となる事例は、**間接損害の事例と直接損害の事例に分けて考えられてきた**。**間接損害**の事例は、取締役の任務懈怠によって会社が損害を被り、その結果、第三者も損害を被った事例である。例えば、回収見込みのないことを知りつつ行われた貸付けなど、不適切な業務執行によって、会社が損害を被り、そのため会社が倒産して会社債権者が債権を回収できなくなった場合である。他方、**直接損害**の事例は、取締役の任務懈怠によって第三者が直接に損害を被った事例である。例えば、取締役が、代金支払義務の履行の見込みがないのに会社を代表して契約を締結し、その相手方が会社の不履行によって損害を被った場合である。

　具体的には以上のような事例に適用されてきたのであるが、改正前商法266条ノ3第1項は、その文言が抽象的であることから、同規定による取締役の対第三者責任と不法行為責任の関係性が議論され、また、同規定の趣旨や適用の要件について見解の対立を生み出してきた。一つは、第三者保護のために債務不履行責任（会423条1項による責任）の特則として特別の法定責任を認めたものであるとする考え方（**法定責任説**＝判例・多数説）

であり、もう一つが、取締役の第三者に対する責任を一般の不法行為責任よりも軽減するための規定として民法709条の不法行為責任の特則とする考え方（**特殊不法行為責任説＝少数説**）である。以下、会社法429条1項の対第三者責任の法的性質の判例・多数説の立場を確認しておこう。

(2) **対第三者責任の法的性質・要件**

まず、対第三者責任の法的性質とその要件について確認しておこう。

最大判昭和44・11・26（民集23巻11号2150頁。以下「昭和44年大法廷判決」）において、会社法429条1項の前身規定である改正前商法266条ノ3第1項に関する種々の論点について、最高裁は正面からその立場を明らかにした。昭和44年大法廷判決の理解は、以下の①②③のようにまとめることができる。

① 対第三者責任の性質は、不法行為責任ではなく、第三者を保護するために定められた特別の法定責任であり、第三者が役員等の不法行為責任を追及することも妨げられない。

② 第三者は、任務懈怠についての役員等の悪意・重過失を証明すればよく、自己に対する加害について悪意・重過失を証明するまでもない。

③ 役員等の任務懈怠と第三者の損害の間に相当因果関係がある限り、間接損害・直接損害いずれについても、役員等は責任を負う。

このように、会社の取締役が委任（任用）契約上の任務に違反した場合（任務懈怠の場合）には、**本来的には会社に対する関係で債務不履行責任を負うにすぎないはず**であるが、この会社法429条1項の対第三者責任は、その債務不履行責任の結果、株主や会社債権者が損害を受ける場合を想定し、会社に対する債務不履行責任と第三者に対する不法行為責任とは別に、**会社以外の第三者に対する特別の責任**を認めたものである。本判例から、対第三者責任の要件をまとめると以下のとおりになる。

① 取締役としての当該会社の任務を懈怠したこと（任務懈怠）
② ①についての取締役の悪意または重過失
③ 第三者である原告の損害の発生およびその額（損害の額）
④ 任務懈怠（①）と損害発生（③）の間の因果関係（相当因果関係）

他方、すでに説明をした民法709条の不法行為責任の要件は以下のようになる。

① 故意または過失（帰責事由）のある加害行為
② 他人の権利または法律上保護される利益の侵害（権利侵害または利

益侵害）
③　損害の発生（損害額）
④　権利侵害または利益侵害と損害発生の間の因果関係（相当因果関係）

　以上のように、対第三者責任と不法行為責任の要件を比べると、いくつか検討しなければならない点がある。一つ目は、不法行為責任における帰責事由のある加害行為に対応する**対第三者責任における「任務懈怠」とは何か**。二つ目は、対第三者責任では、不法行為責任における故意・過失と異なり、**なぜ悪意・重過失が主観的要件とされているのか**、また、これらの行為の主観的要件が向けられている対象に関して、不法行為では、故意または過失は権利侵害・損害に向けられたものでなければならないが、**なぜ、対第三者責任では悪意または重過失は任務懈怠に対するものでよいのか**。最後に、民法の一般原則では相当因果関係（民416条）によって賠償の範囲が確定されるものであるが、**民法416条は、対第三者責任の場合の直接損害・間接損害という概念とどのような関係にあるのか**、という点である。以下、順に検討していこう。

(3)　任務懈怠

　会社法429条1項における「職務を行うについて」という文言に関し、その職務の懈怠を、一般的に**任務懈怠**と呼ぶ。この任務懈怠の意義について考えてみよう。この問題は、同じく任務懈怠が成立要件とされている会社法423条の役員等の会社に対する損害賠償責任（条文の文言は「その任務を怠ったとき」）で主に議論されている問題でもある。

　第9章で説明をしたが、取締役を含む役員と株式会社との間には**委任契約関係があり**（会330条参照）、民法上、委任契約の受任者は善管注意義務（民644条）を負うため、受任者である取締役は**会社に対して善管注意義務を負う**ことになる。委任契約における善管注意義務とは、受任者が負うとされる「善良な管理者の注意」によって内容が確定された**委任事務処理義務という行為義務**（債務）を意味するため、これを取締役に置き換えると、取締役はその会社の規模・業種・経営状況等の客観的条件により一般に要求される注意をもって合理的に職務を遂行するということを内容とする委任事務処理義務を負うということになる。

　ただ、取締役の任務には、当事者間の委任（任用）契約による「意思に基づいて」発生する善管注意義務（委任事務処理義務）の問題とは別に、**当事者の「意思に基づかない」ものとして会社法を含む法律の規定により当然に生ずる任務・義務**がある。そこで、任務懈怠の内容は、義務の発生

の根拠について「当事者の意思」の有無を基準として、①委任契約において「意思に基づき」発生する「善良な管理者の注意」によって内容が確定された**委任事務処理義務という行為義務（善管注意義務）違反**、そして、②「意思に基づかない」法律の規定により当然に生ずる**取締役の任務・義務の違反**、の二つを観念することができる（いわゆる二元説）。

そして、この二つの取締役の義務は、**会社法の強行法規としての性質**から、取締役と会社間の特約によって**免除や軽減することはできない**。すなわち、民法によって受任者に課せられる善管注意義務（民644条）が会社法330条を通じて会社法上の法定義務とされ、この会社法330条は忠実義務を定めた同法355条により強行法規性を有するため、取締役と会社との間の具体的な契約の内容にかかわらず、取締役は法定の一般義務としてその職務内容に応じた善管注意義務を負うべきとされるのである。なお、任務懈怠に基づく損害賠償義務の免責は、会社法424条等により免除を認める個別規定がある場合には許容されている。

以上をまとめると、まず、①当事者間の委任契約において「意思に基づき」発生する取締役の委任事務処理義務という行為義務の内容（善管注意義務）が確定され、その義務違反がある場合には任務懈怠であると判断されることになる。他方、取締役・会社間の契約によって生じるものではない、②当事者の「意思に基づかない」法定の任務・義務については、取締役の行為が客観的に法律上の要件を満たさない場合にはそれを違法と評価せざるを得ないため、具体的な立証を要しないで任務懈怠と判断されることになる。端的にいえば、法令違反が問題とならない場合には、民法の委任契約における善管注意義務違反の議論と同様に、委任事務処理義務という行為義務の違反があるか否かで任務懈怠の有無が判断されることになり、法令違反が問題となる場合には、法令に違反したという事実のみから任務懈怠とされるのである。

このように、「任務懈怠」は、文言の抽象性ゆえ解釈が難しいが、**民法の委任契約における善管注意義務違反よりも若干広い意味で使われている**ことを覚えておいてほしい。次頁のマトリックスは、任務懈怠に関する上記の議論をまとめたものである。

(4) **任務懈怠における悪意・重過失**

(a) 悪意・重過失の対象としての任務懈怠

民法709条の不法行為責任は、「故意又は過失」（帰責事由）のある加害行為により、権利侵害または利益侵害がされ、この侵害と損害発生の間の

取締役の任務懈怠の整理

	債務の種類	関係条文の強行法規性	任務懈怠の判断
取締役の任務	【意思に基づく義務】委任（任用）契約による委任事務処理義務（善管注意義務）※手段債務	・委任事務処理義務（善管注意義務）の免除・軽減ができない（会330条、民664条、会355条「忠実義務」）	【原告（第三者）】委任（任用）契約に基づき取締役に発生する委任事務処理義務（善管注意義務）違反の主張・立証【被告（取締役）】無過失の評価障害事実＝その職務を行うについて注意を怠らなかったこと※主張・立証の対象である、善管注意義務違反と過失の内容は重複している。
	【意思に基づかない義務】法令上の義務	法令上の義務を免除することができない（会330条、民644条、会355条「法令遵守義務」）	【原告（第三者）】取締役の法令上の義務違反を主張・立証【被告（取締役）】無過失の抗弁＝法令違反であることについて認識できなかったこと

因果関係が必要であるから、**故意または過失は権利侵害・損害に向けられたものでなければならない**。そこで、対第三者責任を不法行為責任と同質の責任とすれば、**悪意・重過失は対第三者に対する加害について必要となるはず**である。しかし、会社法429条1項は「その職務を行うについて悪意又は重大な過失があったとき」として**悪意・重過失の対象を任務懈怠**としており、昭和44年大法廷判決は、悪意・重過失の対象が任務懈怠とされている理由につき、対第三者責任を不法行為責任とは異なる**第三者保護のための特別の法定責任**であることに求めている。さらに、判例と同じく法定責任説を採用する見解の中では、株式会社の圧倒的多数が小規模閉鎖的な会社であり、会社が破綻した時に濫用的経営を行った経営者の会社債

権者への責任が対第三者責任として問題になることを前提とし、濫用的な経営が行われていたことを問題とするために任務懈怠に対する悪意・重過失が必要となると説明するものもある。

(b)　悪意・重過失とは何か

会社法429条の対第三者責任は「**悪意又は重過失**」を、そして民法709条の不法行為責任は「**故意又は過失**」を主観的要件としており、両者には違いがある。「悪意又は重過失」を主観的要件とする条文はめずらしく、緊急事務管理を定める民法698条、指図債権の債務者の調査等を定める民法470条、そして運送人の債務不履行責任を定める商法581条でみられる程度である。

そもそも、**悪意**とは、ある事実を知っているという意味であり、道徳的な意味での善悪とは関係がない。ただ、民法上、例外的に悪意が倫理的要素を含む場合があり（離婚原因を定める民法770条1項2号および離縁原因を定める民法814条1項1号）、このように日常用語的な意味を包含する場合には、不正に他人を害する意思という意味で**害意**と呼ばれることもある。「悪意又は重過失」を主観的要件とする緊急事務管理（管理者が、本人の身体、名誉または財産に対する急迫の危害を免れさせるために事務管理をした場合）を定める民法698条、運送人の債務不履行責任を定める商法581条の悪意も、例外的に、被管理者など本人を害する意思を意味すると解されている。

そこで、同様に規定される対第三者責任における「悪意」も、取締役の会社を害する意思と考えることもできるが、対第三者責任における「悪意」の一般的説明はほとんど議論されていない。一般的には、通常用いられる「悪意」と同じように、会社に対する任務懈怠であることを知っていること、また、重過失については、任務懈怠に当たることを知るべきなのに、著しく注意を欠いたためにそれを知らなかったことを意味するものと考えてよい。

(5)　損害賠償の範囲

(a)　直接・間接損害と通常・特別損害

昭和44年大法廷判決は、役員等の任務懈怠と第三者の損害の間に相当因果関係がある限り、**直接損害**（役員等の任務懈怠によって第三者が直接に損害を被った事例における損害）・**間接損害**（役員等の任務懈怠によって会社が損害を被り、その結果、第三者も損害を被った事例における損害）**いずれについても責任を負う**としており、賠償の範囲は**任務懈怠との相当因果関係**

によって画定されることを明らかにしている。ただ、直接損害・間接損害の概念は、わが国の法律では定めがない**特殊な概念**である。そこで、直接損害と間接損害の意味内容と、不法行為責任の損害賠償責任の範囲を画定するにあたっても類推されている民法416条の通常損害および特別損害との違いについて検討する。

(b) 民法416条による損害賠償の範囲

すでに説明をしたように、民法709条の要件として、「損害が発生したこと」が必要とされている。判例・通説は、この損害を金銭で表わされるものと捉え、不法行為がなければ被害者が置かれているであろう財産状態（仮定的財産状態）と、不法行為があったために被害者が置かれている財産状態（現実的財産状態）との差額であるとしている（**差額説**）。そして、現在の判例・通説的見解は、賠償されるべき範囲は、加害行為と相当因果関係のある損害であるところ、民法416条は相当因果関係を定める規定であることから、**民法416条を類推適用**することとしている。類推適用の結果として、不法行為の損害賠償の範囲は、その不法行為から通常生ずべき損害（**通常損害**）となるのを原則とし、特別の事情によって生じた損害であっても、加害者がその事情につき予見または予見可能性があった場合（**特別損害**）には、**例外的に賠償範囲とされる**ことになる。

(c) 直接損害・間接損害

㋐ 民法における直接損害・間接損害

直接損害と間接損害はフランス法の概念である。**直接損害**は、侵害された財貨に惹起された不利な変動（権利または被保護利益の損害そのもの）であり、**間接損害**は被害者に対する直接損害以外の不利な結果で、侵害自体の発生後に期待される収益の減少や経済的損失のための付加的になされた出費など被害者の財産に生じている損害を意味している。フランス法では、直接損害は賠償の対象となるが、間接損害は賠償の範囲に含まれないとされ、直接損害と間接損害の問題は、因果関係の限界（賠償範囲の画定）の問題として位置づけられている。しかし、民法の立法者は、直接損害と間接損害の区別は不明確であるとして、これらの概念を採用せず、通常損害・特別損害の考え方（民416条）を採用した。実務上は、被害者に直接生じた損害を直接損害、そこから派生した損害を間接損害とし、損害賠償の範囲を直接損害の範囲に限定する旨の契約条項がよく用いられ、実務上の重要性は高い概念である。

他方、わが国における不法行為法の議論として、損害賠償請求権者の範

直接損害・間接損害の構造

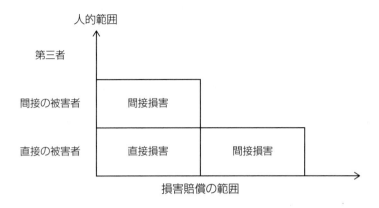

囲の問題（**主体の問題**）として直接損害と間接損害という用語が使われる場面がある。これは、不法行為により、直接の被害者以外の第三者に財産的・非財産的損害が波及して生ずる場合、この場合の第三者を**間接被害者**と呼び、この間接被害者に生じた損害を**間接損害**と呼び、損害賠償の範囲または損害賠償請求権者の**拡大の問題**として議論されている。

　以上の説明で注意してほしいことは、直接損害・間接損害の概念は、まず、直接の被害者が被った損害のうちどの範囲までが賠償の対象とされるのかという捉え方（**直接の被害者の損害についての直接損害と間接損害の区別**）があり、ほかに、直接の被害者が被った損害を直接損害とし、そこから直接の被害者以外の第三者（間接被害者）に生じた損害を間接損害と区別する捉え方（**人的範囲による区別**）があることである。また、後者の捉え方に関連して、その間接被害者が自ら損害賠償請求をすることができるかという**損害賠償請求権の主体の人的範囲の問題**として議論されることもあるという点である（なお、損害賠償請求権の主体を拡大している民法上の明文の規定として、民法711条の近親者の慰謝料請求権がある）。

　このように、民法上、直接損害・間接損害の用語はいくつかの意味で使用されるが、**民法における損害賠償義務の範囲は、基本的には民法416条の相当因果関係による損害賠償の範囲（通常損害・特別損害）の問題**として処理され、**直接損害と間接損害の概念は用いられていない**のである。

(イ)　対第三者責任における直接損害・間接損害

　それでは、会社法429条1項における対第三者責任の直接損害・間接損

害について考えてみよう。

対第三者責任においては、いくつかの会社法上の学説があるものの、一般的には、直接第三者が損害を被った場合が**直接損害**、そして会社が損害を被った結果、ひいて第三者に損害を生じた場合が**間接損害**と考えられている。この点、最高裁は、民法における民法416条の損害賠償の範囲（相当因果関係＝通常損害と特別損害）の原則の中で処理をしており、会社が直接被害者となり、第三者が間接被害者となった場合、そして、第三者が直接被害者となった場合を問うことなく、会社法429条1項の対第三者責任の対象としている。

判例は以上のとおりであるが、多くの学説は、損害賠償の範囲や因果関係の問題の関係で、直接損害と間接損害を区別して議論をしている状況である。具体的な議論の詳細は会社法の教科書に譲るが、**直接損害と間接損害の意義は民法上の概念として確定していない**ことから、会社法上いくつもの学説が生じているので、注意しながら勉強をしてもらいたい。

❸ 取締役の第三者に対する責任と債務（契約）不履行責任との関係

(1) はじめに

❷で、対第三者責任の損害賠償の範囲と不法行為責任の損害賠償の範囲について検討した。もっとも、対第三者責任の要件である取締役の任務懈怠は、取締役の会社に対する委任（任用）契約の債務不履行（民415条）を意味するため、**対第三者責任と債務不履行責任との関係**も問題となる。

この点、すでに説明したように、取締役の会社に対する任務懈怠責任を定める会社法423条と同様に、会社法429条1項についても、取締役には、会社間の委任契約に基づく事務処理義務（民644条）だけでなく、当事者の意思に基づかず取締役が法律上当然に生じる任務が生ずることを前提としているものであり、会社法429条1項の対第三者責任は、第三者保護のために**民法415条の債務不履行責任の特則**として**特別の法定責任**を認めたものであると考えうる。債務不履行責任の特則と捉えた場合、会社法429条1項の第三者責任は、委任契約の当事者である会社との債務（契約）不履行責任にとどまらず、第三者に対する責任を認める点で、民法で議論される**契約の第三者保護効**の問題として捉えることができる。

(2) 民法における「契約の第三者保護効」の議論

契約の相対効によれば、契約の効力は契約当事者以外の第三者には及ばない。そこで、債務者が、債務の履行過程で債権者（契約当事者）以外の

契約責任の構造

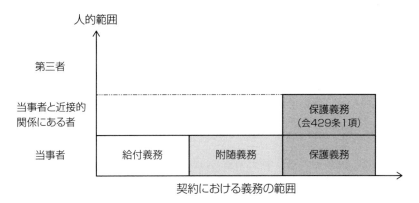

　第三者の利益を害した場合には、第三者は不法行為責任の追及はできるものの、債務（契約）不履行を理由に損害賠償請求ができないことが原則である。しかし、債務者が相手方である債権者の生命・身体・財産的諸利益を侵害してはならないという契約上の保護義務を負い、さらに契約当事者のみならず契約周辺に存在する一定の第三者に対しても保護義務を負うものとして、第三者に対する保護義務違反を理由に、その**第三者は債務不履行責任を問えないのか**、という問題がある。これが、**契約の第三者保護効**の問題である。

　そもそも、**保護義務とは民法に明文の規定がない概念**であるが、現在多くの学説が承認する概念である。**保護義務**は、保持利益ないし安全性利益（相手方の生命・侵害・所有権その他の財産的利益）を保護する義務であり、債権者・債務者間において相互に、相手方の生命・身体・所有権その他財産権を侵害しないよう配慮すべき信義則上認められる注意義務のことである。このような保護義務の対象につき、契約の相手方に加えて、相手方と一定の近接的関係にある第三者にまで認める場合、契約の第三者保護効を肯定するということになる。近時、民法学の多数説は契約の第三者保護効を認めている。

(3)　**契約の第三者保護効と対第三者責任との関係**

　会社法429条1項の対第三者責任では、取締役の会社に対する委任（任用）契約上の債務（契約）不履行により第三者に損害が生じた場合に、取締役が第三者に対して負う保護義務の範囲や具体的内容を問題とする必要

がないことになる。契約の第三者保護効を認める多数説を前提にすれば、会社法429条1項につき、第三者を保護するために「契約の第三者保護効」を法定責任として認めた規定と理解することも可能であると考えられる。

【参考文献】

不法行為の一般的要件について　　金井・知財213-222頁

会社法350条の代表者の責任について　　逐条(4)392-396頁〔稲葉威雄〕＊民法715条の使用者責任との関係について記述がなされており、参考になる。／コンメ(8)22-25頁〔落合誠一〕

使用者責任について　　野澤・債権法Ⅲ228-245頁／潮見・不法行為Ⅱ2-67頁／藤岡康広『民法講義Ⅴ　不法行為法』316-343頁（信山社、2013）

昭和44年大法廷判決と学説について　　洲崎博史「判批」会社法百選146-147頁／基本コンメ(2)382-389頁〔三原園子〕＊会社法429条に関する現在の学説状況が論点ごとに簡略に整理されているので参考になる。／コンメ(9)337-419頁〔吉原和志〕＊会社法429条の問題について網羅的に説明がなされているものである。／片木晴彦「取締役の第三者に対する責任と不法行為責任」潮見＝片木14-17頁／中原太郎「取締役の第三者に対する責任と不法行為責任」潮見＝片木10-13頁

任務懈怠について　　潮見佳男「民法からみた取締役の義務と責任──取締役の対会社責任の構造」商事1740号32-42頁（2005）＊任務懈怠と過失（善管注意義務違反）の関係について、民法学の立場から精緻な検討がなされており大変参考になる。／大隅ほか・概説233-236頁＊任務懈怠の内容につき、いわゆる一元説と二元説の対立の問題を含めて、詳細かつ明快な説明がなされている。／コンメ(9)236-239頁〔森本滋〕

会社法330条と355条の強行法規性について　　コンメ(9)222頁〔森本〕＊会社法330条の強行法規性について。／コンメ(7)426頁〔近藤光男〕＊会社法355条の強行法規性について。／コンメ(8)60頁〔近藤〕＊会社法355条の強行法規性について。

悪意・重過失および過失について　　《会社法429条における悪意・重過失》塩田親文＝吉川義春『総合判例研究叢書商法(11)』76-78頁（有斐閣、1968）／上柳克郎＝鴻常夫＝竹内昭夫編『新版注釈会社法(6)』317-319頁〔龍田節〕（有斐閣、1987）／《民法における悪意・重過失》加藤・大系Ⅴ14-15頁／金井・知財214-215頁

損害と因果関係について　　金井・知財220-222頁

民法における直接損害・間接損害について　　林良平〔安永正昭補訂〕＝石田喜久雄＝高木多喜男『現代法律学全集8債権総論』136頁（青林書院、第3版、1996）／近江・講義Ⅵ122頁／近江・講義Ⅳ118頁／新注民(10)-2328-329頁〔北川善太郎＝潮見佳男〕／星野英一『民法概論Ⅲ（債権総論）』66-70頁（良書普及会、1978）

民法における間接被害者について　　内田貴『民法Ⅱ債権各論』466-470頁（有斐閣、第3版、2011）／潮見・債権各論Ⅱ83-86頁

会社法における直接損害・間接損害について　　コンメ(9)348-366頁〔吉原〕＊詳しい検討がなされているので参考にしてもらいたい。／基本コンメ(2)383-387頁〔三原〕／リークエ250-253頁〔伊藤靖史〕

契約の第三者保護効について　　田上富信「契約の第三者に対する効力」遠藤浩＝林良

平＝水本浩監修『現代契約法大系　第 1 巻　現代契約の法理(1)』103-124 頁（有斐閣、1983）／近江・講義Ⅴ 72-73 頁

●事項索引●

【あ】

相手方選択の自由……………………12

意思自治の原則………………………12
意思主義（権利移転の）……………21
意思能力………………………………68
意思の不存在（欠缺）………………19
委託販売……………………………199
逸失利益……………………………230
一身専属権…………………………150
一般的成立要件（契約の）…………16
委任契約の任意解除権……………195
委任事務処理義務…………………188
違法性………………………………230

営業譲渡……………………………152
営利企業……………………………203
　非――……………………………204
営利行為……………………………203
営利性…………………………………38
エストッペル（禁反言）…………101

【か】

外観主義………………………………41
会計監査人…………………………215
外形理論（外形標準説）…………233
解散会社……………………………155
開示主義………………………………45
会社…………………………………208
　公開――…………………………215
　合資――……………………221, 222
　合同――…………………………217
　合名――…………………………210
　大――……………………………215
　特例有限――……………………217
　非公開――………………………216
　持分――…………………………211
会社分割…………………………154, 158
海商……………………………………32

海上企業………………………………32
解除条件………………………………21
買取先指定請求……………………138
画一的取扱主義………………………40
確定期限………………………………21
確定日付……………………………139
瑕疵ある意思表示……………………19
瑕疵担保責任………………………178
過失…………………………………189
　具体的――………………………191
　抽象的――………………………189
過失責任の原則………………………13
合併…………………………………154
　吸収――…………………………155
　新設――…………………………155
株券発行会社………………………124
株券不発行会社……………………124
株式の債権化………………………118
株式移転………………………………5
株式会社……………………………213
株式買取請求権……………………175
株式交換………………………………4
株式債権説（株式）………………117
株式質………………………………123
株式譲渡……………………………135
　――自由の原則…………………131
株式引受契約…………………………61
株主総会決議の手続の瑕疵…………73
株主総会決議の内容の瑕疵…………73
株主総会決議の不存在………………74
株主総会決議の無効…………………74
株主の債権者化……………………118
株主有限責任の原則………………214
株主割当………………………………60
簡易迅速主義…………………………39
簡易迅速性……………………………39
監査役会……………………………215
間接責任……………………………212
間接損害……………………………239
間接取引………………………………82

246

完全無効 …………………………… 69

企業形態 …………………………… 203
企業組織法 ………………………… 34
企業取引法 ………………………… 34
企業の維持・強化 ………………… 44
期限 ………………………………… 21
　　確定—— …………………………… 21
　　不確定—— ………………………… 21
危険の分散と限定 ………………… 44
客観的過失論 ……………… 189, 229
客観的有効要件 …………………… 18
キャッシュ・アウト
　　（少数株主の締め出し）……… 172
吸収合併 …………………………… 155
吸収分割 …………………………… 158
　　——契約 ………………………… 158
狭義の営利 ………………………… 203
狭義の債務引受 …………………… 147
狭義の実質的意義の会社法 ……… 34
狭義の実質的意義の商法 ………… 34
競業取引 …………………………… 193
共同企業 …………………………… 203
共同事業性 ………………………… 219
共有 ………………………………… 120
　　——物の使用・管理 …………… 120
　　——物の処分 …………………… 120
禁反言の原則（法理）……… 42, 101, 109

具体的過失 ………………………… 191
組合
　　——型の団体 …………………… 205
　　——契約 ………………………… 207
　　——財産 ………………………… 208

経営者支配 ………………… 115, 215
形式的意義における商法
　　（狭義の形式的意義の商法）…… 32
形式的意義の会社法 ……………… 34
契約自由の原則 …………………… 10
契約譲渡 …………………………… 149
契約上の地位の移転 ……………… 149
契約上の地位の譲渡 ……………… 149
契約責任（債務不履行責任）説
　　（瑕疵担保責任）………………… 180

契約締結の自由 …………………… 12
契約内容の自由 …………………… 12
契約方式の自由 …………………… 12
顕名 ………………………………… 93
権利（資格）保護要件としての機能
　　（対抗要件）……………………… 23
権利外観法理 ……………………… 109
権利行使要件としての機能（対抗要件）… 23
権利質 ……………………………… 123
権利能力平等の原則 ……………… 8
権利の瑕疵に対する担保責任 …… 178

行為能力 …………………………… 68
行為法 ……………………………… 34
公開会社 …………………………… 215
効果帰属要件（契約の）…………… 19
効果不帰属 ………………………… 92
広義の営利 ………………………… 203
広義の形式的意義の商法 ………… 33
広義の実質的意義の会社法 ……… 34
広義の実質的意義の商法 ………… 34
合資会社 …………………… 221, 222
公示主義 …………………………… 41
合同会社 …………………………… 217
公募 ………………………………… 60
合名会社 …………………………… 210
合有 ………………………………… 209
効力発生要件（契約の）…………… 20
コーポレート・ガバナンス
　　（企業統治）……………………… 215
個人企業 …………………………… 203
個性の喪失 ………………………… 40

【さ】

債権 ………………………………… 14
　　——契約 ………………………… 15
　　——行為 ………………………… 14
債権譲渡
　　——自由の原則 ………………… 131
債権的効力説（譲渡禁止特約）…… 137
財産的損害 ………………………… 230
債務引受 …………………………… 147
　　狭義の—— ……………………… 147
　　併存的（重畳的）—— ………… 147
　　免責的—— ……………………… 147

事項索引　247

差額説（損害）……………………230

事業譲渡……………………………152
自己責任の原理・原則……………11
自己の名をもって…………………97
事実的因果関係……………………230
事実的処分…………………………9
事実的不法行為……………………233
質権…………………………………123
私的自治の拡大……………………91
私的自治の原則……………………10
私的自治の補充……………………91
私的所有権絶対の原則……………9
資本の集中…………………………43
社員権説（株式）…………………116
社債…………………………………63
社団型の団体………………………205
主観的過失論………………189, 229
主観的有効要件……………………19
取得請求権付株式…………………171
準共有………………………………119
準物権契約…………………………15
準物権行為…………………………15
ジョイントベンチャー（合弁企業）……217
商業使用人…………………………197
消極的損害…………………………230
証券…………………………………132
　　──的債権……………………132
条件…………………………………21
　　解除──…………………………21
　　停止──…………………………21
　　法定──…………………………21
条件的因果関係……………………230
商号続用責任………………………153
商事仲立人…………………………199
少数株主権…………………………117
譲渡禁止株式………………………137
譲渡禁止特約………………………135
譲渡制限株式………………………137
商取引法……………………………34
商品取引員…………………………199
消滅会社……………………………155
処分行為……………………………15
処分授権……………………………20, 96
所有権

──絶対の原則……………………9
──の収益権能……………………114
──の使用権能……………………114
──の処分権能……………………114
──不可侵の原則…………………9
所有と経営の分離…………………113
人格自由の原則……………………8
新株予約権…………………………173
新設会社……………………………155
新設合併……………………………155
新設分割……………………………158
──計画……………………………159
心裡留保……………………………103

ストックオプション………………174

精神的損害…………………………230
成立無効……………………………73
責任加重主義………………………42
責任の限定（責任制限）…………42
積極的損害…………………………230
絶対的無効…………………………69
善管注意義務………………………188
船舶共有……………………………204
相対的無効…………………………80
相当因果関係………………………230
組織法………………………………34
損害
　間接──…………………………239
　財産的──………………………230
　消極的──………………………230
　精神的──………………………230
　積極的──………………………230
　直接──…………………………239
　非財産的──……………………230
存続会社……………………………155

【た】

大会社………………………………215
対抗要件……………………………21
対抗要件主義（権利移転の）……21
第三者割当…………………………60
代替物………………………………179
代表権濫用…………………………104

代理 …………………………………… 91
　　——（顕名説）……………………… 94
　　——（代理権説）……………………… 94
　　——の他人効 ……………………… 94
代理権授与行為 …………………………… 93
代理権授与表示による表見代理 ……100
代理権濫用 ………………………………103
代理商 …………………………… 32, 197
　　締結—— ……………………………198
　　媒介—— ……………………………198
建物買取請求権 …………………………177
他人のために ………………………………97
単独株主権 ………………………………116

中間企業 …………………………………204
中間責任 …………………………………232
抽象的過失 ………………………………189
直接責任 …………………………………212
直接損害 …………………………………239
直接取引 ……………………………………82

定型性 ………………………………………40
締結代理商 ………………………………198
停止条件 ……………………………………21
電子記録債権法 ……………………………10

問屋 ………………………………………199
動産債権譲渡特例法 ………………………22
投資事業組合 ……………………………223
投資事業有限責任組合（LPS）………223
投資ファンド ……………………………223
登録株式質（権）…………………………125
特殊不法行為責任説 ……………………235
特定物 ……………………………………179
特定物ドグマ ……………………………179
特別支配株主の株式等売渡請求権 ……172
特別成立要件（契約の）……………………17
匿名組合 …………………………………219
　　——契約 …………………………………220
特例有限会社 ……………………………217
取消的無効 …………………………………80
取締役会決議の瑕疵 ………………………78
取次ぎ ……………………………………199
取引安全の保護 ……………………………41
取引的不法行為 …………………………233

【な】
内容の確定性（契約の）……………………18
内容の実現可能性（契約の）………………18
内容の社会的妥当性（契約の）……………18
内容の適法性（契約の）……………………18
仲立人 ……………………………………198
　　商事—— ……………………………199
　　民事—— ……………………………199

入社契約 ……………………………………61
任意規定 ……………………………………11
任意代理（権）………………………………91
任務懈怠 …………………………………236

暖簾 ………………………………………155

【は】
媒介 ………………………………………198
媒介代理商 ………………………………198
売買の一方の予約 ………………………169

非営利企業 ………………………………204
非株券発行会社 …………………………124
非権利者による処分行為 ………………136
非公開会社 ………………………………216
非個人性 ……………………………………40
非財産的損害 ……………………………230
表見代表 …………………………………101
　　——取締役 …………………………101
表見代理 …………………………………100

不確定期限 …………………………………21
不確定的無効 ………………………… 20, 92
不成立無効 …………………………………73
不代替物 …………………………………179
物権 …………………………………………14
　　——契約 …………………………………15
　　——行為 …………………………………14
　　——の独自性 …………………………134
物権的効力説（譲渡禁止特約）………135
不特定物 …………………………………179
部分的一般承継 …………………………159
不法行為
　　事実的—— …………………………233

取引的――	233
振替株式	124
閉鎖会社	216
併存的(重畳的)債務引受	147
ベンチャー企業	218
報償責任の原理	232
法人	8
――法定主義（法律準拠主義）	9
法人擬制説（法人の本質）	114
法人実在説（法人の本質）	114
法定条件	21
法定責任説（瑕疵担保責任）	179
法定責任説（取締役の責任）	234
法定代理（権）	91
法的安定性	45
法的確実主義	45
法的人格の平等の原則	8
法律的処分	9
――行為	15
保護義務	243
補充規定	11
募集新株	60

【ま】

未確定的無効	20, 92
民事仲立人	199
民法の商化	11, 12
無権代理	100
無効	
完全――	69
成立――	73
絶対的――	69
相対的――	80
取消的――	80
不確定的――	20, 92

不成立――	73
未確定的――	20, 92
無償委任の原則	194
免責的債務引受	147
持株会社	5
持分権	120
持分会社	211
持分の払戻し	212

【や】

有価証券	10
有限会社法	217
有限責任事業組合（LLP）	219
有効要件（契約の）	17
客観的――	18
主観的――	19
有償性の原則	39
要件事実論	93
要式契約	17
要物契約	17
予約	168

【ら】

利益相反取引	82, 193
履行引受	147
略式株式質権	126
略式質	127
流質契約	37
レセプツム責任	13
労力の補充	43

【わ】

割当て	62
――自由の原則	62

金井高志（かない・たかし）
1981年　東京都立両国高等学校卒業
1985年　慶應義塾大学法学部法律学科卒業
1987年　慶應義塾大学大学院法学研究科修士課程修了（民事法学専攻LLM）
1989年　弁護士登録（第二東京弁護士会）
1992年　アメリカ・コーネル大学ロースクール修士課程修了（LLM）
1993年　イギリス・ロンドン大学（クイーン・メアリー・カレッジ）大学院
　　　　修士課程修了（商事・企業法専攻LLM）
現　在　フランテック法律事務所代表　弁護士
　　　　武蔵野大学法学部法律学科教授
　　　　慶應義塾大学大学院法務研究科講師

主要著書
・民法でみる知的財産法〔日本評論社、第2版、2012〕
・民法でみる法律学習法——知識を整理するためのロジカルシンキング
　〔日本評論社、2011〕
・フランチャイズ契約裁判例の理論分析〔判例タイムズ社、2005〕
・事例中心 弁護実務シリーズ3 民事篇（契約・会社関係）〔編集・分担執筆〕
　〔東京法令出版、2002〕
・ネットショップ開業法律ガイド〔編集代表・分担執筆〕〔日経BP社、2002〕等

民法でみる商法・会社法
2016年9月25日　第1版第1刷発行

著　者——金井高志
発行者——串崎　浩
発行所——株式会社 日本評論社
　　　　〒170-8474　東京都豊島区南大塚3-12-4
　　　　　　　　　　電話 03-3987-8621（販売：FAX-8590）
　　　　　　　　　　　　　03-3987-8631（編集）
　　　　　　　　　　https://www.nippyo.co.jp/　振替 00100-3-16
印刷所——精文堂印刷
製本所——井上製本所
装　丁——林　健造

JCOPY〈（社）出版者著作権管理機構 委託出版物〉
本書の無断複写は著作権法上での例外を除き禁じられています。複写される場合は、そのつど事前に、（社）出版者著作権管理機構（電話 03-3513-6969、FAX 03-3513-6979、e-mail：info@jcopy.or.jp）の許諾を得てください。また、本書を代行業者等の第三者に依頼してスキャニング等の行為によりデジタル化することは、個人の家庭内の利用であっても、一切認められておりません。

検印省略　ⓒ2016　Takashi, KANAI
ISBN 978-4-535-51974-9　　　　　　　　　　　Printed in Japan

『民法でみる』シリーズ 好評既刊

民法でみる法律学習法
知識を整理するためのロジカルシンキング

金井高志／著

■本体価格 1,900円＋税　■ISBN978-4-535-51675-5

ビジネスの世界ではなじみの深い思考方法であるロジカルシンキングを、法律を整理して理解するツールとして解説する初めての書！

Contents
- 第1章　論理的思考方法と説明方法──ロジカルシンキング総論
- 第2章　論理的思考と図表作成の方法──狭義のロジカルシンキング
- 第3章　法律学のフレームワークとなる基礎概念・用語
　　　　──MECEを利用した基礎概念・用語の整理
- 第4章　法的三段論法とリーガルマインド
- 第5章　法律の構造と条文の読み方──条文の形式的な意味
- 第6章　条文解釈の方法──規範の実質的内容の検討
- 第7章　法的文章の作成方法──ロジカルプレゼンテーション
- 第8章　民法・私法の基本原則と民法典の体系──民法の全体構造
- 第9章　時系列に基づく民法の体系──民法各論

民法でみる知的財産法
［第2版］

金井高志／著

■本体価格 2,700円＋税　■ISBN978-4-535-51897-1

民法の基礎理論からその応用として知財法を解説する好評の書が平成20年・23年特許法等の改正を受けて改訂！
楽しく学べるコラムも新設。

Contents
- 第1章　民法から知的財産法へ
- 第2章　知的財産法とはなにか
- 第3章　知的財産権の法的性質
- 第4章　所有権と知的財産権の発生
- 第5章　知的財産権の移転
- 第6章　知的財産権担保
- 第7章　賃貸借・地上権設定契約とライセンス契約
- 第8章　民法709条と知的財産権侵害
- 第9章　人格権と知的財産法

日本評論社
https://www.nippyo.co.jp/